地下·地上·地铁

UNDERGROUND ON THE GROUND METRO

祝　萍　米晋生　赵　帅　著

人民交通出版社股份有限公司
北　京

内 容 提 要

本书以科普与纪实相融合的方式，通过33个一线建设者经历的感人故事，记录了广州地铁近30年建成500多公里地铁线路的历程中，“上下同心、勇于挑战、乐于奉献”的奋斗精神，以及取得的以“复合地层盾构施工技术体系”为代表的一系列创新成果。

本书可作为城市轨道交通、隧道及地下工程、盾构机械等相关领域的管理、科研、技术人员及院校师生了解、学习的科普读物。

图书在版编目（CIP）数据

地下·地上·地铁 / 祝萍，米晋生，赵帅著 .—北京：人民交通出版社股份有限公司，2022.12

ISBN 978-7-114-18193-1

Ⅰ. ①地… Ⅱ. ①祝…②米…③赵… Ⅲ. ①地下铁道—铁路工程—概况—广州 Ⅳ. ①U231

中国版本图书馆 CIP 数据核字 (2022) 第 165691 号

Dixia · Dishang · Ditie

书　　名：**地下·地上·地铁**
著 作 者：祝　萍　米晋生　赵　帅
责任编辑：刘彩云
责任校对：赵媛媛　魏佳宁
责任印制：刘高彤
出版发行：人民交通出版社股份有限公司
地　　址：（100011）北京市朝阳区安定门外外馆斜街3号
网　　址：http://www.ccpcl.com.cn
销售电话：（010）59757973
总 经 销：人民交通出版社股份有限公司发行部
经　　销：各地新华书店
印　　刷：北京印匠彩色印刷有限公司
开　　本：787×1092　1/16
印　　张：18.25
字　　数：395千
版　　次：2022年12月　第1版
印　　次：2022年12月　第1次印刷
书　　号：ISBN 978-7-114-18193-1
定　　价：168.00元

感恩时代和前辈，是他们为城市增福添彩，
搭建了一个伟大的奋斗平台！
感谢一线奋斗者，是他们亲历的故事，
为后继者留下励志篇章！

谨以此书献给过去、现在、将来
为加快交通强国建设，
勇于挑战和攀登科技高峰的同仁们！

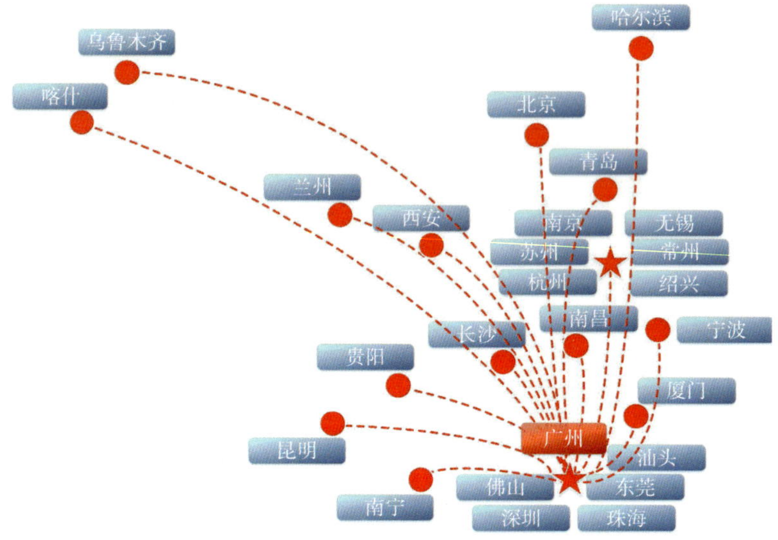

广州地铁监理业务拓展版图

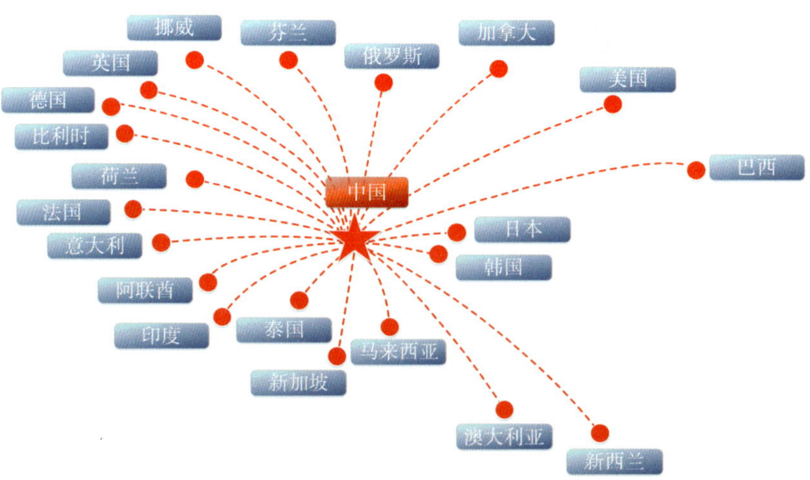

盾构技术研究版图

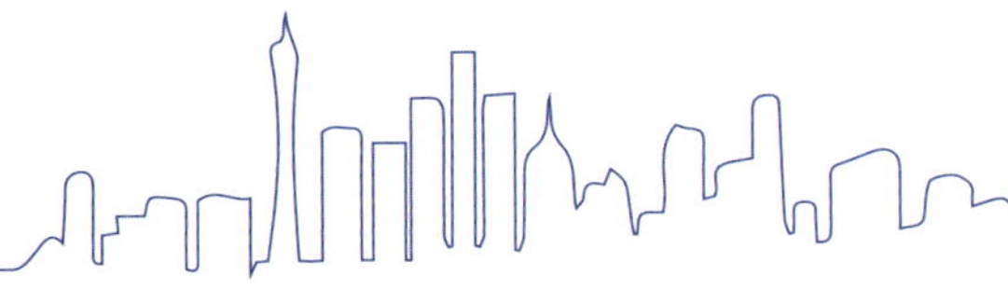

PREFACE

序

本人作为中国盾构事业的先行者，60余年，一直在教授和推广盾构技术。到20世纪末，作为广州地铁的技术总监和顾问参与其中，我才深切地感受到：中国盾构工法的跨越式发展将来自地下、地上极其复杂的广州；来自当期改革开放前沿的省、市和广州地铁管理者的勇气和魄力，来自广州地铁富有工匠精神的建设者持之以恒地引进、消化、吸收国外的先进技术和同步创新。“历尽天华成此景，人间万事出艰难”，我更坚信，广州地铁的建设者们“砥志研思，精进不休”所构建的先进的机械化、自动化、智慧化隧道修建工法，将逐步取代传统的工法，从广州走向全国。

广州地铁通过近30年的不断努力，在复合地层盾构施工技术方面取得了一系列原创性成果，大大拓宽了盾构工法的地质适应性。如今，我当初的“坚信”已成为现实。盾构工法很好地保障了穿江越海和近接建（构）筑物的安全，为广州地铁多快好省建成531公里运营线路奠定了重要基础；更难能可贵的是，被世界地铁协会（CoMET）多次评为可靠度第一的广州地铁531公里的运营线路，综合单价低于5亿元/公里，施工合同变更率低于5%。众所周知，高起点、高质量才有高可靠度，节省的才是最低碳、最绿色的！目前，中国的盾构工法不仅为地铁建设提供了重要支撑，而且已成为公路、铁路、电力、城市管廊等隧道建设的主导工法。21世纪初，我国只有10来台盾构，发展到现在，已5000余台，每年建成的盾构隧道超过1000公里，令我深感欣慰！

“功崇惟志，业广惟勤”，成就的背后，凝聚着广大建设者们的无数汗水和心血。《地下•地上•地铁》一书正是讲述了近30年来广州地铁基层建设者所经历的感人故事，反映出广州地铁“上下同心、勇于挑战、乐于奉献”的奋斗精神，以及取得的以“复合地层盾构施工技术”为代表的一系列创新成果。

开卷有益，益在增正气、长精神、添良智。

“浩渺行无极，扬帆但信风”，祝愿广州地铁继续高质量地引领行业发展。

中国工程院院士： 施仲衡

2022.9

SENDWORD

院士、专家寄语

《地下·地上·地铁》即将付梓，该书以科普与纪实相融合的方式，客观、生动地展现了在被称为“地质博物馆”的广州地区建设地铁的艰辛历程，以及根植于长期、大规模的工程实践中总结、创立的“复合地层盾构施工技术体系”，是“把文章写在祖国大地下”的优秀著作。

本书既是一本关于我国地下工程建设的科普书，又是一本展现地下工程建设者破解难题的历史书，也是一本地下工程建设智慧提炼的哲学书，更是一本活龙活现展示地下开发者的意志与风貌，能激发读者精神与心志的励志书，称得上是当代地铁建设的“三地经”。相信读者阅读本书，一定受益匪浅。

深圳大学深地科学与绿色能源研究院院长
中国工程院院士　四川大学原校长
国务院学位委员会委员
教育部科学技术委员会主任委员
国务院学位委员会学科评议组召集人

谢和平

2022 年 9 月 22 日

《地下·地上·地铁》一书以科普与纪实相融合的方式，通过一线建设者亲历的感人故事，展现了广州地铁近30年，在堪称“地质博物馆”的广州建成500多公里地铁线路的辉煌业绩。该书既是一本地铁建设的炼志书，更是一本我国盾构技术创新的奋斗史。系列故事追溯了中国复合地层盾构技术的原点及其创新的轨迹，集中反映了原创于我国的“复合地层盾构施工技术体系”来源于实践，并在指导实践中不断丰富和完善。这些创新成果为推动我国盾构技术实现跨越式发展发挥了积极作用，我们坚信，它也必将为交通强国建设发挥重要作用。

住建部科学技术委员会

城市轨道交通建设专业委员会副主任委员

2022年9月22日

本人自广州地铁一号线作为辅助日本青木建设株式会社盾构施工的参与者，至今，见证了“复合地层盾构施工技术体系”从创立到发展，以及广州地铁建成500多公里线路的整个历程。

见书思源，感触颇深。广州地铁在号称“地质博物馆”的极其复杂的复合地层中高质量修建地铁，困难重重、实属不易，创造了许多个国内、国际第一。率先提出和定义了一系列复合地层盾构施工技术的新概念、新观点、新方法，如“泥饼”“喷涌”“滞排”“有效推力”“孤石微差爆破”“衡盾泥”“辅助气压平衡掘进”等，创新了复杂地质盾构施工的系列关键技术，开创了“业主培训施工队伍”的先河，推动了盾构技术在全国的应用和发展。

在此，对《地下·地上·地铁》的出版表示热烈祝贺！

中铁高新工业股份有限公司总经理、
党委副书记、董事

2022年9月22日

三十年砥砺成长，铸造广州地铁品牌；三十年昼夜不息，成就工程管理和技术先进。“筚路蓝缕，玉汝于成”。

广州的地下极其复杂，在建设过程中不断遇到“拦路虎”。为此，广州地铁创新“应急科研”思路：“以问题为导向、以大规模全尺寸、多个工地作为试验平台，多专业快速融合攻关”。实践证明，在极其复杂的地区开发地下空间，应用这一科研技术路线，不仅缩短了创新周期，提高了成果应用的可靠性，而且还助力团队攻克了一个又一个世界性难题。

作为成长于广州地铁的一员，这种不畏艰辛、勇于创新、坚韧不拔的精神始终激励着我，为造福南宁市民不懈努力。

南宁轨道交通集团有限责任公司

董事长

2022 年 9 月 22 日

FOREWORD
前言

20世纪50～60年代，广州这座具有2200多年历史的名城，被一些专家判定是“难以”建成地铁的城市。

然而，历经9400多个日日夜夜，2019年12月20日，广州地铁二十一号线开通运营，广州地铁运营里程突破500公里。

世上无攻不破的“坚”，关键在于攻的决心和善于攻的方法。

广州“难以”建成地铁的原因，主要在于地下是极其复杂的地质条件、地上是密集的珠江河网水系和老旧的建筑物。就地质风险而言，除地形地貌多样外，还有含水率超过70%的软土地层，有易液化的粉细砂层，有水位潮起潮落的强透水中粗砂层，有分选极差的砂砾石层，有强度超过150MPa的花岗岩及其球状风化体或孤石，有灰岩构成或演变的地下石林、溶洞、土洞，有煤层和沼气，有活动断裂带和富水破碎带，更有上述两种或两种以上组合而成的复合地层。

工程常见的地质断面是前后左右不均质，上软下硬或上硬下软，前进一步就突变，一脚踩空就掉进窟窿，真是时时处处有风险，随时随地得应变。

盾构工法，是理论上的攻法之一。但当时既无国产平衡式盾构，更无类似地质条件下盾构施工业绩的队伍和人才。

1993年12月28日，广州地铁一号线正式动工。针对广州极为复杂的地质条件，广州地铁集团第一代领导邵云平、陈清泉、陈韶章、王文斌等，以及北京、上海等中国顶级的专家施仲衡院士、王振信总工、张弥教授、王策民教授等，对于广州地铁一号线是否采用盾构工法施工，论证历时半年之久。

专家们之所以这么慎重，就是考虑到在广州这种特殊施工环境下盾构技术应用的复杂性和难度。经过一系列调研、考察和论证，最后形成一个开创性的决定：盾构。1995 年，广州地铁一号线率先从国外引进 3 台复合盾构，这是我国首次在复合地层中使用盾构技术的实例。

具有泥水和土压平衡功能的盾构隧道工法至 20 世纪 70 ～ 80 年代才发展起来（尽管此时盾构工法已有 150 年的历史），它显然是一种先进的生产力。广州地铁一号线 6 个盾构区间以每月平均 160m 的进尺高质量完成，为广州地铁在后续隧道工程工法的选择上，“能用盾构就用盾构”的决策方针奠定了良好的技术基础。

从广州地铁二号线开始，以卢光霖总经理为代表的领导班子，对地铁公司进行了大力的改革。其中，与盾构相关的，就是开放盾构市场，让国内有隧道建设资质但当时缺少盾构工程业绩的企业参与盾构施工，率先着力推动盾构施工和盾构设备“国产化”的发展。

广州地铁二号线盾构工程全部由国内承包商施工，为盾构工程技术进一步在广州应用积累了大量的经验。“地铁国产化”作为一项意义重大的“国家战略”，广州地铁的行动，不仅体现了勇于承担风险的魄力，更是为全中国地铁界的同行蹚路。

之后，以丁建隆董事长为代表的新一届地铁公司领导班子，大力推广盾构工法在地铁隧道建设中的应用，为广州和国内其他省市的多家施工单位培养出一支支优秀的盾构队伍。广州地铁，成为盾构施工名副其实的“黄埔军校”。同时，在复合地层中的盾构施工技术系列创新成果，不仅国内领先，更是走到了世界前列！

目前，全国已经有 5000 多台盾构在地下施工，广州地铁已成功应用盾构超过 800 台次，开通线路 500 多公里。这 500 多公里线路，见证了各种罕见的风险磨难，广州地铁集团有限公司和广州轨道交通建设监理有限公司，一直在跟踪、分析、钻研广州地铁和国内其他 30 多个修建地铁的城市盾构施工难题，并寻求解决办法。

依据土力学奠基人太沙基的观点，一个完整的案例和十个创新性理论同等重要。2006 年 5 月，原广州市地下铁道总公司和广州地铁监理公司根据广州地铁一号线、二号线、三号线、四号线 30 余台近 100 公里的复合地层盾构实践、总结提升，建立了复合地层盾构施工技术体系，出版了《复合地层中的盾构施工技术》一书。该书为盾构工法在复合地层条件下的推广应用、为中国盾构队伍的培育、为中国盾构产业的发展奠定了理论基础。

2020年10月，该书作者竺维彬等又根据亲历的800多台次、收集到的1000多台次海量盾构工程资料和施工案例对本书重新进行了梳理和分析，补充了许多内容（尤其是超大直径盾构方面），完善、发展了第一版的相关观点和方法，出版了《复合地层中的盾构施工技术》（新版）一书。

在新版发行的同时，为了使我国的盾构工程开展得更加顺利，盾构技术普及和发展得更快、更广泛，我们以科普和纪实相融合的方式编写了本书，以期与行业内外专家分享广州地铁建设25年来的创新成果和经历，内容包含盾构技术新观点、新方法与新技术的建立以及广州地铁为建成500多公里地铁线网的付出的努力。目的是以事实为根本、以问题为导向，讲述过往艰难的创新之路，探索今后的盾构发展方向，为进一步推广地下空间开发的先进工法、降低工程风险，为交通强国的建设出一份绵薄之力。

广州地铁在中国地铁建设和地下空间开发史上实现了一次次质的飞跃，在世界地铁建设的历史舞台上，也留下了神来之笔。佐证了在当今世界最为复杂的城市复合地层地质条件下，中国人有能力、有信心、能够高标准修建完全属于自己知识产权的现代化地铁。

“有志者，事竟成”。只要勇于面对困难，长期积累，持之以恒地钻研和融合创新，困难终将被攻克，办法总比困难多！

今天的广州，数十条地铁线路，犹如一条条地下巨龙，托起了南中国这颗璀璨明珠。数千个日日夜夜，数十万的建设者，那一幅幅、一帧帧不能忘却的画卷，还有那无悔的忠贞，引领着我们去追寻那段虽已远去但刻骨铭心的历史。

书中所记录的，就专业来说，只是在地铁施工过程中的其中一环——“隧通”过程中的盾构施工。而在隧道贯通之后，轨通、电通、调试等后续工作还有很多，本书不再一一详述。

书中提及的人物，不过是千万地铁建设者中的极少一部分，他们是大量奋战在施工一线和为地铁建设事业付出艰辛努力的代表。

书中所记录的案例，也不过是广州地铁建设旷日持久攻坚战中的沧海一粟，但可管中窥豹，见微知著。

这些故事，将曾经不为人知的付出，通过文字留下痕迹，以慰过去，以启来者。

在此，特别感谢广州地铁集团有限公司原分管建设的常务副总经理竺维彬以及为此书编著、出版给予支持和帮助的亲历者，感谢广州轨道交通建设监理有限公司、中国岩石力学与工程学会工程实例专委会、广东省土木建筑学会。

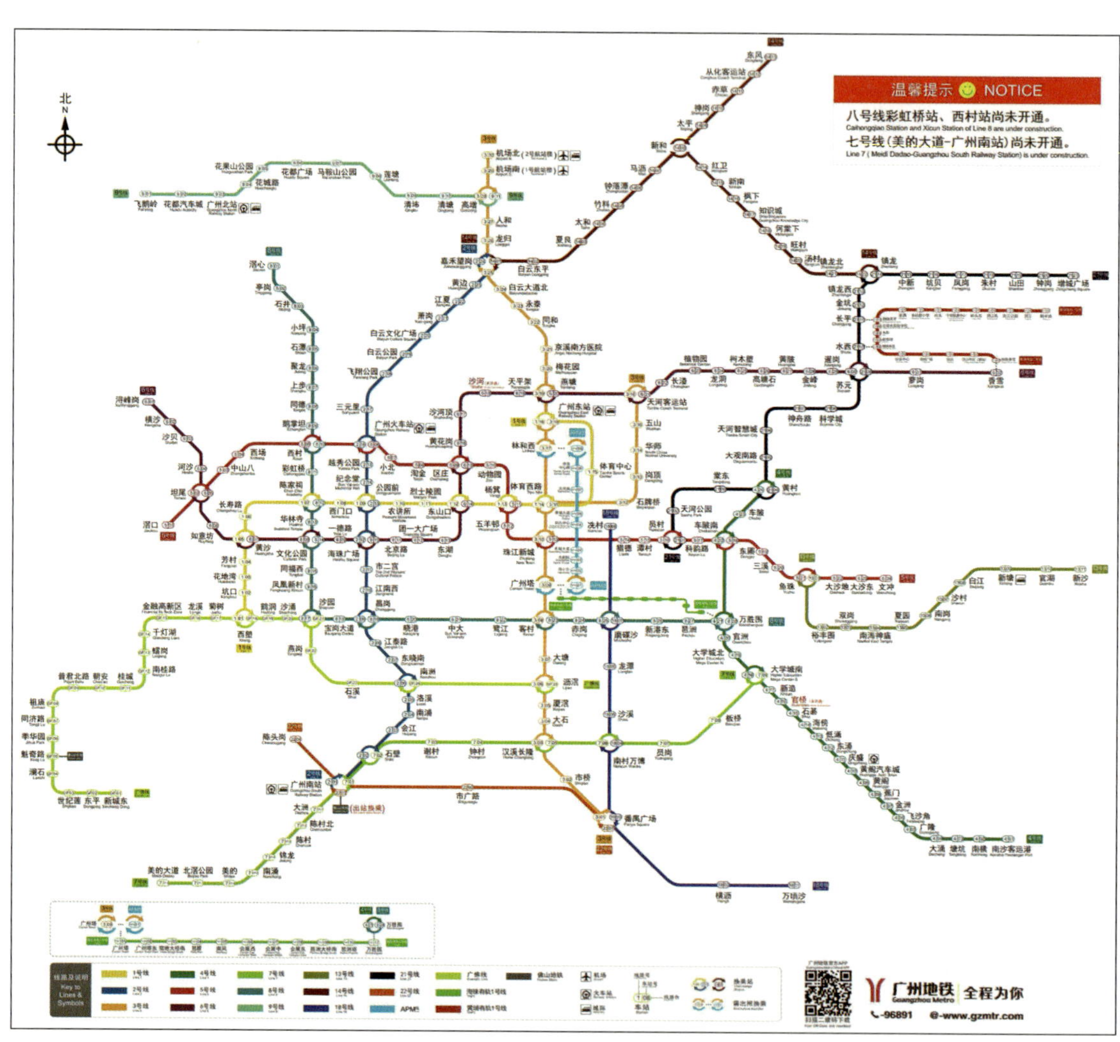
北
N
温馨提示 NOTICE
八号线彩虹桥站、西村站尚未开通。
Caihongqiao Station and Xicun Station of Line 8 are under construction.
七号线(美的大道-广州南站)尚未开通。
Line 7 (Meidi Dadao-Guangzhou South Railway Station) is under construction.
广州地铁 Guangzhou Metro
全程为你
-96891
-www.gzmtr.com

广州地铁线网示意图

CONTENTS

目 录

上 篇

下 篇

上篇

地下·地上·地铁

UNDERGROUND
ON THE GROUND
METRO

广州的地下，不仅蕴藏着2000多年前南越国的文明，也因异常复杂的地质、地理条件，始终寄存着羊城人民半甲子多的地铁梦。20世纪90年代，广州地铁率先在复合地层中应用盾构工法，虽几经磨难，却一举成功。之后，通过一群有心人不断总结、改正、创新和完善，复合地层盾构施工技术走向成熟。它如“矛”，穿江越海过孤石；它如“盾”，保质保量保安全，防“喷涌”、防“泥饼”、防“滞排”、防“塌陷”，总有对策；它如“针”，在不见天日的地下不知疲倦地穿行，终于织成了广州地铁500余公里的线网，造福于千万羊城人民。

1

破冰之旅，盾构施工的尝试

广州地铁一号线是广州地铁建设的破冰之旅，也是我国应用盾构法在复合地层中进行隧道施工的尝试。

苦难兴邦。因为艰难，因为首次，所以必须有勇气、有创新办法去攻克困难……

一切还要从 1993 年 12 月 28 日这天说起。

就是在这一天，广州地铁一号线正式动工，成为继北京、天津及上海后，第四座开始地铁建设的城市。

广州的“地铁梦”想得很早，甚至比北京还早。历史上，第一个提出建“广州地铁”的人，是陈郁。1958 年，时任广东省省长陈郁提出筹建地铁的设想：“一个城市，没有地铁就没有现代化！”

广州这座城市想要修建地铁，就必须要与地下各种地层面对面地打交道。

但这个交道，并不好打。

北京的地层，是一种以陆相沉积为主、结构比较单一、自稳性较好的硬土层，对于修建地铁而言，这是一种比较理想的工程地质；上海的地层，是一种海陆相交互沉积的软土层，也是一种比较均质的工程地质。

而广州的地质，有含水率超过 70% 的软土地层，有易液化的粉细砂层，有水位潮起潮落的强透水中粗砂层，有分选极差的砂砾石层，有强度超过 150MPa 的花岗岩及其球状风化体或孤石，有灰岩构成或演变的地下石林、溶洞、土洞，有煤层和沼气，有活动断裂带和富水破碎带，更有上述两种或两种以上组合而成的复合地层。

1965 年 6 月，“人防九号工程”动工，于 1970 年完工，这项工程在埋深 35 ～ 45m 的地层深处，选择了广州最好的地质——红层，施工了 8.51km 人防洞，成为广州地铁最早的“模拟”。

之后，由于技术落后、经济困难，更因为广州的地质条件实在太差，有专家断言：**广州，是无法修建地铁的城市。**

正因为艰难，广州地铁建设的梦想不得不“六上五下”，最后无可奈何地蛰伏下来。但是它像一颗冬眠的种子，埋藏在广州人民的心中。

时间一晃便来到了 20 世纪 80 年代。

乘着改革开放的春风，这座历来勇当商贸先锋的城市，迎来了新一轮的繁荣。而日益拥堵的交通问题，也成了许多市民与管理者的心中之痛。

此时，广州的“地铁梦”，也逐渐苏醒，“种子”终于破土发芽。

广州要有自己的地铁！一定！

1991 年 5 月，“广州地铁工程建设指挥部”成立，由时任广州市市长黎子流任总指挥；1992 年 6 月，**广州地铁一号线工程可行性报告通过了国家级的评估，同年 10 月，地铁一号线黄沙试验段开始动工。**

1992 年 12 月 28 日，广州市地下铁道总公司宣告成立，邵云平为第一任总经理。

1993 年 12 月 28 日，广州地铁一号线在广州芳村花地湾正式动工，距这个城市的“地铁梦”诞生之初，已经过去了整整 35 年。

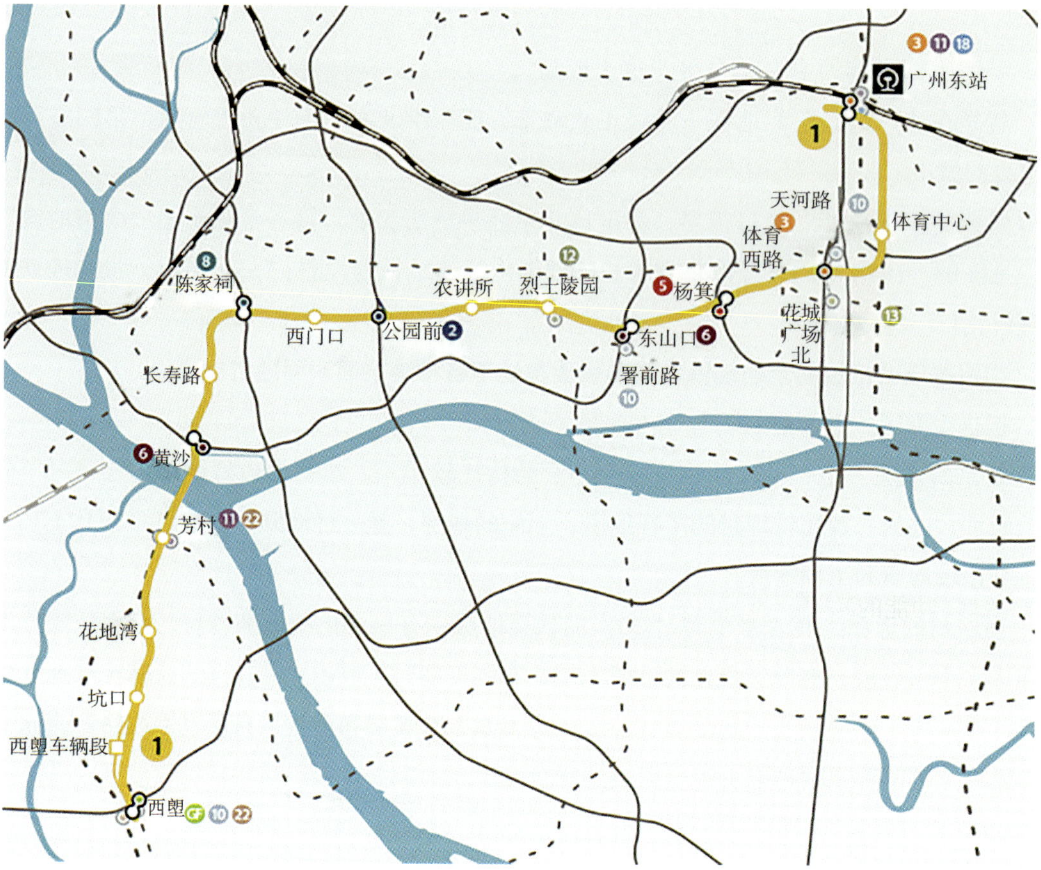

广州地铁一号线线路图

广州地铁一号线，从西塱站到广州东站总长 18.48km。针对复杂的地质状况，黎子流和时任地铁公司领导邵云平、陈清泉、陈韶章、王文斌等提出用 4 种工法对一号线的隧道进行施工：明挖法、矿山法、沉管法和盾构法。

黄沙站中国第一台复合地层泥水盾构始发典礼

广州地铁一号线“腾龙号”盾构命名暨开工典礼

相比技术更为熟稔的其他传统工法，盾构法施工让人眼前一亮。

盾构从发明到现在，将近200年。1825年，布鲁诺等英国工程师根据泰晤士河的隧道施工实践，发明了盾构。但那个时候的盾构只有盾壳和机头装着几个格子间，每个格子间内人工铲挖，之后用砖木衬砌隧道。盾构结构非常简单，没有机械化挖掘系统、液压推进系统、土压平衡系统，功能的缺失导致泰晤士河隧道施工多次坍塌、预算超支，经过20多年才建成。

1825年布鲁诺发明的盾构

盾构技术的飞跃，是从20世纪中叶开始的。20世纪60年代，日本发明了具有隔板平衡功能的盾构，80年代，泥水和土压盾构才快速发展起来。盾构今昔对比，同名异质，与当初挖掘泰晤士河隧道时的盾构已是天壤之别。

上海地铁引进的法国FCB盾构

而我们国家，施仲衡院士、王振信总工、张弥教授等分别在20世纪60年代开始研制和尝试应用盾构。北京由于种种原因没有成功，上海使用盾构虽然成功了，但机械化程度依然很低。**直到20世纪90年代初，上海地铁才引进了具有平衡功能、机械开挖、液压推进的第一台盾构。**

从此，中国开启了现代盾构施工的时代。

但用于上海隧道施工的盾构没有滚刀，只适用于上海这样均一的软土地层。

自上海地铁使用盾构后，广州地铁也在不断思考，这种只适应软土地层的盾构能否适应广州这么复杂的地质条件？广州的这套地层，上部是土，下部却是岩，硬岩必须用滚刀去开挖，盾构的刚度和功能须强得多，而用于软土的盾构拿到广州来施工并不合适。

周围没有类似案例，不仅国内同行缺乏认知，国外类似地质工程业绩也屈指可数，没有人有把握。因此，国内外隧道专家齐聚羊城研讨论证盾构在广州施工的可行性，达半年之久。

专家一致认为，为了确保盾构施工的安全和质量，应邀请国外有经验的承包商来进行施工。究其原因是广州有软有硬的地层，与上海的土层完全不同，广州要采用的盾构与上海的盾构也相差甚远。在当时的情况下，专家知道有风险，但无从确定在广州采用盾构工法可能出现的后果。

经过反复思考，广州地铁为了减少拆迁投资，减少扰民，为了工程安全，最后大胆决策，在广州地铁一号线地质、地表环境（广州最为繁华的中山路）最为复杂的黄沙站—烈士陵园站这一区段 6 个区间隧道采用盾构法施工。

繁华的中山路，建筑密集

并且，由于广州地层的复杂性和从没有使用过盾构的现实，广州地铁必须要选用国际上最好的盾构施工技术和队伍，来应对和挑战当时中国最难的地下工程。**因此，广州地铁在全球范围内进行盾构施工和监理招标。**

招标文件规定，只允许有广州这类地质条件施工经验的国际承包商投标，包括国内承包商与国际承包商的联合体也被拒之门外，这可能是我国土建项目招标中绝无仅有的一个。

说起原因，简单地概括成一句话：广州该地段的地质和地面条件太复杂。

广州地铁旨在通过一号线 6 个盾构区间的尝试，**引进、消化、吸收当期国际上最先进的盾构技术和管理标准，掌握技术、培养人才，培育队伍和产业，为我国大规模推广应用盾构工法奠定基础。**

1994 年，广州地铁一号线盾构工作组邀请了英、法、德、日、意、韩等 6 个国家在国际上颇有名气的 9 个承包商来广州投标。最后，施工标由日本青木建设株式会社[1]中标，监理标花落法国索菲图（SYSTRA）公司，盾构设备则定下了日本的一台川崎重工业株式会社制造的土压平衡盾构（简称“土压盾构”）和两台住友重机械工业株式会社的泥水平衡盾构（简称“泥水盾构”）。

广州地铁一号线区间隧道盾构工程国际招标合同签订

广州地铁一号线这 6 个盾构区间，总共 4.1km 长，分为东段和西段。西段黄沙站—公园前站，采用两台泥水盾构施工。东段烈士陵园站—农讲所站—公园前站，采用一台土压盾构来回掘进。

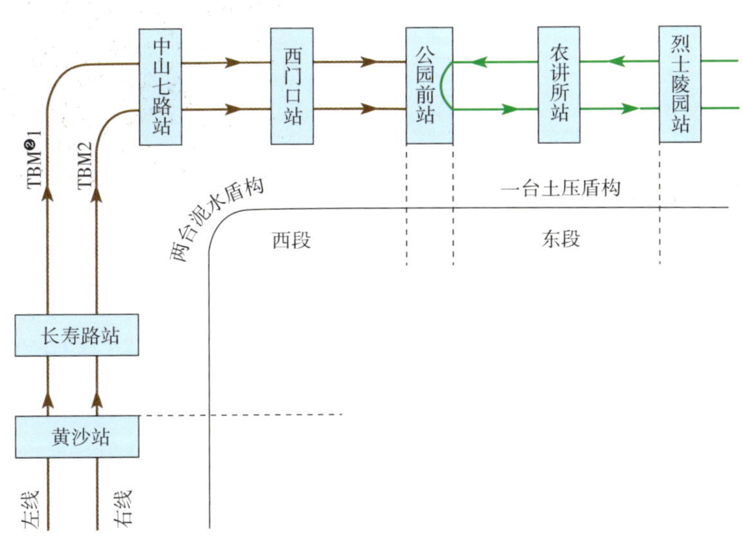

广州地铁一号线盾构工程线路示意图

[1] 简称“日本青木公司”。

[2] TBM 指全断面硬岩隧道掘进机。

日本的这 3 台盾构，是一种复合型的盾构，既有刮刀又有滚刀。**这种复合型盾构，是国内第一次在隧道施工中尝试。**

相比一号线 18.48km 的总长，盾构区间 4.1km 只占总长的 1/4 不到，但是却承载着极重的意义和期盼。

为此，广州市地下铁道总公司[1]针对性地组建了“**广州地铁盾构处**”，实施对此项工程的业主管理。盾构处由对盾构技术知之甚少甚至是一无所知的十几个人组成。地铁公司提出的目标是：搞一项工程，就要培养出一批掌握盾构技术的人才，以便为广州地铁“自力更生”实施后续线路盾构隧道建设储备技术力量。

在盾构组装期间，为了能够更好地掌握盾构技术，地铁公司派鞠世健、竺维彬、许少辉、钟长平等诸多骨干前往法国这个盾构强国，就盾构技术进行了为期 3 个月系统的理论和现场学习。在这段难忘的进修经历中，广州地铁的这批骨干把自己变成了海绵，白天去工地，晚上理论学习和总结分析，尽力去吸收一切新知识，时刻为未来准备着……

1995 年竺维彬等在法国学习盾构技术时陪同市领导石安海（中）参观隧道

当两台泥水盾构和一台土压盾构在广州地铁一号线的盾构区间整装待发时，早前公派学习、如今已经有了一定盾构理论基础的这批人按既定的计划分配到了不同的盾构区间。竺维彬、谢保锋被分配到了东段烈士陵园站—公园前站的土压盾构区间，许少辉、张宗贵、钟长平则被分配到西段黄沙站—公园前站的泥水盾构区间，田强在总部，主管国际合同。

1995 年，广州地铁一号线盾构施工从黄沙站始发。

从此，广州地铁盾构处的技术人员就与日本施工方和法国监理方的技术人员一起摸爬滚打。

[1] 现广州地铁集团有限公司，文中局部简称“地铁公司”。

地铁公司要求项目工程师全天候驻在工地，要求每一位技术人员亲自操作盾构，必须至少掘进、拼装几环管片。无论从当时的角度还是从现在的眼光来看，这一决定都是完全正确的。

通过在一线全天候跟进和监管一个项目，广州地铁的技术人员首次亲身感知到了在广州这样的复杂地层中进行盾构施工的问题、风险和解决方法。虽然当时了解和掌握这项技术还不全面，但这足以为揭开与上海地层完全不同的复杂地层条件下盾构施工的秘密撕开了一丝缝隙，并为后来在大规模工程实践的基础上建立复合地层盾构施工理论体系奠定了基础。

从此，广州地铁人与盾构在复合地层中的应用结下了“不解之缘”，也备受磨难。

苦难兴邦。因为艰难，因为首次，所以必须有勇气、有创新办法去攻克。当然，地下工程不可预见性太多，后续，必定会有惊艳的案例总结提升到理论层面，推广到全国。

2

“喷涌”频发，盾构选型是关键

隧道断面上部是砂砾石层，富水且强透水；下部是中微风化的硬岩，这样的地层极易发生“喷涌”。

“喷涌”的定义以及应对方法的提出，是土压盾构技术发展的一大进步……

此时正值 1996 年 7 ～ 8 月，距离广州地铁一号线东段盾构始发，不足半年时间。

广州地铁一号线盾构工程东段为烈士陵园站—公园前站的土压盾构区间，其掘进路线是，盾构从烈士陵园站左线始发，穿越农讲所站，抵达公园前站；接着在公园前站的东端头井 180° 调头，再回到烈士陵园站。整个工程项目，只用一台土压盾构来完成。

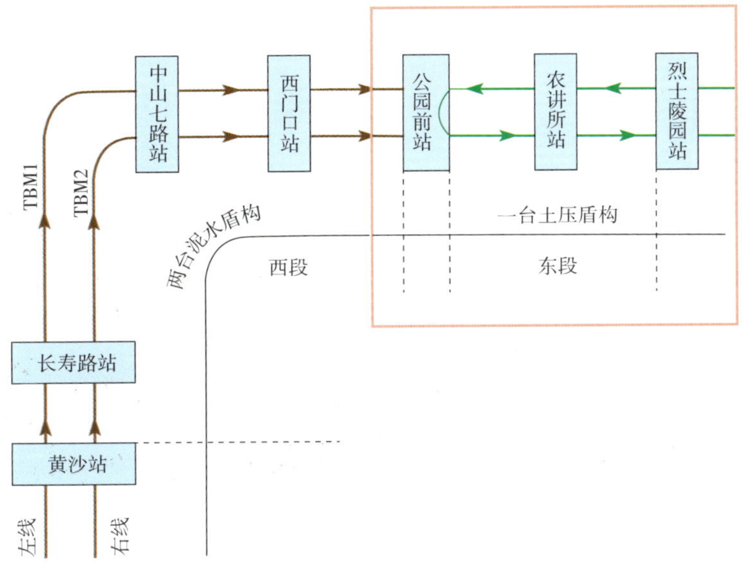

广州地铁一号线盾构工程东段烈士陵园站—公园前站土压盾构区间（红框部分）

日本川崎重工业株式会社制造的土压盾构

东段盾构掘进的地层主要有两类：红层风化地层、第四系土层与红层组合的地层。其中，农讲所站—烈士陵园站区间局部存在隧道上断面是古越溪和古文溪沉积的富水砂层和海相的淤泥层，下面是红层，是岩层。**上软下硬，力学性质相差极其悬殊，这在当时，国内还没有用盾**

构征服过这样的自然条件。

而且，地质不好从来不是唯一的难题——这一点在往后漫长的地铁建设过程中，所有地铁人都心有戚戚。

盾构所要穿越的线路基本与繁忙的中山三路、中山四路并行，因此地上的条件也不容乐观。老旧的房屋建筑摩肩接踵，维持城市生存运转的管线也密密麻麻交错穿行在地下。这些老房子条件大多非常差，无桩基础或仅有木桩基础的砖木结构，年代久远，缺少维修，危房和严重损坏房居多，就如同随便放置在平地的多层积木，稍微一扰动就会损坏或倾倒。

20 世纪 90 年代广州老旧房屋密集

但是地铁施工，必须要保证房屋不受损坏，这是地铁建设者的主要任务之一。如此一来，既要维护这些脆弱而密布的建筑群，又要将隧道如期挖出来，在全世界范围内，对任何一个技术先进的施工单位来说，都是一个难题。

也就是在有着诸多建设困扰的 1996 年 8 月，年轻的竺维彬持续心神不宁，这样的精神状态已经伴随他一段时间，就像广东的盛夏，愈演愈烈。竺维彬此时的身份，是广州地铁盾构处业主代表，对广州地铁一号线烈士陵园站—公园前站的盾构区间施工进行监督管理。

在竺维彬看来，某种危险的信号早已多次闪烁预警。这台土压盾构从烈士陵园站开始沿着中山三路、中山四路向农讲所站方向掘进。1996 年 7 月中旬，当盾构掘进通过东濠涌路段时，隧道断面是岩层，虽然这是土压盾构比较适应的施工环境，但由于裂隙水发育，盾构一打开螺旋输送机，即喷渣喷水，短短十来米，愣是用时两个星期才通过，算下来一天竟只推进一环多一点，不到 1.5m（当时一环是 1.2m）。

之后，地质条件逐渐起了变化。隧道断面的上半部分开始慢慢出现砂层，到农讲所站东端，地质条件基本完成典型上软下硬的演变：断面的上部是砂层，而下部则是较为坚硬的中风化岩层。这里面，残积黏土层、全风化岩层、强风化岩层正好缺位，因此农讲所站东端地下岩土性能差异极为悬殊。

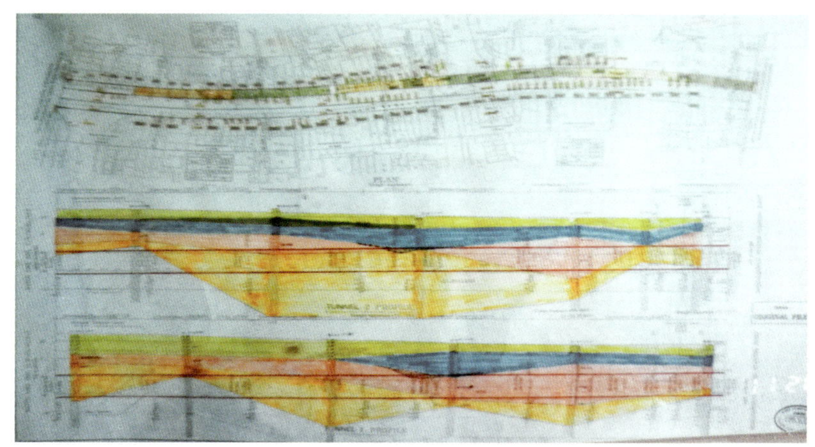

广州中山四路地质剖面图

而农讲所站东端的地面环境也很复杂。北面是毛主席当过教员的农讲所和广州最早的学堂及街面旧房，南面是广东实验中学（初中部）和无基础、损坏严重的街面旧房。这一地段，盾构掘进变得越来越困难。

此时的竺维彬，每天至少两次下井、一次地面巡查，日日分析每环盾构参数和沉降值，已基本熟悉这台盾构的“脾性”。经过近半年的日积月累，竺维彬结合地质资料与土压盾构功能特性，发现冲洗完的渣样有第四纪古河床沉积的磨圆状石英质砾石。这种砾石，不可能在红层泥岩中存在，最有可能的是盾构已从古河道的河漫滩进入到河谷沉积环境。

由此，竺维彬做出了一个大胆的预判：在广东实验中学（初中部）北门这个位置，由于是古文溪河谷中心，会发生一次较大的沉降或塌陷。

如果真如他所想，这件事关系甚大，必须马上汇报，不能拖延！于是，在 7 月中旬，竺维彬就快速地完成了一份论据翔实的书面报告，提醒日本施工方东段的项目经理山田先生，前方存在塌陷的隐患，可能性很大，并把原因也一并写得清楚明了。

然而，这个提醒如泥牛入海，并没有引起山田或其他任何日方技术人员的重视。时间一天天过去，等不来音信的竺维彬，预感也越来越强烈。

时间一晃就来到 8 月 14 日，这天不过是普通的工作日，在热火朝天的工地上，所有同仁与工友，依然埋头于繁碌的日常工作。一切按部就班，没有一点异样与响动。

但是，就在这天，盾构即将通过竺维彬特别提醒的实验中学附近大东印刷店。到了晚上，不放心的竺维彬一直待在工地办公室，他不是等着塌陷，而是专业知识与理性判断告诉他，这一段根据分析会出事，而且事故发生的概率极大。

当然，竺维彬不是神，到晚上 11 点的时候，工地上还是没有特殊情况出现，他有些疑虑，又有些庆幸，但还是相当不踏实，一想到第二天还要上班，竺维彬决定先回家再做打算。

没想到的是，仅仅 2 个小时之后，8 月 15 日凌晨 1 点多，日本工程师的电话打破了深夜的宁静：盾构前方发生了塌陷！

广州中山四路塌陷处地理位置图

广州中山四路地面塌陷现场

广州中山四路地面塌陷处理

正是竺维彬反复提醒的位置！

困意一扫而空，竺维彬立刻赶往事发地，也就是中山四路农讲所站附近。目力所见之处，是一块塌陷面积约 100m^2、最深处约 1.2m 的坑。早已等待在一旁的日本工程师，一见面就立刻迎了上来，赶忙再三地表示：实在是没有控制好，把路弄塌了，非常抱歉！

日本工程师的道歉是有原因的。这些日本工程师收到了竺维彬的报告，也知道竺维彬的提醒，只是打心里不相信。如果他们愿意听取竺维彬的意见，则很有可能避免这场塌陷。

不过日本施工单位佩服之余，更多的是好奇。这个去法国仅仅学习 3 个月的盾构理论知识，在现场也才待了半年的中国人怎么就能够提前一个月精准判断塌陷位置？

其实，刚开始竺维彬对这台盾构的特性也不是很了解，尽管他在 1995 年就和同事一起被派去法国学习了盾构技术。但这么复杂的地质条件，上面软、下面硬，而且上面还是富水的砂卵石地层，竺维彬感觉，别说是广州地铁业主，就是日本施工方对付这种复杂的地层也没有多少经验。

没有经验，那就利用天天和这台盾构密切接触的机会，去细心研究它！要管日本人，最有效的办法就是，你要比他更敬业、更细致、更规范，即更强。所以，竺维彬铆足一股劲，一个星期七天都在工地，有时是白天黑夜都在工地，当时就想要完全掌握这套盾构技术，并且超过日本人。

竺维彬有一个优势，那就是学地质出身，毕业后又和煤炭行业打了好几年的交道，对广州的地质条件可谓了如指掌。这个优势再加上对所欠缺的盾构技术进行了勤奋的弥补追赶，让他很快对盾构掘进有了自己**“机—地”一体的体悟和知识架构：盾构施工不是只考虑某一个维度，而是要从三个维度来考虑和解决问题。这三个维度就是环境（主要是地质）、盾构（设备）和人（操作和管理）。**

竺维彬通过全程跟踪发现，当盾构掘进到硬岩和上软下硬地段时，盾构的掘进速度始终上不去！后来一分析，速度上不去的原因，是这台土压盾构刀盘的中心部位是锥形刀，只是刀盘外部零星地配置了一些滚刀。

当初日方盾构设计的理念是刮刀破岩为主、滚刀破岩为辅（这是当时最先进国家盾构制造的理念，是时代局限性的表现）。

此地段隧道上断面是富水的砂土地层，下断面是岩层，滚刀配置不够掘进速度就上不去，因掘进速度上不去，盾构的螺旋输送机就会经常喷水、喷渣。从盾构的掘进参数来看，喷之前压力是比较高的，有 15N 左右，喷了以后，一下子降到 5N 以下。

而喷出来的渣土直接掉落到隧道里面，施工方日本青木公司必须先把这些渣土清理干净，才能拼装管片，所以每天只能掘进 1 ～ 3 环。当时一环管片的宽度是 1.2m，也就是说，盾构掘进一天，进度也就是在 1.2 ～ 3.6m 之间。

这样，大部分时间盾构都处于停滞状态，一停滞，土仓内的水又聚集到一起，水压力又升高。水压力升高后，开机喷水、喷渣，然后又是清渣，紧接着又开机，又喷，进入了死循环，一个恶性的死循环。

这种“恶性循环”的工况，如果一直持续到中山四路实验中学北门这个地段，那么情况就糟了。因为，这里有一条古河道。根据竺维彬的地质知识，那个地方是古河道最正中的位置，盾构掘进至古河道最低位如果不采取措施，则渣土的和易性很难改变，土仓压力平衡将很难建立。下面拼命挖，挖不动，这就意味着要严重扰动上面的砂卵石层；一旦扰动，上面的砂卵石层将先进入土仓，超挖则难以避免。

而发生超挖，顶部软土地层“文溪”的河床位置处，隧道断面上部是砂砾石层，富水且强透水；下部是中微风化硬岩，常见的残积黏土层被冲刷缺失，就会发生下沉，甚至塌陷……

而且，这台盾构未配备泡沫系统，只安装了简易的添加剂系统，用一种双组分聚合物改良渣土，这种聚合物控制不了古河道砂卵石地层的超挖。

这样一幅工况画面已经在竺维彬的脑海里预演过无数次了，可以说，逻辑缜密，推断合理。

结果，正如这位业主代表的推演。

这种现象，怎样在理论上有所突破？或者说以后遇到相同情况应该采取什么办法来解决？这种现象，该给它一个怎样的称谓？以后发生这种现象时，该称它是“涌水”，还是“喷水”？

“从事故中寻求真相！”广州地铁盾构处的同事们从出现塌陷事故，就一直在思考这个更深层面的问题。未来，还有无数的盾构施工，还有无数的类似工况。盾构在富水地层中掘进，水一多，压力大，先是喷，等压力小一些，就开始涌了。当初没有人给这一现象命名，包括日本施工方，只是简单说喷水了。

为了以后能更好地指导生产，竺维彬和广州地铁盾构处的同事们针对这个案例，根据螺旋输送机出渣的现象、盾构参数的变化，以及水喷出时的状态，就在当年，也就是**1996 年，定义了“喷涌”这个概念。**

“喷涌”是指采用土压盾构施工，地下水、渣从螺旋输送机大量喷、涌的现象。大量喷涌会造成密封仓突然卸压，引起地面严重沉降。

压力高时先喷，待压力释放后就涌，所以“喷涌”是两个含义，一个是喷，一个是涌，先“喷”后“涌”。两个动作，表现两种不同状态，非常形象。

广州地区地铁隧道穿过的地层时代从新至老有第四纪、第三纪、白垩纪、侏罗纪、三叠纪、二叠纪、石炭纪、泥盆纪和震旦纪，跨越了大约 6 亿年。第四纪地层发育冲积和洪积地层，因此遇到富水砂层的概率很多，自然遇到“喷涌”的可能性也很大。

“喷涌”后来成为土压盾构掘进过程中常见的一大难题，到现在，在富水地层中，仍有许多盾构因为“喷涌”，掘进进度上不去，导致后面的一系列问题。

“喷涌”频发，广州地铁的研究也从未停止。

土压盾构螺旋输送机“喷”的景象

土压盾构螺旋输送机“喷”后“涌”的景象

广州地铁总结了形成“喷涌”的多种原因，这些原因有共同之处，那就是：必须有一个补给充足、能迅速在密封土仓螺旋输送机出口处形成水头压力的水源。因此，“喷涌”高发的施工环境，经常是在富水砂土地层、富水断裂带中。要不然，就是途经古河道击破了隔水层，或者地下水汇流渗透到开挖面形成“喷涌”。

针对“喷涌”的成因或特性，一些行之有效的办法被研发出来。

竺维彬在讲述过往

首先，就是盾构施工的核心问题——盾构的选型。

20 世纪 80 年代以后，盾构分成了两大类，一类是土压盾构，另一类是泥水盾构。土压盾构利用盾构刀盘切削下来的渣土建立土仓压力，平衡来自地层的水土压力、稳定掌子面，并通过控制螺旋输送机的转速、出渣量（形成有效的“土塞”）保持土仓压力平衡。泥水盾构利用盾构自带的泥浆管输入的泥浆和刀盘切削下来的渣土混合在一起建立土仓压力，并通过控制管道排渣流速、流量来保持土仓压力平衡。

要做出正确的盾构选型，就要针对地层的具体情况，以地质为基础来综合考虑。什么样的地层用土压盾构？什么样的地层用泥水盾构？

盾构发明之后一般应用于不能完全自稳的土层中，19～20世纪极少应用于岩石地层中。盾构选型的传统原则，是依据土的渗透性：渗透性强，地面沉降控制要求高的选泥水盾构；渗透性弱（如黏土层），地面沉降控制要求不高的，可选土压盾构。

盾构与流水线上循环往复的生产机器最大的不同在于，它是一种必须因地制宜的工具。即使是在施工条件优越的均一土层中，也必须根据情况随时改变施工工艺，才能保证掘进顺利。在软硬交接、地质条件险恶的广州，这种日后被竺维彬、鞠世健等定义为“复合地层”的施工环境中，盾构的选型如果不恰当，则会造成巨大的隐患和危害。

但有时这并非工作失误，而是很无奈地权衡抉择。因为就算在同一区间，广州的地层也可能千差万别，理论上，可能前面几十环适用土压盾构，到了中间几十环遇到富水的裂隙带时，又适用泥水盾构。实际上，对于一个短区间工程来说，两种盾构调换会增加许多工作量，从经济和工期来讲，也是不合理的。

对于烈士陵园站—农讲所站这个区间，东濠涌—农讲所站—仓边路地段（中山四路）适用泥水盾构，除此之外的东西两段即中山三路、中山五路地段适用土压盾构。用于烈士陵园站—农讲所站区间的这台土压平衡盾构，是根据工期策划、地质条件、施工场地及施工方的经验和标价选择的，从当时的背景来说，算是正确的决策。

从平衡的原理来说，当盾构在上软下硬地层掘进时，无论是土压盾构还是泥水盾构，掘进速度都非常慢，一般在15mm/min以下，而对地层的扰动又非常大。特别是土压盾构掘进时，对上部砂层的扰动非常大；而泥水盾构在下部掘进非常慢的时候，上部一直在做泥膜，所以它能很好地控制沉降。

正如看到的结果，土压盾构不是说挖不动，它最终还是按期按质完成了掘进任务。只是在这个期间，引发了许多风险，让建设者们付出了更多辛劳和代价。

一定要从加快盾构掘进速度的角度开展研发工作。因为速度加快了，就容易建立一种动态的平衡，这就和骑自行车一样，没有学会之前，不容易平衡，有一定速度后，就容易达到这种平衡。

而保持盾构掘进过程中的动态平衡，非常重要！

2018年11月13日，中央电视台专门报道了一个城市的地铁施工，从2015年到2017年上半年，总共塌陷了640次，其中有管道渗漏、矿山法施工塌陷，但大多数是盾构法施工隧道时塌陷。盾构法塌陷的原因，实际上就是平衡被打破。

为什么平衡经常被打破？根本原因，就是针对同类上软下硬尤其是富水大埋深地层，选用了土压盾构施工。

所以在盾构选型上，要非常重视地质适应性分析，“量地选机”，而不是“千篇一律”。

目前，全国还有几个城市地铁盾构掘进非常困难，原因就在于盾构选型有欠缺，比如济南、徐州。济南局部地段的隧道上部是砂层，下部是花岗岩或灰岩，中间有一套砂卵石层，水很大。徐州，上断面是古河道沉积的富水粉细砂层和粉砂层，下断面是灰岩，可能是因为经验有限或者说是初次建设，这两个城市都选用了土压盾构，所以掘进非常困难，并且塌陷的概率大大提高。

总而言之，以地质为本，选择合适的盾构，完善设备，实现因地制宜的精细化管理，才能控制住“喷涌”，才能控制住此外一系列的不良事件。

对“喷涌”的科学定义以及提出的应对方法，是我国盾构技术发展的一大进步。直到今天，很多阻碍工程进度和盾构步伐的，都是这类频繁出现的问题——“喷涌”以及下面要说到的它的难兄难弟——“泥饼”。解决了“喷涌”，让许多盾构摆脱了井下的“泥潭沼泽”，大大加快了步伐。

“喷涌”概念的首创，让广州地铁意识到，盾构技术还有许多待人探索的空白区域。同时，广州地铁也意识到，来自一线实践中提出的创新理念的重要性。

而也就是这一点，告诫并鼓励这群追梦人，只要不断实践，不断创新理念和方法，就一定会有弯道超车的那一天。

UNDERGROUND

ON THE GROUND

METRO

3

刀盘开口被闭塞，诞生“泥饼”的概念和对策

盾构刀盘的开口被厚厚的泥渣闭塞，“泥饼”这个看上去朴素、简单却又深刻的概念，是经历了多次的磨难、艰苦摸索才定下来的。

天上不会掉“馅饼”，同样，也不会掉“泥饼”……

“喷涌”问题的原因是找到了，也有方法解决了，但广州地铁一号线命运多舛的施工还在继续。

1996 年 10 月底，还是上述土压盾构，当它掘进到仓边路口时，盾构正前方的地面发生了严重的隆起：一块原平坦约 200m^2 的地面整体发生变形，隆起的最高处超过原地面 15.2cm。

广州中山四路路面隆起开裂（竺维彬，摄于 1996 年）

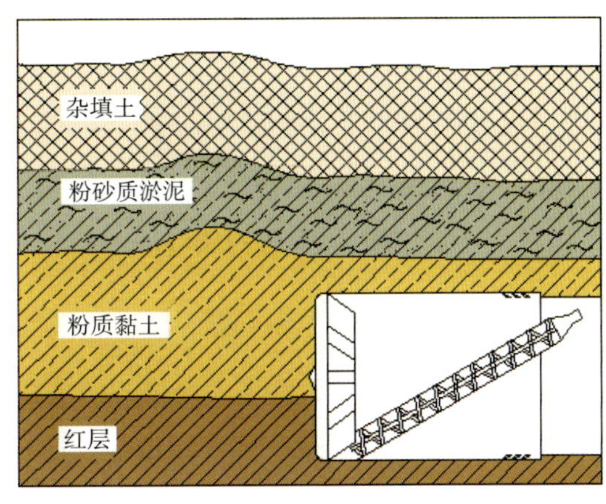

广州地铁一号线土压盾构施工地面隆起处地质剖面图

不到两周之后的 11 月 9 日，在广州地铁一号线的盾构区间西段，两台泥水盾构也遇到了麻烦。

广州地铁一号线盾构西段泥水盾构

这场麻烦来得隐秘，一直在井下工作的操作人员并没有感觉到异常。此时，西段的泥水盾构正在长寿路站—陈家祠站区间的华贵路段施工。隧道洞身所在处地质条件很复杂，是广州典型的上土下岩复合地层，这套地层由上部松散的富水砂层和下部的残积黏土层、风化的粉砂质泥岩堆叠而成。

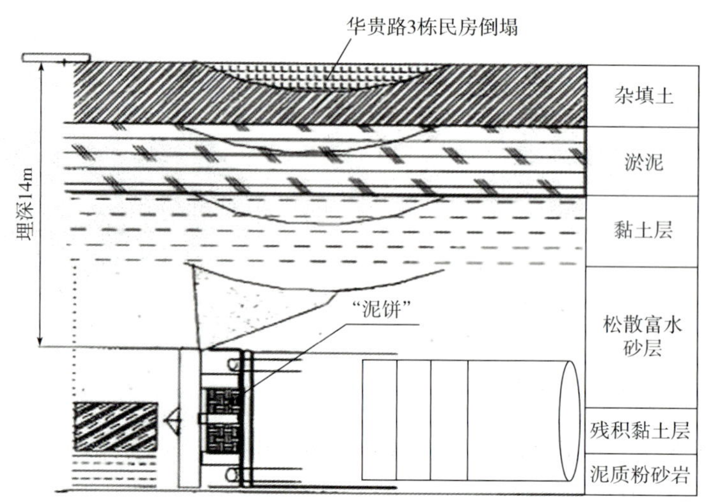

广州华贵路地质剖面图（竺维彬，绘于 1996 年）

从 11 月 8 日开始，盾构的泥水压力平衡系统出现了忽高忽低的参数异常，操作人员没有认知和及时发现问题，也没有采取措施。然而，此时的实际出渣量已经远远大于理论量。

一场危机，正在蓄积。

凌晨 1 点左右，华贵路 128 号、130 号、132 号几户居民熟睡中突然被异样惊醒。一阵轻微的响动从地下传来，还没等他们回过神来，墙屋与天花板开始了共鸣似的震颤，无数灰尘纷纷掉落。这种动静一直持续到了凌晨 3 点还没停止，此时的响动已经大得有些骇人，细小的裂缝随着震荡在墙上迅速蜿蜒生长。

华贵路 128 号、130 号、132 号民房

到了凌晨 4 点，情况变得更加糟糕。细小的裂缝变成粗大的裂口，平日不见踪影的老鼠满屋乱窜，争先恐后地逃离现场。

此时的工地，各方也早已集合响应，开始了一系列的抢险。抢险人员一边对房屋进行支顶，一边给地层进行二次注浆，试图稳固局面。但是即便抢险人员竭尽所能，不幸的事情还是发生了：地上发生了大面积沉降，受其影响，范围内 3 栋民房倒塌，造成直接经济损失 500 多万元，所幸无人伤亡。

直到本书成稿，在广州，这是因盾构施工造成建筑物倒塌的唯一案例。

事故发生后，经过地层加固，施工人员进入盾构土仓，发现了异常情况。盾构整个密封仓内滞留着大体积的顽固泥团，而刀盘则被厚厚的泥封死，形状极像北方的大“烙饼”，只有刀盘边缘几个小孔洞能进渣。

广州地铁一号线泥水盾构通过砂层造成房屋倒塌

施工前，承包商在每个墙角设置了沉降监测点，但所经地层是上软下硬地层，隧道通过的断面基本上是砂、黏土和全风化岩层。这里的黏土可不是普通的黏土，而是风化残积土，手是捏不动的。经过盾构的泡水、切割、搅拌，这些黏土就“牛皮糖”似地紧密抱成了团，把刀盘面板和进出口牢牢地糊住。

同样的事故还在不断发生。与广州一步之遥的深圳，地铁首期工程中也遇到了同样的难题。

2002 年 2 月 5 日，一台日本小松土压盾构从深圳地铁首期工程金田站（现会展中心站）始发。盾构在花岗岩残积土和全风化花岗岩中掘进，不久就遇到了问题：扭矩增大、推力增大，盾构的速度却变得异常缓慢，有时甚至降到 5mm 以下。2 ～ 4 月共 3 个月的时间，平均日进 2m，1 环多一点；而等到 7、8 月，日进度更是不足 1 环。

这就奇怪了，这套地层强度并不大，盾构怎么就挖不动呢?

束手无策的施工单位向广州地铁请求支援，于是竺维彬和盾构处处长鞠世健一同去到现场。鞠世健年纪稍大，竺维彬就第一时间爬进土仓，现场才是最好的老师。

进去后，竺维彬发现，掌子面绝大部分是全风化花岗岩，自稳性比较好，理论上不存在掘进不了的情况。

外部条件没问题，他很自然地把目光投向了内部——盾构本身。这一看，就看出了问题，这些花岗岩残积土和全风化花岗岩在面板上结出了厚厚的土块，工人们拿锄头都敲不动，要用风镐硬凿才能艰难地弄下来一些。

根据经验，这些土块的强度至少大于 5MPa。可是，地层本身的强度连 1MPa 都不到，为什么盾构的刀盘上会结出这么顽固的东西来?

并且，这台盾构的大轴承密封也被破坏。大轴承是盾构的核心部件，等于是人的心脏，大轴承密封坏了，意味着盾构不可能掘进，必须进行修理。

当竺维彬和鞠世健看到固结在盾构上的黏土块时，他们心中同时闪过另外两个案例，那就是广州地铁一号线中山四路的隆起和华贵路的塌陷。

这三个事件的时间相近、细节各异，却有共同之处：**刀盘被厚厚的泥固结**。

盾构刀盘上结的“泥饼”

这种现象，欧洲和日本曾有报道，**国外用 clogging 或者 blocking 也就是“堵塞”来形容**。最严重的“堵塞”，就是“阻塞土仓和封锁刀盘”。

自在广州地铁一号线与这些抱团的土块频繁相遇后，广州地铁就对这种国外称为“堵塞”的东西有了初步的了解。竺维彬根据这种泥团的强度和成因，给它**定名为“次生岩块”**，因为这种泥结成的物质强度已经大于 5MPa，与泥岩相同，称为岩块挺合理。

此刻，在深圳的再次相遇让竺维彬他们意识到，这个“次生岩块”是一种比想象更普遍的现象，是未来地铁施工避不开的沟壑。而国外虽然知道这个现象，但从来没有人研究总结过它的成因与机理。

“次生岩块”的物质基础是什么？发生的条件是什么？在什么样的岩土中掘进、用什么样的盾构容易形成“次生岩块”？施工的具体操作行为是否会影响它的出现？

思维稍微一发散，问题就如喷涌似的止不下来。

为了未来的地铁建设，竺维彬和鞠世健就此达成共识：必须要对“次生岩块”进行全面的研究，把它的成因和机理一一弄清楚，再探究出解决此难题的思路和方法。

但要研究，首先应该给它一个更贴切的名字。

2003 年，两人合作在《地下工程与隧道》(2003 年第 2 期) 上发表了论文《盾构施工泥饼 (次生岩块) 的成因及对策》，“泥饼”一词正式亮相。

竺维彬后来说：“‘泥饼’这个名字不是从天上掉下来的，而是经受过广州和深圳这几次大的磨难，经过详细分析后才定下来的。”

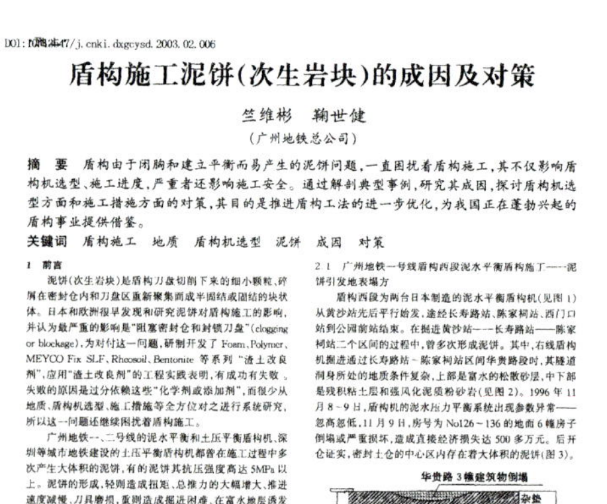

DOI:[illegible]47/j.cnki.dxgcysd.2003.02.006

盾构施工泥饼(次生岩块)的成因及对策

竺维彬　鞠世健

(广州地铁总公司)

摘　要　盾构由于闭胸和建立平衡而易产生的泥饼问题，一直困扰着盾构施工，其不仅影响盾构机选型、施工进度，严重者还影响施工安全。通过解剖典型事例，研究其成因，探讨盾构机选型方面和施工措施方面的对策，其目的是推进盾构工法的进一步优化，为我国正在蓬勃兴起的盾构事业提供借鉴。

关键词　盾构施工　地质　盾构机选型　泥饼　成因　对策

1　前言

泥饼(次生岩块)是盾构刀盘切削下来的细小颗粒、碎屑在密封仓内和刀盘区重新聚集而成半固结或固结的块状体。日本和欧洲很早发现和研究泥饼对盾构施工的影响，并认为最严重的影响是"阻塞密封仓和封锁刀盘"(clogging or blockage)，为对付这一问题，研制开发了 Foam、Polymer、MEYCO Fix SLF、Rheosoil、Bentonite 等系列 "渣土改良剂"，应用"渣土改良剂"的工程实践表明，有成功有失败。失败的原因是过分依赖这些"化学剂或添加剂"，而很少从地质、盾构机选型、施工措施等全方位对之进行系统研究，所以这一问题还继续困扰着盾构施工。

广州地铁一、二号线的泥水平衡和土压平衡盾构机、深圳等城市地铁建设的土压平衡盾构机都曾在施工过程中多次产生大体积的泥饼，有的泥饼其抗压强度高达 5MPa 以上。泥饼的形成，轻则造成扭矩、总推力的大幅增大、推进速度减慢、刀具磨损，重则造成掘进困难、在富水地层诱发喷涌、甚至发生地表塌方和盾构机严重损坏。因此，为了推进盾构工法的进一步优化，必须对这一困扰近 50 年的盾构施工泥饼问题，作较系统的研究并提出相应的建议。

2　盾构施工泥饼事例及其特征

泥饼引发盾构工程事故很多，现就典型的事例及其特征简述如下：

图 1　广州地铁一号线泥水盾构刀盘

2.1　广州地铁一号线盾构西段泥水平衡盾构施工——泥饼引发地表塌方

盾构西段为两台日本制造的泥水平衡盾构机(见图 1)从黄沙站先后平行始发，途经长寿路站、陈家祠站、西门口站到公园前站结束。在掘进黄沙站——长寿路站——陈家祠站二个区间的过程中，曾多次形成泥饼。其中，右线盾构机掘进通过长寿路站－陈家祠站区间华贵路段时，其隧道洞身所处的地质条件复杂，上部是富水的松散砂层，中下部是残积粘土层和强风化泥质粉砂岩(见图 2)。1996 年 11 月 8～9 日，盾构机的泥水压力平衡系统出现参数异常——忽高忽低，11 月 9 日，房号为 No126～136 的地面 6 幢房子倒塌或严重损坏，造成直接经济损失达 500 多万元。后开仓证实，密封土仓的中心区内存在着大体积的泥饼(图 3)。

华贵路 3 幢建筑物倒塌

杂垫

淤泥

粘土层

埋深 1[illegible]米

泥饼

松散富水砂层

残积粘土层

泥质粉砂岩

图 2　华贵路建筑物倒塌处盾构机和地质剖面图

2.2　广州地铁一号线盾构东段土压平衡盾构机施工——泥饼引发地表隆起

盾构东段为一台日本制造的土压平衡盾构机(见图 3)，从烈士陵园站左线始发，途经农讲所站，再到公园前站调头返回烈士陵园站。当盾构机沿着中山四路左线掘进农－公区间近仓边路口地段时，隧道洞身正处于全断面的残积粘土层(5－1)，残积粘土层的上覆是沙质淤泥层和杂填土层(见图 4)。为了控制地表沉降，设定的出土压超过 0.2 MPa。1996 年 10 月 24 日晚间自 No51 环起，掘进速度突然降下来，螺旋输送器出土也变得困难。为保持掘进速度，盾构机的总推力逐渐提高，最大达到 23 550kN，土仓仓壁

2003 年第 2 期　　— 25 —

2003 年“泥饼”一词正式亮相

与正式的命名一起现身的，还有他们的研究心血：“泥饼”的起因、案例、特征与应对方法。

“泥饼”，是盾构刀盘切削下来的细小颗粒、碎屑在密封仓内和刀盘区重新聚集而成半固结或固结的块状体。

国外虽然较早发现了这种现象对施工的负面影响，但是他们的解决办法是研发“渣土改良剂”，让固结的土块散开，抱不成团。这种方法，忽略了盾构掘进更关键的要素：地质、盾构选型和施工管理。因此在很长的时间里，这一问题始终困扰中外。

而广州地铁竺维彬、鞠世健等人，就是围绕着这三个更本质的因素，从实例出发进行摸索的。

首先，当黏土矿物含量超过 25% 时，“泥饼”就容易形成，且两者成正比。因此，无论是可塑、硬塑状的黏土类地层、含黏土的砂土地层，还是全风化、强风化岩层，虽然土岩有别，但是因为黏土矿物含量的相似点，它们都是“泥饼”易发的地层。

几乎复合地层中含有黏土的地层基本都会发生这种“泥饼”现象，只不过有程度的轻重之分，有处理对策还是没处理对策的异同。但无论如何，只有摸清了土层的情况，才能防患于未然，施工前的地质勘探，是重中之重。

在盾构的选型方面，与“泥饼”产生息息相关的机械系统部分很多，包括刀盘系统、密封仓搅拌系统、螺旋输送机出土系统等。以刀盘系统为例，由于该系统决定了地层的破碎机理，所以刀具种类、数量和布置形式，刀盘的开口率和开口分布状况，都会对切削下来的碎屑粉末的性质产生影响。

后来在广州地铁二号线穿越珠江的盾构刀盘，滚刀与刮刀高差只有 2cm，这种组合对于粉砂质泥岩来说就像磨盘，而磨碎的粉末，容易在一定的温度和压力下紧紧地黏在一起，形成“泥饼”。

土仓和螺旋输送机等系统对形成“泥饼”的影响较好理解，土仓的容积会影响土仓压力建立的速度，土仓压力是盾构动态平衡的重要一环，而排土速度又是土仓压力的影响要素之一。其实，在土压平衡下长期“过土压”掘进，土体也容易压实成“泥饼”。

因此，这就对施工提出了一个要求，在具体的地质条件中，应该对施工做出更精细、更因地制宜的管理。要不要建立土压平衡模式？出土压力设置几何？要不要用“辅助气压”？什么时候应用渣土改良剂？……这些问题，都要结合现场情况进行处理解决。

针对“泥饼”机理的研究成果，广州地铁也提出了解决对策。

除在上文提到过的地质勘探、盾构具体选型、推进模式设定以及添加剂外，还有一些更具体的措施，比如增加主被动搅拌棒，利用刀盘空转让“泥饼”在离心力作用下脱落；用高压水枪冲洗“泥饼”；在开挖面自稳的情况下采用欠土压掘进，当地层稳定性较差但隔气性较好时，采用“辅助气压”掘进模式等。

“泥饼”不是天上掉下来的，论文更不是。论文的内容，都是广州地铁详细跟踪、研究与总结的心血。也正是因为质量过硬，人们在多年后回顾此文，依然认为有指导意义，并不落伍。

竺维彬说，他写文章最大的追求就是作品可以直接指导生产，并且十年不落后。

他确实做到了。《盾构施工泥饼（次生岩块）的成因及对策》不是开始，更不是结束。之后，他又发表了上百篇文章。这些文章，是一个有责任感的工程师，深入工地施工的指导心得与实用主义相结合的成果。在这些文章的指导下，由原来广州地铁一号线盾构没有泡沫管，发展到现在，几乎世界上所有的土压盾构都有 4 根及以上单管单泵的泡沫管。这些改进，就是为了解决“泥饼”问题，使土压盾构出现“泥饼”的概率大大降低。

对于《盾构施工泥饼（次生岩块）的成因及对策》一文，许多专家学者都给予了很高的评价。中国盾构事业的鼻祖，原上海地铁总公司总工和上海隧道工程设计院院长王振信看到这篇文章后，对上海市隧道工程公司[1]——我国实力最强劲的隧道施工单位之一说：“你们好好看一下这篇文章，人家作为业主，跟踪得这么细，比施工单位了解得还透彻，知道得还多。”

能写出这样的文章，离不开这群人对工作的激情与钻研精神。比如竺维彬，一心只扑在工作上，闲暇爱好也是研究全球的盾构隧道建设案例，有疑问就一定要想方设法地弄清楚。

这仿佛是解谜游戏。

美国西雅图 SR99 公路项目，选用的是一台名为“伯莎”的全世界最大也被称为最先进的土压盾构，直径达 17.45m。但可惜的是，盾构刚推 300 多米就停止了掘进。好奇心特重的竺维彬当时就预想，这台盾构很可能也是刀盘上结了“泥饼”。

后来，受竺维彬委托，时任广州地铁监理公司[2]总经理米晋生在出访美国时专程去到盾构损坏的地方，想一探究竟，但工程重地，怎么能让人随意进出。她只能从最高的地方和沿线，拍了几张照片带回广州。

就根据这几张照片，竺维彬开始确信之先的预想，施工方久久停工和增设竖井，一定是因为刀盘轴承密封出了问题。他了解到，这台盾构由美国和日本合作制造，所处地层是黏土层，泡沫系统由欧洲发明先行使用。日本和美国面对直径 17.45m 这么大的土压盾构，肯定也没有太多的经验。这毕竟是全世界之最，大家都是头一次见。再说，这么大的盾构，又是土压盾构，在黏土地层掘进时，需要多强大的泡沫系统才能使盾构不结“泥饼”啊！

所以，在这台盾构停机不久，竺维彬就做出预判，停机的原因最有可能是“泥饼”导致轴承密封损坏。既然轴承密封损坏，那就需对这台盾构进行维修改造，增设竖井进行维修改造是最可靠的方法。之后，竺维彬又多方收集这台盾构的信息，当了解到这台盾构停机前掘进的出土温度高达 140℃，就更坚信：“泥饼”烧坏了主轴承密封。

[1] 现上海隧道工程有限公司，简称“上海隧道”。

[2] 现广州轨道交通建设监理有限公司，简称“监理公司”。

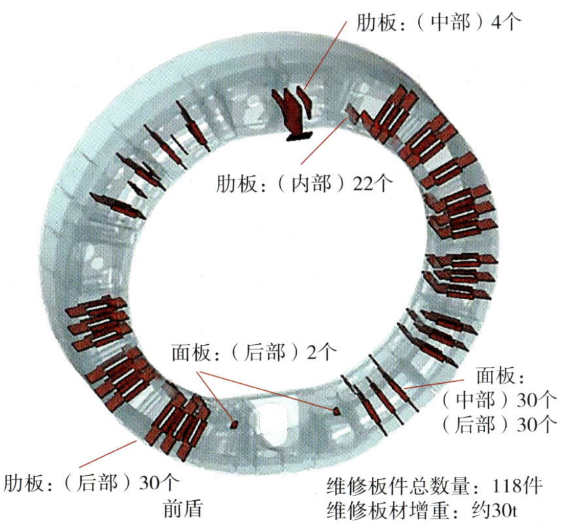

“伯莎”大盾构主轴承密封损坏

盾构要更换主轴承密封。这么大的直径需要增设一个竖井，把盾构推到这个井中，在完成主轴承密封和泡沫系统更换后，才能继续前进。

机缘巧合，这些推论在多年后，得到了证实。在 2019 年 6 月 26 ～ 28 日中国（南京）城市地下空间开发国际高峰论坛上，担任这个项目保险的一位英国总裁对这台盾构的情况进行介绍时，内容完全印证了竺维彬的所思所想。他当初的猜测完全正确：这台美国最大直径的盾构就是结了“泥饼”和“泥饼”烧坏了主轴承密封。

美国西雅图直径 17.45m 盾构刀盘主轴承密封损坏维修

这个结果对竺维彬来说是有预知的，但对于美国西雅图 SR99 公路项目，代价却分外惨痛。因为“泥饼”造成的一系列影响，导致整个工程贻误工期长达两年，直接成本索赔高达 1.43 亿美元，约 10 亿元人民币。这是人的问题，还是设备的问题？

是地质问题，是设备问题，根由是人的认知问题。是忽视了地质、设备选型和精细化管理的三要素。

防治的第一点，是防治的思路要准确。但美国西雅图 SR99 公路项目在盾构的选择上，低配了盾构的泡沫系统，以致陷入僵局。

美国西雅图 SR99 公路项目的这台盾构在已经推不动的情况下，还继续硬推，让温度达到 140℃，烧坏了主轴承密封，最终不得不付出惨重代价进行修复。

这一切说到底，都是没有坚持“地质是基础”的认知原则。盾构好不好，必须针对最具体的地质条件，适应的才是最好的。

盾构是怎么掘进的?

盾构是在千斤顶的推力下，“吃”掉开挖面的石头和土来掘进的。想要高效地“吃”，则必须对这个被“吃”的对象有充分、全面且准确的认知。

如果这台盾构放在现在的中国或者欧洲，比如广州海瑞克中标或是中铁装备或铁建重工中标，国内的任何一家盾构生产厂家都不会采用这种设计，也不会发生这样的事故，因为他们都熟稔广州地铁竺维彬、鞠世健等人建立的“泥饼”理论。

不管多大的盾构，要防治“泥饼”，则必须把“泥饼”处理系统做得足够强大。

国际知名盾构制造厂商德国海瑞克有一台在澳大利亚施工的直径 15.8m 超大型土压盾构，就有着非常强大的泡沫系统，仅泡沫管就多达 24 根，目的是改善土压盾构面对黏土地层易结“泥饼”的问题。

现在，“泥饼”这个词，已经成为行业内的基础认知。“泥饼”，这个看上去朴素、简单却又深刻的名词，是通过痛苦的经历、艰苦的摸索才定下来的。天上不会掉“馅饼”，同样，也不会掉“泥饼”。

失败乃成功之母，是有道理的。

4

“复合地层”，盾构的施工对象有了名称

在珠三角复杂地质条件的折磨与启发下，把广州两种或两种以上物性或“天性”相差悬殊地层的组合，称之为“复合地层”。为施工对象和环境量身定做盾构及其施工方案，是盾构工程成功的关键……

1997 年 6 月底，为了迎接香港回归，广州地铁一号线首段顺利开通运行。

广州地铁一号线首段开通

此后，广州地铁隧道施工“能用盾构就用盾构”的决心正来源于一号线的成功。在与国外承包商共同工作的过程中，广州地铁建设者不仅学到了技术和知识，而且更重要的是体验了国外技术管理的一些新理念，这段经历对广州第一批盾构人的成长至关重要。

广州地铁一号线，创造了很多第一次，克服了很多困难，而这些困难的客观“元凶”，就是地质条件。

在经验和能力双双缺位的广州地铁一号线前期建设中，广州地铁蛰伏静心，把自己的技术人员分派到各个区间以观摩和学习先进的技术。

学习是有门槛的，在外方人员的轻视中，地铁技术人员咬紧牙关，卧薪尝胆。一些年纪稍大的技术人员不懂英文，也在下班后勤学外语，试图从盾构的说明书上，或者是同外国技术人员的交流中一步一步掌握盾构技术。

这样上下齐心的努力是有意义的。

1998 年，广州地铁二号线的建设也迅速展开。时任广州市地下铁道总公司总经理卢光霖等领导开始研究怎么样独立自主、更好更快更省地建设好广州地铁二号线。

“靠自己！”

广州地铁的底气，就是这群在一号线建设中迅速成长起来的中流砥柱、技术骨干。如果没有这第一批的盾构人，广州地铁二号线自力更生的隧道建设就可能会推迟。

这一次，新生的技术力量将挑起大梁。

对于中铁隧道局[1]来说，这个时代与广州地铁都给予了它特殊的使命。广州地铁二号线共计 3 个盾构标，中铁隧道局中标了越秀公园站—广州火车站—三元里站两个区间的盾构隧道工程。现任中隧集团总工的洪开荣，当时正是中铁隧道局广州指挥部的技术负责人兼项目部总工，与广州地铁建设有关的诸多回忆，历历在目，仿佛昨日。

中隧集团总工洪开荣回忆施工过程

这是一段饱含故事的过往，在很多年以后，每当洪开荣遇到工程困难时，脑海中都忍不住将现实与过去进行对比。在他的印象中，该段区间是否应该采用盾构施工存在很大争论，因为这里的地层条件非常不好。盾构要在软硬不均的地下，安全穿越 156 栋房屋和广州火车站的 14 股轨道，这是天大的难事。

但经过多方努力，中铁隧道局最终安全穿越了房屋和轨道，并快速积累了盾构施工的相关经验，成为国内盾构施工的主力军之一。之后，中铁隧道局又承接了广州地铁三号线的一个标段。2002 年，隔壁正在建设中的深圳地铁发来了求助信息。

同位于珠三角的深圳有着类似广州的复杂地质条件。在深圳地铁首期工程一区间，种种原因让原承包商感到举步维艰，短短 1070m 长的盾构区间困住了施工单位。焦头烂额之际，深圳地铁把目光投向了友邻——广州，广州地铁在复杂地层中的诸多成功案例，使人倍感鼓舞。

时任深圳市地铁有限公司[2]总经理李筱毅（原广州市地下铁道总公司计划发展处处长）请求支援时，广州地铁三号线中铁隧道局承担的标段刚告一段落，兄弟城市有难，自当鼎力相助。此时，经广州市地下铁道总公司建设事业总部[3]竺维彬批准，中铁隧道局二话不说，立即派出了一个增援小分队和一台盾构支援深圳地铁。

中铁隧道局的增援小分队钻到深圳地铁的地下，乍一看觉得情况并不坏，施工地层比较

❶ 现中铁隧道集团有限公司，简称“中隧集团”。

❷ 现深圳市地铁集团有限公司。

❸ 现广州地铁建设管理有限公司。

扎实，但仔细一研究，就发现了一个很棘手的问题：超高强度的基岩侵入了隧道。

在勘探时，施工单位得到的地质情况是这样的：这套地层以花岗岩风化地层为主，既有中、微风化的花岗岩，又有全、强风化的花岗岩和残积黏土层，是典型的复合地层。在这套地层中施工，必须精准勘探清楚硬岩地层的分布状况。但当时的勘探手段单一，主要以钻探为主，并且孔间距在 20m 以上，因此，勘探报告遗漏的花岗岩孤石和基岩侵入不少。

而这一段就遇到了这样的意外。高度达 3m、强度达 197MPa 的基岩，挡住了盾构前进的道路。

197MPa 是一个什么样的概念？一般来说，普通混凝土的强度，一般也就在 30 ～ 40MPa，这样强度的混凝土就已经撑起了一片城市的钢筋森林。197MPa，就是 5 倍于普通混凝土的强度，**相当于一指甲盖大（$1cm^2$）的地方能承受 1970kg 的力。**

在这样的岩层面前，盾构要用什么样的刀具和刀间距，才能够突破岩层的封锁？

不仅深圳地铁束手无策，有盾构施工经验的中铁隧道局也有点发蒙。面对如此强硬的基岩入侵，施工人员只能硬着头皮加大盾构的推力往前冲。但即使是强推，一分钟也只能推进 2 ～ 3mm，按这个速度，就是推上几年也通不了深圳地铁。

那怎么办？施工人员不死心，再次加大推力和转速。

很快，事实给出了答案：在这种地层中，加大盾构的推力和转速根本解决不了问题，还会带来更大的危害，比如加快刀具的磨损。一把刀具造价不菲，国产通常是几万元，进口则更贵。

即便有资金支持，但换刀需要停机开仓，而每一次开仓都是风险。

必须要找到一种对症下药的方子。凭着中铁隧道局在广州地铁二、三号线积累的盾构施工经验，技术人员尝试了许多方法。其中一种，是调整盾构土仓的压力，结果压力一降，地下水乘虚而来，压力失去了平衡，无力支护地面稳定，一个约 $100m^2$ 的地表塌了下来，把盾构深埋在 23m 的地下。

按照经验，只有进行地面加固，在安全的情况下才能进仓换刀。如果在岌岌可危的地下贸然开仓换刀，其实是一种风险极大的赌博。

2002 年 10 月 26 日，地面许可借地，开始加固地层。10 月 28 日，加固完毕、准备就绪后，开仓换刀。

换刀的工作不是一蹴而就的。整个刀盘共有 39 把刀，常压换刀过程倒是有条不紊、非常顺利，但这也着实花了不少时间，一晃就过去了十多天。眼看着胜利在望，事情却起了变化，已经支撑维持十几天的地层好像快稳不住了。一些迹象告诉中铁隧道局，换刀的环境已经变得相当危险。

这时，中铁隧道局的技术人员犯了难。按理说，是应该终止换刀了，因为越来越危险的地层让后续工作的安全性变得捉摸不定。但现在施工人员只差最后 3 把刀就可以将刀盘上损坏的刀具全部换完，技术人员开始用注浆加固等方法巩固塌陷地段，希望地层能撑得住。

此时已是11月17日，距离停机已经过去20余天。

这一天，远在广州的竺维彬、鞠世健应监理单位法国索菲图公司监理工程师Alain先生的邀请，利用周末的休息时间，一同探访这个区间。

到了现场，两位专家同时感觉到了问题的严峻性。

11月17日17点多，竺维彬刚一下井进仓就发现开挖面漏水非常严重。中铁隧道局虽然用棉织品堵住了漏水口，但水还是源源不断地渗出。原因是这里碰上了裂隙水，上软下硬，上部全风化岩一旦泡水，易崩解塌落。

竺维彬和鞠世健意识到风险或危险就在眼前，在返回广州的车上，给施工指挥长打了一个电话，提醒仓内渗水的地方比较危险，最好是关仓，要有应急准备。

竺维彬电话里说的情况，现场工程师们也知道，但是现在现场负责人进退维谷：继续换刀吧，危机四伏；不全部换完吧，盾构即使掘进，很快又需二次加固地层再次换刀。况且，就剩下最后的3把刀，如果换刀成功，就可以马上恢复掘进。

权衡之下，现场工程师还是决定继续换刀。工程都是有风险的，许多时候还是要靠搏。

11月17日23点多，工人们高效地完成了最后3把刀的更换，开始着手仓内设备的撤出，但也就在此时，坍塌发生了：一位人员伤亡，三位人员被困。在快速地响应后，被困人员顺利被救出。

事故的罪魁祸首，就是复杂的地层。

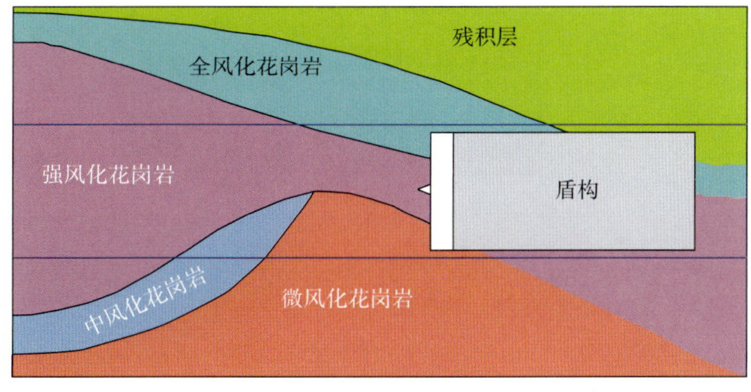

地质剖面示意图

这样的事情并不是孤例，从广州地铁一号线建设伊始，复杂的地质就以不同形式困扰着工程进展。在整个广州乃至周边地铁建设中，如何更好地适应地质，如何为环境量身定做盾构及其施工方案，是盾构工法的施工重点。

地质是地下隧道建设的基础。

也就是在珠三角复杂地质条件的折磨与启发下，竺维彬、鞠世健等工程师们觉得，他们应该对广州地铁建设的基础——这种复杂地质进行更系统和深入的探索。就像“喷涌”“泥饼”

一样，广州地铁人应该赋予这样的地层一个更贴切的专有名词。后来，竺维彬、鞠世健等把**在地下工程开挖断面范围内和开挖延伸方向上，由两种或两种以上不同地层组成，且这些地层的岩土力学、工程地质和水文地质等特征相差悬殊的组合地层，称之为“复合地层”。**

所谓“复合”，自然要区别于“单一”。如果地层在开挖断面范围和开挖延伸方向上，也就是上下左右的立体维度上，是由一种或特性相近的多种地层组成，那么这就是“均一地层”。我国盾构应用较早的上海就是这样的地层。“均一地层”对盾构施工很友好，给予盾构选型和施工技术的压力相对轻松或简单。

而“复合地层”则正相反。广州的地铁建设环境，最典型的就是上软下硬地层，即上方是松散软弱的土层，而下方则是坚硬的岩层，在软硬之间又夹有破碎带和溶土洞。这样的环境，掘进之难可想而知。

“复合地层”这个概念，早在广州地铁一号线完成时就已提出，通过地铁二号线建设时进一步思考，在 2006 年《复合地层中的盾构施工技术》这本竺维彬、鞠世健等的心血之作出版时，“复合地层”之名才算正式确定。“复合地层”正式定名至今已有十多年，已成为被国际盾构界普遍认可的专业名称。

2006 年出版的《复合地层中的盾构施工技术》

当然，为了厘定一个名称，其中还经历了不少争议。

当时，我国有一些专家对此持不同观点。中国地铁建设的历史还不长，有一部分隧道建设的专家以前主要搞矿山法。矿山法主要按照隧道围岩分类，分为Ⅰ级、Ⅱ级、Ⅲ级等，突然出现一个“复合地层”，完全跳出了人们熟悉的分类标准或框框，独成一体。

思维和学识是有惯性的，所以有人一时很难接受，这也非常正常。而且，有的人此前没有接触过盾构技术，矿山法主要依靠钻爆和人工开挖，关于机械开挖的工程地质学方面的名字，从来没有接触过。

除了矿山法的一些专家，还有一些持异见者，理由是，你提出这个“复合地层”，有别于国外的名称，叫 mixed ground。mix 不就是“混合”嘛，那就叫“混合地层”，或者叫“被混合地层”好了。

如果把 soft ground 和 hard rock 直译成汉语，人们还能大体上意会，但将 mixed face 直译成混合工作面或混合地层就令人费解了。

岩石是地层的物质基础。无论是 1 ～ 2mm 的薄岩层还是几十米“巨厚”的岩层，都是在特定的环境和特定的时间形成的，在地层面前人们可以出现主观认识上的混合（混乱、复杂），但是这些地层之间的关系是严格遵循客观的地质历史顺序的。无论地层之间的关系多么复杂，地质构造多么不可思议，这种组合关系也绝不会因为人们认识上的不同而混合的。它是人类产生前客观存在的物质，人只能根据认知的进步进行细分、命名，而不能“混合”。

那么就有人说了，为什么不叫“复杂地层”呢？

命名，应该客观和确切地印证该事物，是地层分类的进步。“复杂”是一个含义非常宽泛无限的词。工程中遇到的任何土层或岩层，其实都可以冠之以“复杂”，因为这是一个常见的形容词。即使在很均质的软土地层或比较均质的岩石地层，都可能遇到困难，让施工者感叹一声“真复杂啊”。

但是，定义不是抒情，而是描刻，越精准越好。随着科学的进步，学科分类在进一步细化，对地层定义的争论，就是这种进步的表现。经过整整半年的讨论，行业达成了一致意见，就叫“复合地层”。只有“复合”二字，才能展现这种天然“混杂”的地层状态。

这类“百家争鸣”，是非常有益的，是先进的新观点产生的必然过程。如果没有争议，说明新观点没有生命力，真理正是在实践和思想激荡中越辩越明的。

截至目前，据不完全统计，国内外已经有超过 500 篇论文引用“复合地层”一词来描述盾构所面临的开挖面软硬不均、种类不同的地层组合。无论是国际知名的盾构厂家德国海瑞克，还是国内的几大盾构厂家中铁装备、铁建重工、中交天河等，都认可这样一套地质叫“复合地层”。除科研领域外，活跃在一线或后方的盾构工程技术人员，也统一了认识。在日后因为“复合地层”而碰到困难时，就有了一个共同的概念或“语言元素”。

在《复合地层中的盾构施工技术》这本专著中，作者将理论分析与典型案例相结合，详尽记载了这些来之不易的思索成果，直到现在，这本书依然对工程建设发挥着很重要的指导作用。

第四纪松散地层广泛分布在城市区域，因为城市大多傍水而建，人类依水而居，珠三角的城市更是如此。其中，地质之难在于“复合地层”，“复合地层”之难在于上软下硬，尤其是不能自稳、易超挖的软土地层，软土地层主要是第四纪沉积的产物，其中“水”是地下工程的第一风险元素。

地质是变不了的，人只能去适应它或者改造它，方法之一就是选择一台合适的设备。世界上没有一帆风顺的工作，工程都是人主导的，出了问题，不能自怨自艾或退缩不前，而应是就事论事，动脑子去解决它。

上述观点从广州地铁一号线烈士陵园站—农讲所站区间施工时就已经让广州地铁人深有体悟。

怎么样让盾构契合地质条件呢?

勘探，特别是在千变万化的地下。现在的中隧集团和广州轨道交通建设监理有限公司，早已经过大小工程的历练，对复合地层的驾驭能力今非昔比，这正是吸取教训和不断探索的成果。比如近年来的汕头苏埃隧道，其中有 3 段软硬不均地层，最高强度达 216MPa，其上又覆盖淤泥和砂层，软处极软、硬处极硬。如此极端的状态，用什么方法来掘进，用什么来保证施工的安全呢?

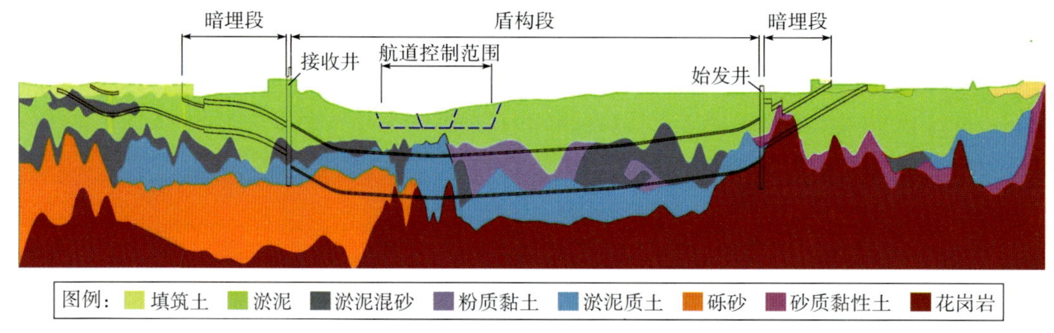

汕头苏埃隧道地质剖面图

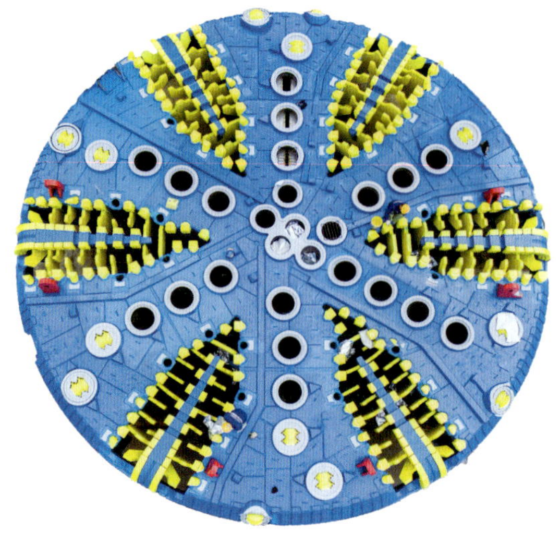

盾构刀盘

许多人认定，这个地段直接用盾构去磨是极其困难的，因为在海底出了问题很难救。而掘进方向的航道上有重要设施，也没有办法在海面上做预处理。

基于现实，承包商中隧集团和监理单位广州轨道交通建设监理有限公司选择直接掘进。有了广州复合地层中地铁施工的经验教训，自己又做了许多深化研究，让这段工程总体进展顺利：

其一，在特定环境下对盾构做了正确选型，选择了常压换刀刀盘，并配置了合适的刀具；其二，利用大数据，可实时详细掌握海底地层情况和盾构掘进状态；其三，在沉降控制方面也做了很多工作，通过海底地形测量、掘进参数控制、渣样分析，判断掘进是否能适应水下极软极硬的地层和沉降控制情况。

通过这三项措施，中隧集团的盾构直接掘进成功通过超硬岩石地段，取得了新的突破，是我国的新创举，也为将来其他“复合地层”的掘进工作做了很好的试验和铺垫。

1993—2020 年，从急先锋的广州到深圳、厦门、福州乃至全国，“复合地层”盾构掘进技术在加速发展中。

同时，不断出现的新案例、新难题，也激励着这些地铁人，“复合地层”的研究尚大有可为，等待后来者的进一步探索。每个人都相信，在软硬不均的地层中，会有更多的成果出现。

5

“有效推力”，为盾构推不动解困

盾构显示的总推力达2400t，但扭矩相当于空转的级别。掘不动的真相一定在掌子面！

“有效推力”的概念提出后，人们开始重视盾构真正作用在掌子面的力是多少……

让我们将目光从深圳转回到同时期的广州地铁。

从广州地铁一号线的试水，到二号线的自立，广州地铁正有序、有节地酝酿着更大的梦想。此时，世界携手进入 21 世纪，中国经济调整改革，在时任广州市委书记、市长林树森等同志的指导和支持下，以世界眼光、国际视野的专业观点，立足长远规划广州的城市布局，其中轨道交通作为引擎考虑。

此时，以卢光霖总经理为班子成员的地铁公司，开始建设广州地铁三号线，带动番禺（即后来的番禺区）更好地融入广州市；建设广州地铁四号线，以加快南沙区的开发、提升大学城的交通便利性等。

这样一来，将林树森市长早先提出“每年建 5km、50 年挖洞不止”的计划调整到每年建成 20km。

2002 年 11 月 6 日，广州市政府按照“东进、南拓、西联、北优”的城市发展战略，公布了《地铁线网规划方案》，提出了两个不同的方案供公众投票，以征求修改意见。

无论哪一个方案，都是长达 500km 以上、以十几条线路串联全市周边以至南海的大工程、大项目。在不到十年的时间，曾经无人、无钱、无技术的广州地铁，在小心翼翼运筹多年之后，终于将这样宏大广博的精心布局，展露在公众眼前。它们不再是痴人白日梦，而是可行可期的实际计划。其中，最重要的基础是，广州地铁率先掌握了穿越江河湖海复合地层的盾构工法和工程策划的方法。

广州地铁四号线首期，也叫大学城专线，是专门配合大学城出行的一条线，计划于 2006 年底建成开通。

顶着“待批先建”（国家层面）和“三年内建成”（市层面）的内外高压，广州地铁四号线开始了艰难的征途。一转眼，时间来到了 2005 年 3 月 12 日。

这天，又是一个周六，问题却总会出其不意地到来。时任广州市地下铁道总公司建设事业总部总经理竺维彬接到报告：广州地铁四号线大学城站—小谷围站（北亭到南亭区间）盾构平均速度突然降到 1 ～ 2mm/min，将要趴下了。

险情即命令，竺维彬立即赶赴现场。路上，竺维彬有些疑虑，这个区间的基本情况他是清楚的。应用于这套地层的是日本三菱重工业株式会社[1]生产的盾构，这种盾构适用于硬岩掘进，而现在盾构的开挖面是岩石，应该不存在推不动的情况。

这个区间由广州市盾建建设有限公司[2]施工，张良辉博士任该项目总工。张良辉多年前曾

❶ 简称“三菱重工”。

❷ 原广州市盾建地下工程有限公司，简称“广州盾建”。

任职广州地铁盾构处，对于现场的情况也最了解。等竺维彬一到，张良辉做了简单的介绍：该地层条件是变质岩，岩石强度最高 70MPa，但节理裂隙比较发育，有一些裂隙水。

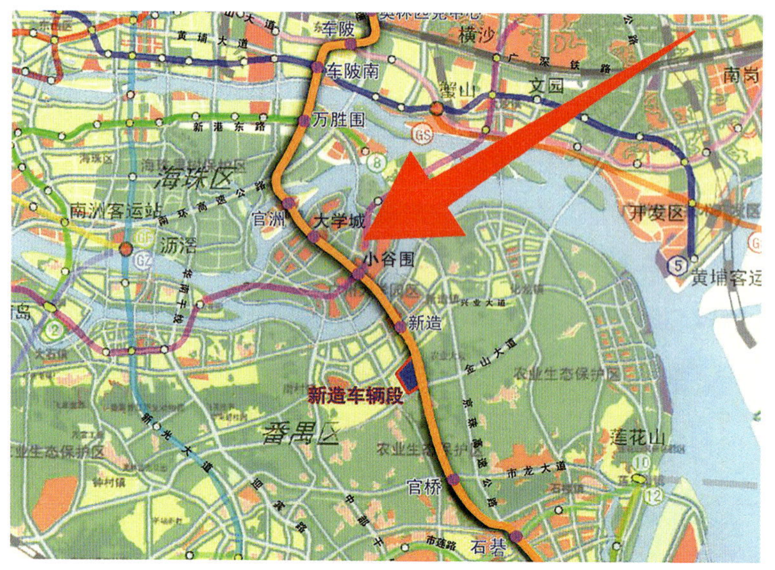

广州地铁四号线大学城站—小谷围站（现大学城北站—大学城南站）区间位置图

时任项目总工的张良辉博士对当年盾构推不动的情形记忆犹新

永远是第一现场最重要！掘不动的“真相”一定在掌子面（开挖面）。

于是竺维彬与张良辉、监理公司王晖等工程技术人员一起下到隧道中，到盾构前面去看个究竟；这时盾构并没有建压，因为开挖面是岩石，非常稳定，所以闸门是开着的。

竺维彬就蹲在人闸门的外面，看这台盾构为什么推不动，看着刀盘转，这时盾构的推力是 2400t，但扭矩相当于空转的级别，只有 50 ～ 60t·m。再靠近查看刀盘与掌子面掘进的状况，在掌子面上看不到刀具切割岩石的轨迹，并且掌子面的节理裂隙非常发育，岩面较破碎，刀具在转动，但贯入度几乎没有。

就岩石本身而言，单块强度很高，但是整体的强度并不大。而切削下来的岩石，多呈不规则棱角状，大小不一，意味着并不是全为滚刀切割的结果，有节理裂隙发育的影响。

这就奇怪了，推力这么大，扭矩这么小，掌子面这么稳定，轨迹不完整、不连续，或者大部分掌子面都没有轨迹。

另外，技术人员还发现一个特征，从盾构操作盘上观察，速度本来一直是 0 ～ 3mm/min，但盾构会突然往前冲一下，速度超过 10mm/min，在机内明显感觉到强烈震动后刀盘前进会加快。

一行人返回到地面，对怎么处理展开了讨论。许多专家认为，这是三菱重工盾构的刀具不适应这套地层导致的。

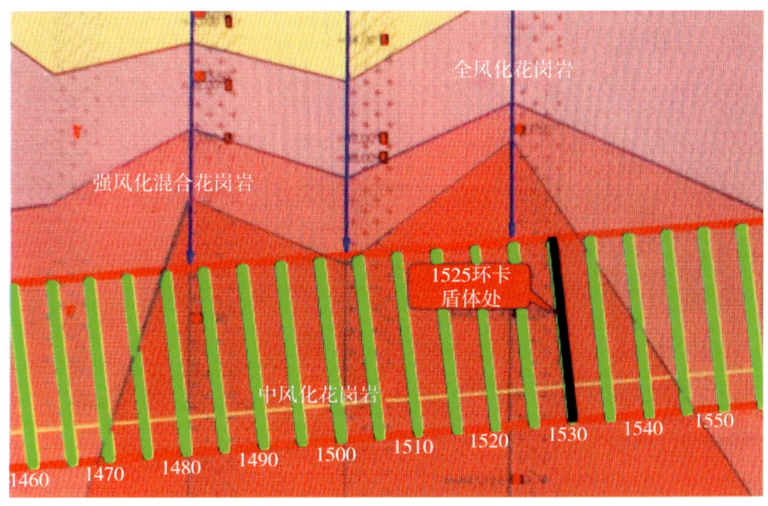

广州地铁四号线左线 1525 环段详勘地质剖面图

三菱重工本就擅长生产硬岩掘进机，而且当初盾构选型时，都要根据具体区间地层的情况“量身定做”。对每一台盾构，建设事业总部都会谨慎分析后才批准采用。到广州地铁四号线建设时，大家都已牢记和坚持“地质是基础、设备是关键”这一选型原则。

在广州地铁，盾构的选型应该不会出现大的偏差，此时，竺维彬就感到奇怪了，对于这套地层，盾构怎么会不适应呢？

三菱重工盾构刀盘

紧接着，就有两种意见出来：一部分专家认为岩石强度太高，刀具不适用于这种地层，刀具不行，要换刀，换硬质合金刀，项目总工张良辉也认同这种分析。

竺维彬则认为，**这是盾壳被卡住了，**并进行了分析：开挖直径并没有问题，盾壳周围还是有空隙，推力很大，但是扭矩很小，几乎没有速度，有时突然动一下，应该不是刀具切削不了岩石的问题，而是大多数情况下刀具与岩石没有“密切接触”。正因为推力特大，可能是壳体被什么东西卡住了。

如果刀盘能有效切割岩石，扭矩就不会很小，说明刀盘没有很好地切到掌子面。

这就说明，刀盘顶到岩石上的有效推力很小，或者几乎为零。卡住盾构的东西，应该是岩石碎块。由于岩石比较破碎，很多碎块被卡在盾构与围岩之间的缝隙里面，导致盾构摩擦力急剧增大，难以推动。推力主要消耗在被开挖下来的石头卡住的盾壳上。真正作用在刀盘上的推力非常有限，也就是刀盘和岩面处于有时接触、有时不接触的状态。

同时，盾构是三菱重工的土压盾构，与海瑞克的盾构不同。三菱重工严格采用土压平衡的理念来设计，**所以三菱重工盾构的前体、中体、后体的直径一样大，而海瑞克的盾构是从大到小，有一个锥度，**这也是三菱重工盾构在比较硬的地层中容易被卡的原因。

但竺维彬并不独断专行，既然有两种意见，就两种措施一起上。

一边，建设事业总部立即派负责大学城专线的部门经理蒙晓莲和施工单位广州盾建的副总经理去湖北的刀具厂订购新刀具。

一边，针对壳体被卡的问题，考虑解决方案——降低壳体的摩擦力，往壳体外周注膨润土，减少壳体周边的摩擦力。

三菱重工盾构采用的是主动铰接，主动铰接的一个好处是，铰接的推力非常大，完全可以把一台盾构推着往前掘进。考虑到把整个盾构往前推进的额定总推力有 3600t，技术人员就先使用铰接，把铰接前面的盾体先推动，再用总推力的千斤顶推后面的部分。

采取这个措施后，果然很快就推动了壳体，当天下午打完膨润土后，奇迹就发生了：推力降下来，扭矩上去了，盾构的掘进速度也上来了。到了晚上，采购人员刚到武汉，广州这边的盾构就已经恢复了正常掘进，随后都能保持每天 8 环的进度。

出于企业的诚信考量，采购人员在湖北的刀具厂还是订了一些带合金的滚刀；尽管采购回来的合金刀在广州地铁四号线起的作用并不大，但后来却在另一盾构区间红层地层掘进时发挥了作用。因为带合金刀比较耐磨，也不容易偏磨，比较适合软岩和较硬岩（即 60MPa 以下），且有些地段不具备换刀的条件，这些刀能满足耐磨和长距离掘进的要求。

事后证实，这种刀对华南地区普遍分布的红层地质或强度低于 60MPa 沉积碎屑岩层的施工非常有效，也算是无心插柳，好事一件。

问题解决了，但是思考并没有停下来，建设事业总部一行人感觉到这又是一个值得深入研究的现象和议题。对于饱经艰辛的广州地铁来说，那些因复合地层而生的问题，早在一号线时就让许多资深的国内外专家束手无策。在这样的情况下，一种解决问题的惯性就是不做经验教条之谈。

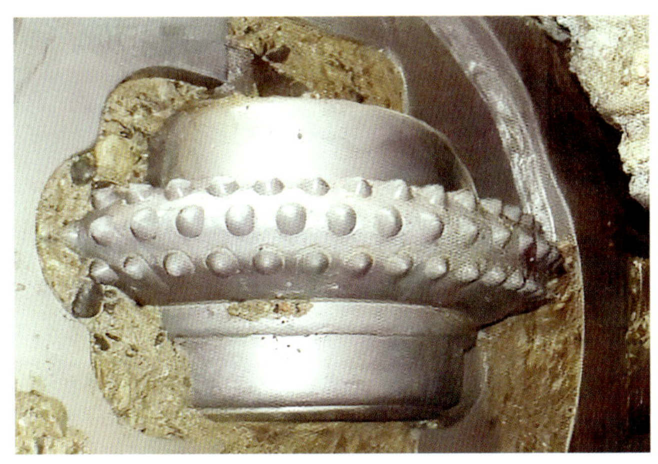

带合金的滚刀

许多问题，广州地铁的建设者找不到前车之鉴，也找不到胸有成竹可以拍板的理论专家。所以，这些建设者没有办法依靠书本知识，只能在最基础的理论指引下，一步一步摸索。**把全新的问题彻底吃透后，给出定义，提出研究办法，再上升到理论高度，以警醒后来人。**

盾构的推力，是一个被研究多年的课题。专家们认为在理想的平衡状态下，盾构总推力应该是盾壳与围岩等不同部位间的摩擦力、管片与盾壳间的摩擦力及土压平衡力等的总和。但实际上，真正发挥出作用切割岩土的，只占到这个总和的一小部分。

以往上海地铁是在软土地层中掘进，不存在岩石卡住盾壳的情况。这台被石头卡住了盾壳的盾构，给了建设者们一个启发：如果推力主要消耗在碎石卡盾壳上，那总推力就不能作为刀具作用于开挖面上力大小的依据。

就这样，**一个新的概念形成了——“有效推力”**，也就是使盾构前进的真正作用在掌子面的力的大小。

在土压平衡模式下，这个数值，后来通过施工人员的严密观测与计算，得出最小是5.2%，最大也就20%左右。也就是说，在这次事件中，三菱重工盾构3600多吨的推力，实际作用在掌子面上的，不过几百吨。如果徒然增加推力，而让这些多余的力量消弭内耗在盾壳与围岩的摩擦力之间，那么无论如何使劲，也不会有一丝一毫的作用。

这个“有效推力”概念的提出，告诫以后所有的地铁施工人员，盾构在这样一套地层中，脑袋里始终要思考着“有效推力”，根据地质条件和盾构掘进参数来判断“有效推力”是多少？只有“有效推力”上去了，盾构在“有效推力”的作用下才能前进。

竺维彬日后回忆此事，总是不厌其烦地说，要有创新思维。

在竺维彬看来，没有创新思维，从小范围来看，会让广州地铁四号线卡在大学城区间寸步难行；不立足高远，没有创新精神，更不可能多快好省地建成广州地铁线网。

毫无意外地，最后这条隧道顺利贯通，建设者总共花了两年半时间建成大学城专线，这是全世界建设速度最快的一条线。正是广州地铁人坚持深入到一线了解实际情况，开拓思路，才能发现新的问题，创新概念和方法，逐一攻克工程难题。

随着广州地铁二号线、三号线、四号线盾构工程的陆续展开，全国也开始进入了采用盾构技术修建地铁的“大潮”。各个施工单位的许多工程技术人员经历了在广州盾构施工的洗礼和磨难后纷纷走向全国各地。

到2006年底，广州地铁建成开通116km，北京地铁开通114km，也就是在2006年底这个时刻，广州地铁运营里程超过北京地铁。

之后，北京市委领导考察访问广州地铁，盾构工法随即在北京也得到了大力推广应用，又恰逢奥运会在北京举办的良机，北京地铁的建设速度更上一层楼了。

6

“滞排”，能够让刀盘解体

刀盘在江底解体，1/3幅条掉入土仓。闻所未闻，退无可退！唯有修复刀盘才能继续前行。

“滞排”的概念被提出，一旦“滞排”，接下来就有可能发生盾构刀盘、刀具的严重损坏……

雨，一直下。

6 月的广州，在梅雨季节永无尽头的淅淅沥沥中，散发出一股湿闷的沉郁感。2005 年的 6 月，也不例外。

这几天，时任建设事业总部总经理的竺维彬在他日记本上重点记录了一个区间：

2005 年 6 月 3 日，周五，气温 33℃，晴转雨，上午参加珠客区间贯通仪式，下午收到汇报，17：00 ～ 21：00，三号线沥滘站—大石站区间业主代表张宗贵段长和三菱重工盾构经理三浦正召下井操作驱动刀盘，驱动不了。怎么办？

2005 年 6 月 4 日，周六，气温 33℃，有阵雨，10：00 ～ 11：00，在区间盾构工程工地办公室主持会议，决策：①成立盾构施工应急小组，建立值班制度；②做好开仓前的准备工作；③进仓主要检查任务——刀盘、轴承及其密封。

2005 年 6 月 5 日，周日，气温 33℃，有阵雨，9：00 ～ 10：00，工地办公室主持第二次应急会议，决定：①试压判断江底下开挖面进水流量和压力；②分析判断进仓的风险；③共产党员先进仓；④快速进仓，查看刀盘结构的损坏现状。

14：20 接到张宗贵报告，经应急检查发现：**刀盘已散架**，刀盘的 1/3 幅条掉入土仓。取出钢碎片和一把刀盘中心位置的刮刀及边缘刮刀的碎片。

…………

作为建设事业总部的总经理，竺维彬每天要面对全广州 **300 多个地铁工地**，现在，3 天了，竺维彬的笔记本里持续留下了这个区间的痕迹。

从竺维彬的寥寥数语中，可以感觉到问题的严重性！

广州地铁三号线，从番禺广场站到天河客运站，总共 36km，主要的地质情况是北段（天河客运站—华师站区间）和南段（番禺广场站—大石站区间）有花岗岩，中间一段是红层，上面是残积土和砂层，从地质方面来讲也是上软下硬，即通常所说的“复合地层”。三号线还有一个难点，是南北走向，要多次穿越珠江水系。

而竺维彬在笔记本里记下的这个区间，正是三号线的沥滘站—大石站区间，并且要**两次穿越珠江水系**，一次穿越三枝香水道，一次穿越南珠江。

由广东省基础公司[1]施工的区间是三号线唯一采用泥水盾构施工的标段，由于此标段需要两过珠江，以及经过地面房屋密集的厦滘村和地下局部地段为全断面富水砂层，故必须严格控制地面沉降。所以，在盾构选型上，选取了三菱重工生产的两台泥水盾构进行掘进。

[1] 现为广东华隧建设集团股份有限公司，简称“华隧建设”。

广州地铁三号线沥滘站—大石站区间线路平面图

沥滘站—大石站区间盾构刀盘

沥滘站—大石站区间主要由一个明挖区段和两个盾构隧道区段构成，明挖区段包含盾构井及风机房的建设，而盾构隧道区段又分为沥滘站—厦滘站区间和厦滘站—大石站区间，全长6308.56 双线延长米。其中，沥滘站—厦滘站区间长 1622.75m。

出现问题的地方，正是这段沥滘站—厦滘站区间。这个项目要跨越南珠江，除了狮子洋外，**这里是广州中心城区珠江流域最宽的河道**。地铁隧道下穿的位置，在洛溪大桥的下游约1km 处。洛溪大桥有多长？ 500m！这也是江的宽度。而发生意外的地点正好在江的中央，前后不靠岸。

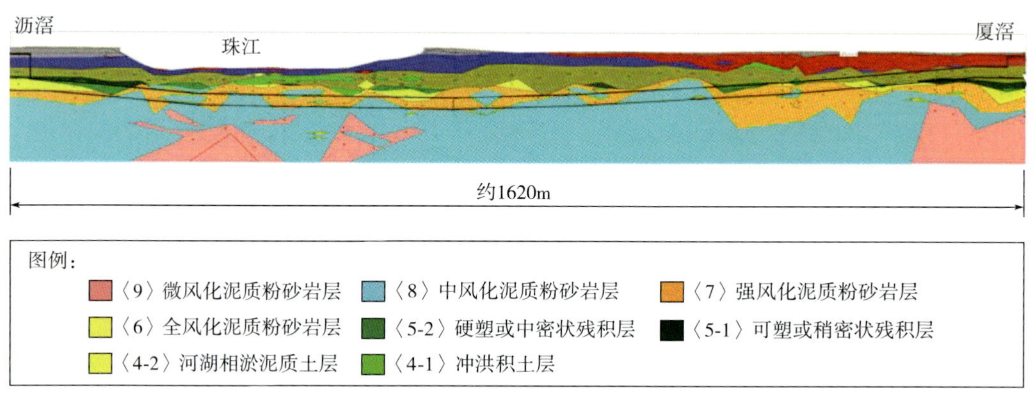

沥滘站—厦滘站区间地质剖面图

2005 年 5 月 31 日，当沥滘站—大石站区间 1 号盾构顺利贯穿累计 **3000 余米**的隧道时，2号盾构还剩 390m 到达终点，正处于珠江主航道底。此时，盾构操作手发现，刀盘扭矩突然攀升并造成机器自锁，扭矩超标。刀盘的转动很困难，震动似强力有阻碍。这台盾构刀盘转不动了，盾构趴在南珠江下面不能掘进。

不知道什么原因，于是施工人员检查了设备，检查了动力，检查了主轴承油脂，各方面都正常。但是，操作手反复正反转动刀盘还是不行，在不断启动过程中听到土仓内有异响。

终于，在 6 月 3 日再一次努力试转失败后，业主代表将情况报给了竺维彬：17：00 ～21：00，沥滘站—大石站区间的业主代表张宗贵段长和日方代表三浦正召亲自下井操作驱动刀盘，还是驱动不了。

进入土仓直接观察刀盘是判断故障最直接的方法，但珠江下开挖面不稳定，安全风险巨大。所以首先在不开仓的情况下，通过尝试强行转动刀盘进行判断，但转动刀盘可能会进一步损坏刀盘。

既要控制风险和防止进一步损坏机器，又要有效判断和处理，怎么办？以广州地铁的经验，宜先进行低风险的机内判断，如果还是无法确定原因，再进行高风险的入仓作业。

难道是有异物，而且这个异物来自刀盘前方岩块或江中的堤岸抛石？如有此类障碍物也会阻碍刀盘的转动。技术人员反复探测分析。其实，刀盘无法转动，一般有内因和外因之分，内因即驱动系统故障，外因则为有异物卡死了刀盘。

如果是驱动系统的问题，那应该是液压马达的齿牙脱落卡死了大齿圈，但 2 号盾构为外齿圈大齿轮，液压马达齿牙脱落后卡死大齿轮圈的可能性相对较小；另外，液压油抽样检验是合格的，这就说明，盾构的驱动系统是没有问题的。

内因排除，现在剩下外因。外因情况就比较复杂了，具体情况有：刀具脱落卡死刀盘、边缘刀具严重损坏、地层过于坚硬、有其他基础工程及高强度的钢构件卡死刀盘。对于这几种情况，他们逐一进行了分析，各种可能性都被排除。

这时，一个不正常的现象引起了施工人员的注意，盾构的环流系统受阻，泥浆正循环进去在排泥口堵塞，逆循环进去底下的流量上不去。这就说明一个问题，这个异物不是在刀盘的前方，而是在土仓里面！

土仓里的异物是什么？施工人员百思不得其解。

一个大家想过但不敢深想的念头在这个时候浮现：是不是刀盘本身出了问题？要知道，刀盘本身重达 34t，在广州地铁诸多盾构构件中虽为轻量级别，但也是一个巨无霸。

事态严重，6 月 4 日，尽管又是一个周六，10：00 ～ 11：00，竺维彬主持召开沥滘站—大石站区间盾构应急会议，在听取现场工程师的汇报后，得知盾构趴下之前有许多异常的响声，判断有可能是掉下来的刀具和刀盘构件在“打架”。

经过 6 月 4 日和 6 月 5 日的两次会议后竺维彬决定，一定要进仓检查刀盘，这是应急进仓，是风险非常大的事情。这个现在看来已经不可能有的动作，要在 2006 年底开通这一段地铁线路的使命下，在当时成为“必选项”。

那时，没有人想到更严重的问题在等着他们。

应急进仓，怎么应急进？谁进？尽管名字叫应急进仓，生命安全依然是放在第一位的。开仓的第一步要先泄压。根据分析，开挖面是强风化、中风化的红层，如果强风化不是很破碎，则应急进仓是可行的，一定要试。

把土仓内的压力降下来，如果压力恢复得不快，则技术人员就可以开仓进去，在很短的时间内应急检查，看看盾构到底发生了什么事。

广东省基础公司开始尝试。当技术人员尝试把压力降下来后，进水的速度不是很快，并且没有异常的情况，所以他们立即作出判断，操作人员短期内进入土仓是可行的，不会发生大的事故，即不会因为江底立即塌下来把人埋在盾构的土仓内。

问题是，谁进去？此时，一定是共产党员先上。几个共产党员由项目副经理赖伟文带头先进去。在做了一系列的开仓准备工作后，开仓的一刹那，赖伟文他们愣住了：**刀盘不见了！**盾构的巨无霸刀盘呢？

事后据项目经理易觉说，为什么当时觉得刀盘不见了，那是因为盾构刀盘 4 ～ 6 号辐条之间除牛腿外其余部分全部缺失，而这一部分，正对着土仓门，所以，当他们一打开仓门时，才会惊呼刀盘不见了。

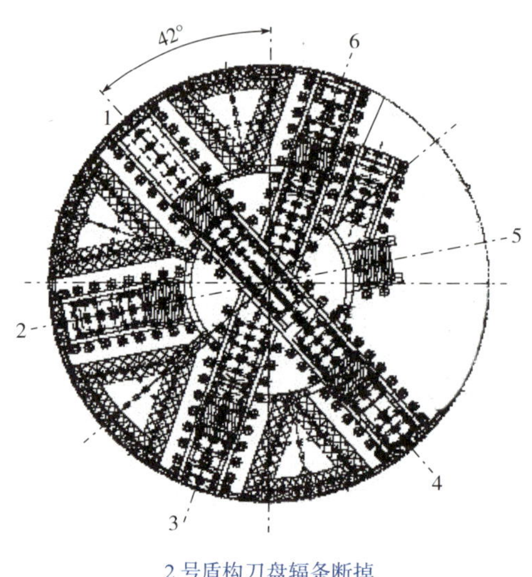

2 号盾构刀盘辐条断掉

土仓里面还有少量的水流进来，所以立即关仓门。

此时，没有一个人的脸不发白，包括日方资深盾构工程师三浦正召。这位曾在英法海峡隧道积累丰富经验的工程师，在 30 多年的工作过程中，从来没见过这种情况，看到此情此景，他心想：完了。

这可不得了了，用来掘进的刀盘居然解体了，那拿什么来掘进？还怎么向前？这些工程师们知道，盾构一开动，只有一往无前，没有退路可言。

终点，近在咫尺，但让现场工程师们焦虑的是，如何迈过去这一道“坎”？

下午市建委召开防洪会议，正在参加这次会议的竺维彬 14：20 接到张宗贵报告，经应急开仓检查发现：**刀盘已散架**，这个 2 号盾构近 1/3 的刀盘结构性解体——一根辐条及旁边的两块辐板折断并脱落掉入土仓。

检查后发现，土仓内堆积了大量刀盘构架残骸，正是 4 ~ 6 号辐条之间缺失的部分。几乎在同一时间，刚刚完成掘进的 1 号盾构也被发现刀盘边缘多处出现贯穿裂缝，刀盘接近解体状态。

2 号盾构土仓内掉落的辐条和刀座

两台盾构相同的问题使事故的原因明朗化了：刀盘首先在边缘开裂并变形直至解体，最终刀盘被解体的构件卡死。

这个压力就非常大了，盾构依靠刀盘开挖土体，刀盘散架将导致盾构工程陷于停顿，因此盾构制造商都会将刀盘设计成盾构上结构刚度最强的构件。施工中的刀盘磨损时有发生，但在江底施工的盾构刀盘散架却闻所未闻。

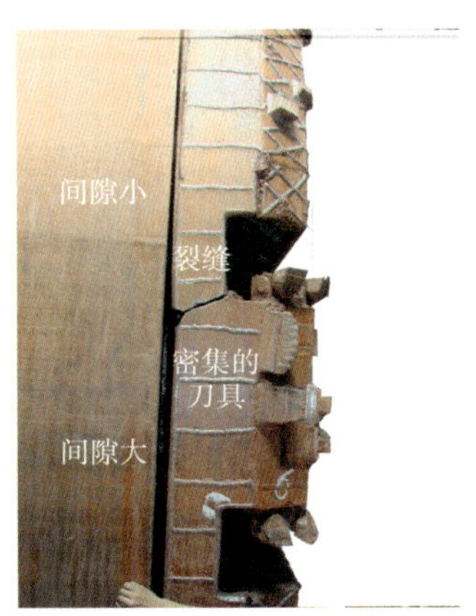

先到达的 1 号盾构刀盘边缘开裂且变形

事态严重，竺维彬立即请假赶赴现场，日本的三浦正召，时任广东省基础公司总经理方启超及总工、项目经理都在现场，此刻正在紧张商议。因为按照三浦正召的说法，他从未见过或听过盾构在掘进过程中有刀盘解体的情况，并且是在江底下。

竺维彬一进入会场，大家都将目光瞄向了他。作为业主，竺维彬在从防洪会议上来的路上也在思考怎么办。报告说刀盘已经散架了，虽然这种事情在世界范围内都找不出一例，但作为建设事业总部的领导，他必须首先要有信心，然后带领大家坚定信心！

作为地质专家，竺维彬的这个信心与其说是为自己鼓气，不如说来自他对江底下的地质条件的深刻认识！前面提到，盾构所处的位置正是〈6〉、〈7〉、〈8〉地层，地质条件其实还可以，而解决的方法不外乎两种：要么放弃这台盾构和废除已完成的隧道，重新再打一条隧道；要么把这台盾构维修救活。除此之外，别无选择。

对于已经发生的事，再战战兢兢、再害怕也没用。所以，针对这次事故开会确定了以下三条事项：第一条，一定要坚定信心。很快，事故领导小组成立了，组长陈韶章，副组长竺维彬、方启超、易觉，现场处理小组易觉、许少辉、张宗贵、钟长平等。第二，开仓加固开挖面。第三，做好刀盘修复方案，江底下修复刀盘。

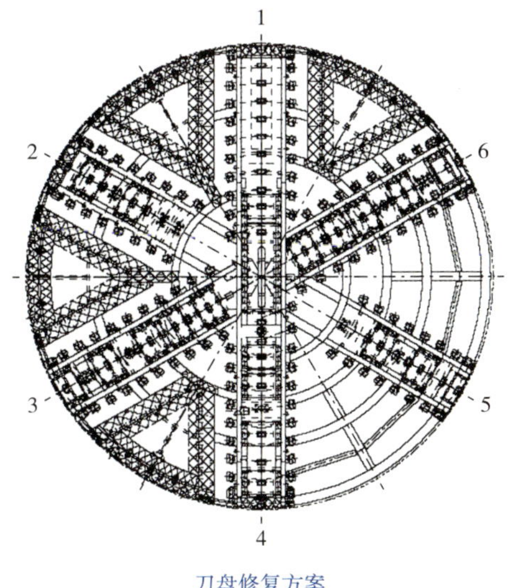

刀盘修复方案

但问题是，修理风险非常大。要进仓去修理，不是先前的以小时计，这次的开仓修理至少要几周，万一塌陷了，珠江水倒灌进来，人是跑不了的。不仅是隧道里的人跑不了，另一条隧道已经打通了，这条隧道到了车站通过另外一条隧道直接连通到正在运营的一号线及周边地下商场、停车场等，包括天河城地下空间。如果水灌进来，可能影响一号线的运行，甚至灌到天河地下城去，后果非常严重。

那就要进一步详细检查开挖面的地质状况及其稳定性。6 月 5 日当天讨论的首选方案，就是要修复盾构，虽然风险巨大，但只要有一丝希望，还是要试。所以从 6 月 5 日到 6 月 17 日，主要就是摸清楚盾构的损坏现状和制定修复方案。

方案决策者是竺维彬和方启超，易觉和赖伟文是执行者。在行政和决策上，方启超给了易觉很大的信心，就这么干。在技术上，竺维彬给了易觉很大的支持，就这么干。

如果要修理，就要有修理空间，即需在盾构前方局部开挖一个洞室，人能够进到刀盘前方地下洞室进行钢构件的焊接和安装。而问题是，盾构所处的地质条件，顶部是〈6〉全风化泥质粉砂岩层，上部是〈7〉强风化泥质粉砂岩层，下部为〈8〉中风化泥质粉砂岩层。

这种条件下要开挖建造地下洞室的常规做法，是要先占据航道，注浆加固拱顶〈6〉地层和砂层，之后再进仓开挖洞室，如此策划至少要几个月。怎么办？前路茫茫，一筹莫展！

6 月 17 日（星期五）上午，当天下大雨，广东省基础公司的技术人员向竺维彬汇报，说做好方案了。竺维彬等人听完汇报，定下了方案，决定就这么干了。

华隧建设总工易觉讲述当时的情况

准备进仓的人员集合完成，大家沉默不语地向前进发，能做的部分，技术人员已经反复推敲和演习过了。

到了土仓，抢险人员看到刀盘之上，有一个因盾构超挖而形成的拱形洞，盾构刀盘修复出现了非常有利的条件。

每个人都知道，这个洞正是施工人员一直想挖而不敢轻易挖的维修洞（要挖维修洞，风险巨大）。但现在，这个天然维修洞就这么突然展现在抢险人员面前。施工人员正好可以利用这个洞在刀盘上面搭设拱架和挂网，喷混凝土，为刀盘做一个安全拱盖。而这个拱盖，是普通人赌命也不敢凿的。实际上，他们原本计划加固盾构顶之后，再去修复刀盘。

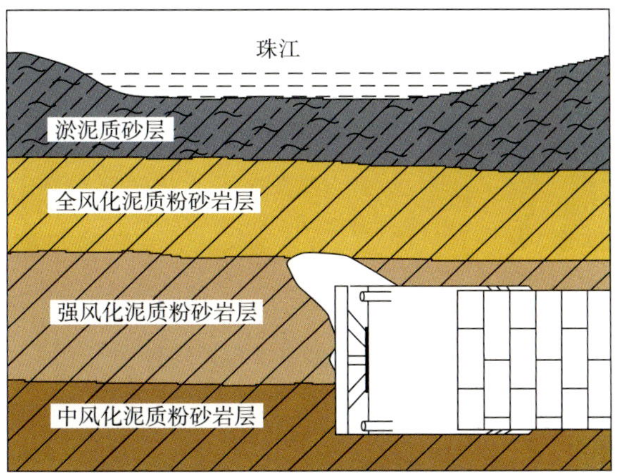

盾构正前方顶部拱形洞示意图

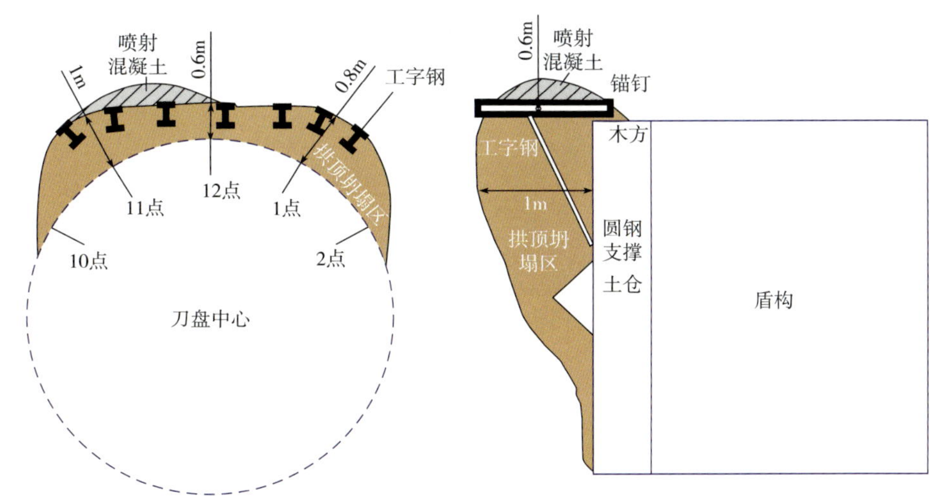

刀盘前部塌方区加固示意图

真是天时地利人和。危中有机，各种机会要素突然向好，如果差一点点，任何地方有问题，这次事件都不会这么顺利解决。

这样一来，事情变得有惊无险了。

掌子面稳定了，刀盘上方也确保了安全，接下来要做的就是全力修复盾构刀盘。自然，盾构不可能恢复到原来的形态，但只要恢复刀盘的基础功能，也就是能切削和掘进，那盾构就可以勉强走出珠江。

前途变得明朗起来，但是施工危险系数依然很高。毕竟江底巨厚的淤泥、砂层和拱顶全风化岩层是否会在长时间的作业中突然发生崩塌，没有人敢打百分百的包票。

在困难面前，赖伟文站出来了。

“我先进仓。”赖伟文毫不犹豫地说，“我陪着你们，没什么可怕的。”

果决的态度与无畏的精神是会传染的，工人们也渐渐有了底气。就这样，维修的队伍凑齐了。修复刀盘的过程是有条不紊的。他们把工厂做好的杆件，通过长长的隧道，一根根运进

刀盘修复隧道贯通实况

了地下，这个过程，只花了10天。

刀盘修复了，清障完成了。这台饱受摧残的盾构，顶着勉强能用的刀盘，像一个随时会散架的老头子，步履蹒跚惊心动魄地穿越了珠江。

隧道终于贯通，满是伤痕的刀盘终于“安息”，所有人的忧虑与惊恐也烟消云散，仿佛重生！总工期与三号线开通的计划并没有被耽搁，隧道的质量没有问题，通车也不会受到任何影响！

这惊涛骇浪般的两个月，是人力与运气的结合。如果刀盘上方没有那一个洞，如果施工时发生塌方，如果在人未撤出前江面塌陷，如果没有人能完成管道切割……

这些如果并非人力可控的部分，一旦拐向不利的态势，那么沥滘站—大石站区间的命运乃至三号线的未来，都会产生不可估量的影响。

但老话常说，有志者，天助也。这次惊心动魄的刀盘解体事件，让许多困难在工程师与工人们的日夜奋斗中，化解于无形。

每个人都不堪回想当时的疲累与压力。许多人都像三过家门而不入的大禹，扎根在了工地，望着浩浩汤汤的珠江，内心只有惊惧。这条滋润了广东的母亲河，此刻只剩下暗藏的凶险与不可捉摸。

而江面来来往往的行船，与江畔散步的人们并不知道，安静的江面之下，是一群人彻夜贯日的挣扎、努力与奋斗。

问题虽然解决了，但竺维彬还是久久不能释怀。他一直在想，为什么穿越珠江的两台盾构都先后出现了刀盘碎裂或解体的问题。

在对土仓进行清渣的过程中，施工人员发现，有许多巨大的卵石，它们在里面搅和了许多日子，却始终没有被排出。

这样一看，有经验的工程师们就有了头绪。

穿越珠江所用的是泥水盾构，这也是根据线路地质条件和经验教训得出的合理选择。但是，泥水盾构是通过管道排出泥渣的，能排出块石的块径要比土压盾构小得多。这些大型卵石无法通过泥水管道离开土仓，也不可能被搅拌棒弄碎，就在土仓里日复一日地与刀盘刀具做“抗争”。刚者易折，坚烈无比的刀具与石头碰撞在一起，便有了磨损、弄出残缺，最后这些小伤小痛从四周裂到中心，轰然解体。

堵塞，进入仓内的坚硬石块排不出去，才是刀盘开裂的最重要原因。

找到原因，还要解决问题。竺维彬、钟长平、易觉等开始进一步思考：在断裂带漂卵石层和岩溶发育地层等施工时，高强度和大体积的颗粒石块如果一下子全部冲进土仓，泥水盾构是无法应付的，因为盾构自身不具备将这些障碍物排出的能力。这样不能及时排出障碍物的工况，竺维彬等又给出了一个**新的定义：“滞排”**。一旦发生“滞排”，接下来就可能会发生盾构刀盘、刀具损伤或严重损坏。

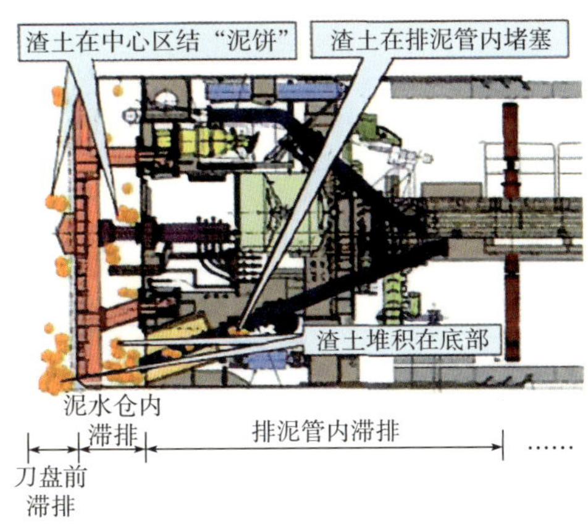

泥水盾构滞排

这个问题，并不独属地质复杂的广州。在全国许多城市的地铁施工中，如北京永定河、兰州黄河、成都都江堰等水急流量大的地段，它们或处于漂卵石富集区，或处于岩溶发育地区，或处于断裂破碎地带，天然藏着许多坚硬无比的大石头。这些石头进入土仓，损伤盾构的案例与日俱增。

那么有没有可能发明出一种兼容土压与泥水优点的盾构呢？

经过这次“劫后余生”或者说刻骨铭心的经历，竺维彬曾在2000年广州地铁二号线海珠广场—江南西区间任总监时提出“**双模盾构**”的概念和梦想，提上议事日程，以华隧建设为主体的研发团队很快组织起来，研发工作也很快启动。

土压盾构的螺旋输送机可以排出巨大的石块，而泥水盾构又可以提供均质的平衡支护力，各取其长，就足以应付各种复杂的地层环境。

就这样，经广州地铁、华隧建设和国外公司通力合作，**2012年，世界上第一台“双模盾构”问世**。得益于快速的模式转换和对复杂地质应对的游刃有余，它很快就应用到了广州地铁九号线的建设中。而这一切的创新思维和成果，追溯起来，都要回到2000年广州地铁二号线海珠广场—江南西区间过珠江时“双模盾构”概念的提出和2005年那个阴雨不断的夏天。

那里，有一群以命相抵的奋斗者们，他们以问题为导向，肩负工程使命，肩负保护一线员工生命的责任，而必将成为创新工法的主体。

7

又见“喷涌”，水来自何方？

许多“喷涌”案例，大部分水都是来自盾构的后面，是管片背后注浆不充分以致形成地下水通道，从后向前经过盾壳外的超挖空隙进入土仓，最终形成“喷涌”。

不入“虎穴”，焉有真相？……

事物的发展是螺旋式上升的，中国盾构技术的进步也是如此。“喷涌”“泥饼”“滞排”“有效推力”……即使广州地铁的建设者们已经研究过、定义了这些现象，但是他们还是会长时间被同样的问题困扰。这看似在原地兜兜转转，其实在持之以恒的战斗中，技术积累已经发生了质的飞跃。

2004 年的夏天，对世界来说，是奥运圣火重回故土的季节，对中国尤其是广东省来说，也有着同样非凡的意义。

这一年的 7 月，第十六届亚洲运动会的举办地花落羊城。广州，成为继北京之后，第二个取得亚运会（2010 年）主办权的中国城市。与此同时，佛山市、汕尾市及东莞市也被确立成为协办城市。

要串联起这些城市，就要对城际轨道交通提出更高的要求。虽然早在 2001 年，广东省就通过了《珠江三角洲城际快速轨道交通规划》。但申亚成功，无疑要让交通建设的蓝图画得再快一些。而一条连通广州与佛山的地铁线路，也成为计划的重要一部分。

2007 年，广佛线建设正式启动。同年 6 月 28 日，广佛线开工仪式在佛山市举行，这意味着，我国第一条全地下的城际轨道交通线，正式开工。

广佛线工程建设管理合同签订

这条东起沥滘、西至魁奇的轨道线，全长 32.16km，共设有 21 个站，与多条线路交接。相比地上的城际轨道项目，广佛线的长度并不十分突出，但广佛线又有着极其特殊的身份：**它是我国第一条全地下的城际轨道交通线。**

这就意味着，广佛同城始于地下轨道交通。不仅如此，建设过程中盾构工法比例高达 84%（除车站和折返线外）。

与广州一线之隔的佛山，拥有和广州同样复杂的地质条件。可以想象，盾构要克服何等艰难险阻，才能贯通广佛线。

这条注定会成为城市区间纽带的线路，一定会在未来助力两地经济交流，成为珠三角间的发展桥梁。但是眼下，建设者所寄予它最迫切的希望，是在亚运会期间发挥重要的输送作用。

因此，广州地铁从 2007 年广佛线动工之初，就已立下生死状：一定要在 2010 年亚运会前成功开通。更严峻的是，当全线招标工作完成之时，已然是 2008 年初，而真正征借地完成后大规模建设开工，时间已经到了 2008 年的年尾。

真正给建设者的时间不足两年半，风险、压力与无可争辩的完工期限，沉重地压在了每一个人的头上。其中，作为广佛线代建方现场指挥的许少辉，压力甚大。

刚刚完成地铁三号线艰难征途的许少辉，作为广州到佛山线的主要负责人意识到，要想在预定时间内完成任务，光喊激动人心的口号是没有用的，科学高效地争分夺秒，才是唯一的出路。为此，许少辉带领着技术人员，一遍遍梳理全线每一难点和节点，此时，技术人员发现，有一个区间的工程进度特别缓慢。

那就是龙溪站—菊树站区间，由中铁建十六局负责施工。

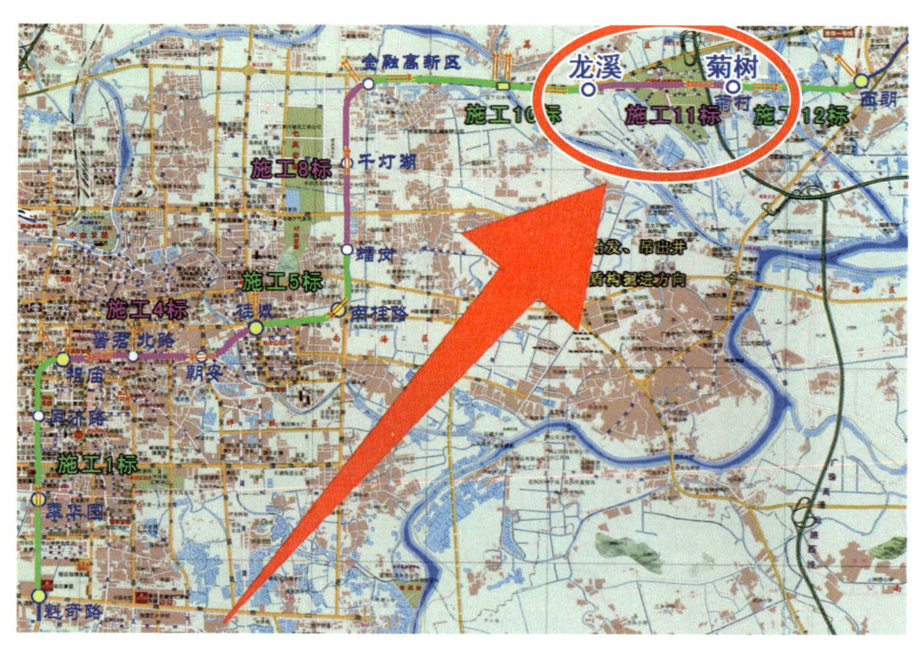

广佛线龙溪站—菊树站盾构区间位置图

“从 2009 年 3 月起，盾构一直出现‘喷涌’，施工人员只有先清渣，再装管片，每天掘进速度只有 1 ～ 2 环，这个地方地质复杂，地下水丰富，频繁出现‘喷涌’，导致进度滞后。”工程人员在汇报时反映。

“有没有采取什么相应的措施？”许少辉问。广佛线是 2010 年亚运会前必通线，大家都非常着急。

“我们想不出有效的措施，觉得‘喷涌’很正常，裂隙水多肯定会‘喷涌’，但经过‘喷涌—清渣—装管片—再掘进—再喷涌’这样一个恶性循环，掘进就慢了。”施工方回答。

“这个区段地质条件较好，是红层，应该是盾构掘进最适合的地层了。自盾构引入广州后，红层中盾构掘进已超过 50km，积累了很多经验，就算是‘喷涌’也不至于这么慢，每天只有 1 ～ 2 环。本来，按工期策划这一段并不是制约全线开通的瓶颈，但如今按这个进度，这个区间将可能成为全线开通的制约点。”许少辉既担心又觉异常，于是约请施工单位指挥长赵巨川、项目现场负责人赵苏银到建设事业总部办公室研究讨论。

时任广佛线代建方现场指挥的许少辉再说“喷涌”

施工单位现场负责人一直认为是地质条件差、裂隙水发育、开挖面来水所致。若要解决此问题，只能地面借地，预先加固裂隙水发育地带。若果真如此，则借地需要时间，地层加固需要时间和费用，这事情就大了。

在建设事业总部，竺维彬却有很多疑问。直觉告诉他，一线负责人进仓后没有进行更深入的检查，只是根据土仓内水位很快上升来判断“水来自掌子面”。

怀疑是有经验依据的。红层中水大的问题工程师们在广州地铁一号线过东濠涌时已经历过，当初日方工程师也是这么认为的：掌子面水大。但在当时，竺维彬爬进土仓中仔细观察时发现：土仓内的水大部分来自盾构的后面，并非前方掌子面。

自广州地铁一号线以后，竺维彬等人又跟踪了许多“喷涌”案例，定义了“喷涌”的概念，发现大部分的水都是来自盾壳的后面，并专门撰写论文提出相应解决措施。

问题在现场，就去现场找真相和解决办法。竺维彬说：“我们一起下井进仓去吧。”

这一次，尽管施工单位一再强调水来自前方掌子面，但竺维彬的预感是正确的，应该又是盾尾封堵不彻底造成了“喷涌”。

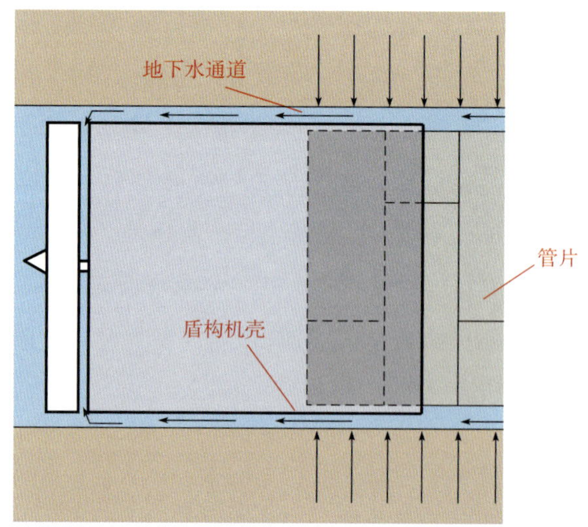

隧道背后积水进入密封仓示意图

2009年4月2日15点，竺维彬带着中铁十六局集团北京轨道交通工程建设有限公司总经理赵巨川、该标段项目经理赵苏银、广佛线负责人许少辉，以及建设事业总部综合部一些负责宣传的同事，一起来到掌子面。

竺维彬带领众人进仓到掌子面寻求真相

这一次，竺维彬为什么大张旗鼓地带了这么多人下到隧道？其实，在他带领大家下去之前，已经有了80%的把握：水是从后面来的。但竺维彬还是需要带领大家去现场，目的很简单，就是要用事实告诉施工单位，“喷涌”的水到底从何而来？在此之前，许多人是抱定掌子面来水的观点，因此也产生了一些理念上的摩擦。

现在，众人已经来到了事发地。

开仓，进仓。

开仓后第一个进去的，是赵苏银，他不是搞地质的，一看到土仓里都是水，便立刻出来回复：“掌子面水很大。”言下之意，水就是从前面来的。

“水从哪里来”的这个问题，很重要。

如果水从前方来，因掌子面水大，则就很难有措施来处理，因为上面有建筑物、农作物，需要借地注浆。如果水从后面来，则可以借助盾构隧道来处理。

竺维彬没有回答，第二个进到土仓，他用手一摸切口环的顶部，明显感到水从后面往前冲，有一种压力感，前面来水非常少，最多占 20% 的量，答案其实已经很确定：水是从后面来的。

紧接着，赵巨川也进入土仓，也用手通过切口环往上摸，现在，他折服于事实面前。大家都体会到水是从什么地方来的，明白这个“喷涌”是怎么造成的。

现在，到现场的一众人终于摸清楚了该区间“喷涌”的原因：是盾壳后的来水。退回到会议室后，大家统一了意见。

盾构后面来水

不过，为什么会有这么多水从后面来呢？

竺维彬开始了他的解释。因为此前这里曾经发生过塌陷，隧道上方富水砂层中的水已与盾构隧道连通，无孔不入的水，沿着盾构隧道外的超挖空间从后方流入到前方的土仓中。6.28m 直径的开挖面汇水面积只有 30m^2，8m 长的盾构汇水面积是有限的，大概有 160m^2，两者相加才 190m^2。而此段隧道又处于下坡地段，从塌陷点到开挖面已超百米，理论汇水面积超过 2000m^2，由此推测，当水从后面来的时候，就好似泄洪……

在此前的研究中，广州地铁总结了“喷涌”的几种起因。一种是富水砂土地层或富水断裂带中分离的水渣在高压作用下的喷射；一种是江河隔水层被意外击穿；一种则是“喷涌”的难兄难弟——“泥饼”先行填占土仓空间，致使盾构掘进缓慢，地下水先行“趁机”入侵土仓内的残余空间，只需要很短时间，就会形成足够的水压。

而龙溪站—菊树站区间的“喷涌”，起因则又不相同，是管片背后注浆不充分以致形成地下水通道，大量地下水在此聚积。寻找着出路的地下水，经过工作面时就会从这里进入土仓，最终形成“喷涌”。

原因有了，那怎么解决问题呢？

竺维彬早已给出了答案：结合实际，标准而规范地对已完成隧道外的超挖空间进行系统注浆，集中力量把水堵住。

面对缜密的逻辑链，施工单位终于意识到，此前的注浆没有针对性，是造成“喷涌”的主因。在此之前，施工人员由于认知的缺乏，初次注浆都流失殆尽，更别说没有进行二次注浆了。

真相在众目睽睽之下呈现，施工单位如梦初醒。之后，按照“后方来水是主症”的思路，采取相应的措施，对已完成隧道重新进行了全面的二次注浆，堵住隧道外的流水通道，把水紧紧封锁在了围岩中。

这一措施一实施，问题便迎刃而解，盾构由之前每天掘进 1 ～ 2 环到之后掘进 8 ～ 10 环，施工效率大大提高，这一区段不再威胁全线的开通。

自此之后，施工单位对广州地铁这个业主管理单位的意见也更能虚心接受了，毕竟，事实胜于雄辩。

广州地铁的威信和权威逐渐树立的背后，是广州地铁出的这些“招”，也就是竺维彬经常说的，要“**懂、严、准、狠**”。对于刚入门盾构作业的施工单位来说，是一个很好的借鉴。

所以，一定要深入到一线，如果开挖面稳定，尽可能进入土仓，“不入虎穴，焉得虎子”，进入土仓，自己亲身去体验，才能找到真相，有了真相，没有解决不了的问题。

这里，特别要提到的是“水”，它总是往下走和往薄弱处出。对地下工程来说，首先要了解水的特征，大多地下工程事故都跟水有关。

因为水的威力实在太大。

所以从主观上来说，要敬畏水、了解水、利用好水，在勘查地质状况时一定要把水的来龙去脉或历史演变搞清楚。这个水不仅是现在能看到的水，比如洪水淹了地铁站的水，还要看到地层中的古河道也能赋存水。古河道沉积的地层分布广泛，特别是广州、深圳、东莞等华南沿海地区的丘陵地带，全新世早期存在许多古河道，之后随着海平面的提升，古河道演变成海陆交互的三角洲，普遍沉积着厚达 30 ～ 40m 的富水软土地层，这套地层主要包含古河道河床相、河漫滩相沉积的富水砂层。古河道随着社会、城市的变迁被埋藏或迁移，但遗留至今的河道之水与地下古河道的水是连通的。

现在一般隧道的埋深都小于 40m，遇到下面是岩、上面是古河道的情况时，这个平衡很容易被打破。如果不采取措施，则很容易发生坍塌和沉陷。原理上，是因为不了解地质，施工掘进时盾构打破平衡造成塌陷，但根源是水，包括富水淤泥和砂卵石层。

有水，使沉积物容易移动，摩擦系数降低，使之松散，诸如古河道沉积的砂卵石层，有、无水时，岩土力学性质相差甚远。又如粉细砂层，一旦富水和地震或盾构施工震动触动，很易液化移动。

所以，**复合地层盾构技术的基础是地质，这一“地质”不仅涉及传统的岩土力学、工程地质，还需认清其水文地质特性。**

了解了水，也就解开了“喷涌”的惑。

8

姿态就是方向，行进路线不容有偏

“磕头”与“抬头”，也就是盾构掘进时异常往下走或往上走，导致盾构隧道偏离设计轴线。

盾构“磕头”时，“点石成金”、纠偏成功；而盾构“抬头”达到84cm时，通过冒险创新、明挖改造，最后转危为安……

在顺利化解龙溪站—菊树站区间的“喷涌”问题之后，同年（2009 年）9 月，与该区间一步之隔的龙溪站—金融高新区站区间，又出现了盾构“磕头”超限问题。

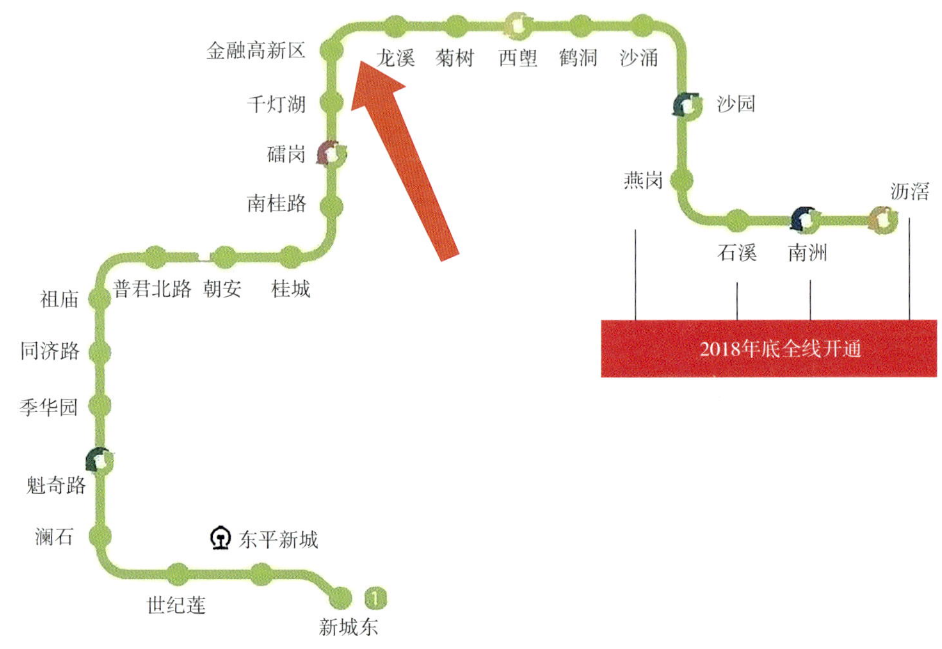

广佛线龙溪站—金融高新区站区间位置图

当时，广佛线由于施工条件制约，土建工期有所滞后。为了顺利完成任务，由许少辉牵头，通过现场调研和动态策划，广佛线管理团队大胆提出一个想法：合同外增加 7 台盾构，以保按期开通。

但哪来这么多既要适应佛山地质又是同一规格的盾构？

当时全国同类盾构不超过 50 台，从其他城市借调盾构是不可能了，只有对广州地铁的盾构进行全面梳理和统筹。

时任广州市地下铁道总公司总经理丁建隆、建设事业总部总经理竺维彬等领导果断决策，采纳许少辉的提议，从其他新线建设中借调了 5 台盾构和掌握这些盾构的原班队伍一起参与到支援广佛线的建设中。包括广州地铁三号线的 3 台盾构和二 / 八号线的 2 台盾构，这些队伍一完成任务，就立即被调用到了广佛线。

盾构的增加，也就意味着一线队伍的扩大。

中铁二局，就是随增加盾构而来的支援单位。当时的中铁二局，施工力量和施工水平都非常强，在技术力量和精细化管理方面都很突出。中铁二局进入广佛线施工以后，很快就形成了生产力量，掘进速度也一下就上来了。广佛线建设团队非常欣慰，建设团队的建议得到实施，而且实施的效果还不错，当然盾构所在的地质条件也是比较好的红层，掘进顺利。

但就在这台土压盾构以一天超过 10 环的速度掘进 200 多米后碰到了难题：盾构总体是在强风化～微风化岩层，但底部出现了全风化泥岩夹层，即断面地质条件是“上硬下软”。

盾构掘进姿态正常的线路是往下走的，本身就有千分之十几的坡度，遇到底部全风化泥岩夹层以后，盾构向下的趋势越来越快，推了不到 5 环的长度，机头向下沉了 10cm。

如果继续往前掘进，那么盾构方向就会偏离设计轴线。

盾构迅速往下走，这就是俗称的“磕头”。对于盾构来说，头顶着巨大又沉重的刀盘，容易有向下偏离轴线的趋势，因此“磕头”并不是一种特殊的现象。

施工单位随即采取了一系列补救措施。对于这种常见问题，广州地铁已经有不少被证实为有效的方案。比如，配置超挖刀或仿形刀；利用铰接装置让盾尾与中体产生需要的夹角；而最常见的，是通过千斤顶来实现不同方向、不同数值的压力差，让盾构得以纠正。

但这次的情况有点难办，无论施工方采取何种措施，盾构还是在迅速往下走。这可不行，2009 年 9 月 19 日，竺维彬接到了项目经理付小勇的求救电话。

“盾构一直往下滑，一直在‘磕头’，再滑下去就要超限了，我们已经采取了很多办法，还是纠不过来。”付小勇非常坦诚地说明了情况。

竺维彬知道，一旦偏离超过设定限度，那这条隧道轻则需调线调坡，重则要改造甚至废掉。

常规措施不起作用！对于广州地铁的资深工程师来说，没什么大不了。竺维彬总是说，不要迷信设备和报告，一定要从具体的地质条件出发。即使是已经勘探的岩层，也必须要亲力躬行，从实际出发。

盾构施工的许多突发事件，在探究缘由时基本都会追溯到地质条件上。围岩坚固还是脆弱、有无地下水、地层是硬岩还是软泥岩，都会让盾构产生偏移。而龙溪站—金融高新区站区间的问题在于其**“上硬下软”**的特殊工况。

“你不妨试一下径向孔注化学浆，边掘进、边注浆、边纠偏的方法。”竺维彬说。

这不是什么拍脑袋的突发奇想。实际上，早在 2000 年广州地铁二号线海珠广场—江南西区间的施工过程中，竺维彬就已经提出并实践了这种方法。具体操作，是在盾壳的前部和中部打 1 ～ 2 排环状的预留孔，在掘进过程中，从孔中注浆来控制盾构的姿态，并实现盾构纠偏。

按照竺维彬的建议，付小勇牵头准备方案。之后竺维彬、许少辉等下井进隧道，认真查看了盾构和岩样，指导提出如何细化方案。最后定下的方案是：在中盾利用底部径向孔注聚氨酯来填充超挖空间，消除盾构下沉的空间，让盾构逐步形成“抬头”趋势。

当天晚上，付小勇按照这个思路，边掘进边在底部径向孔注聚氨酯等浆液，采取精细管理，控制好压力和速度。到第二天，盾构姿态逐渐恢复，往前推了大概 6 ～ 7 环，姿态就恢复到正常的线路上来。

“点石成金”，纠偏成功！

所有人都松了一口气，回过头看，发现这十米不到的距离，竟如此漫长。

有“磕头”就有“抬头”。广佛线的另一个区间朝安站—普君北路站，遭遇了盾构的“抬头”，盾构在掘进过程中迅速往上走，偏离了既定路线。

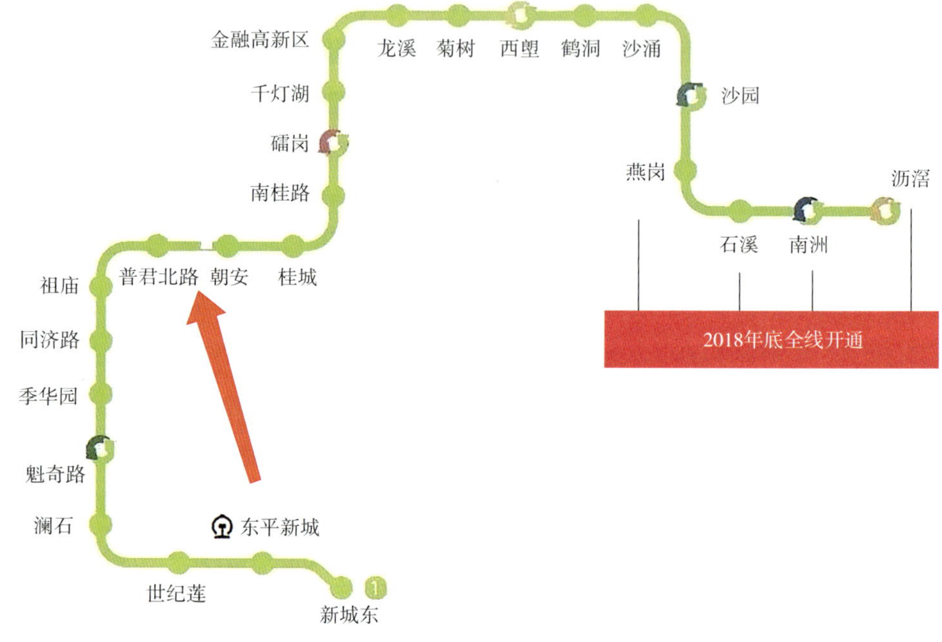

广佛线朝安站—普君北路站区间位置图

这个区间最后成为广佛线开通的瓶颈，使建设者们备受煎熬。

事实上，在整个广佛线的施工过程中，每一个站点，每一个区间隧道，都遇到不同程度的困难。朝安站—普君北路站区间，盾构掘进至距离普君北路站只有 220m 时，遇到盾构“抬头”，这段隧道，原来计划是 2010 年 3 月底贯通的。

盾构选型是泥水盾构，由中铁三局施工，这家单位实力也强，但是第一次操作泥水盾构。

2010 年 2 月，该区间盾构掘进地层大部分为砂砾石层，底部为硬塑状残积黏土层，地层较好开挖，但快到普君北路站时，隧底局部突然出现一个硬岩的夹层，正好位于与隧道洞体相交的位置。

盾构推到这个地层后，由于硬岩夹层的阻碍和操作手的认知缺乏，姿态调整没有跟上，开始有“抬头”的趋势。大家觉得这种工况时有发生，只要积极纠偏，盾构就能恢复正常。但问题是这次推了几环以后，盾构“抬头”的趋势越来越大，不到 10 环，比正常的线路走向上升了 15 ～ 16cm。

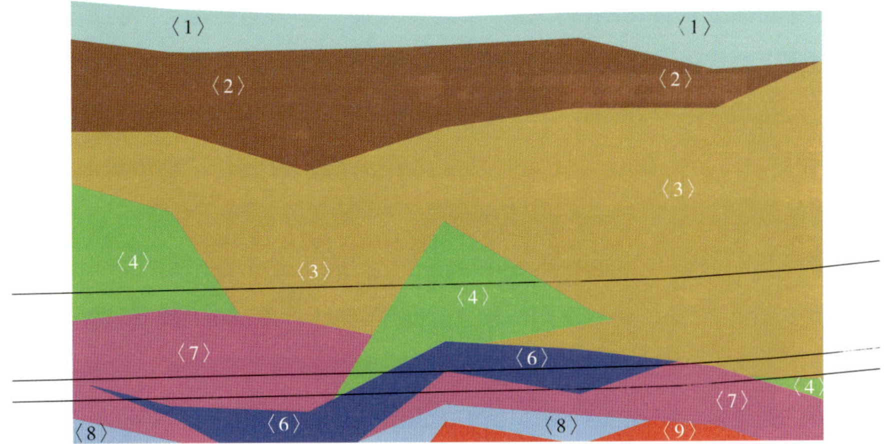

盾构垂直姿态超限段地质剖面图

隆起 84cm 的隧底渣垫层实况

线路运行的走向偏差允许的范围是 10cm，这等于是超限了。当即，项目部请来许多专家研究讨论，采取多种处理办法，如通过把边缘刀填高加大开挖直径，但还是没有成功纠偏。

承包商基本上把国内的专家都找遍了，但还是没办法解决。

而推进的 50 环中有 30 环出现严重的“抬头”，最大偏离达 84cm。这时，无论调线和调坡都没办法解决了，又不能停下来等，业主和承包商共同决策，先找到偏的真相，解决纠偏和贯通问题，再来修复缺陷段的隧道。

84cm 的偏移，对于盾构施工来说，已是失之千里、谬以万里了。

极端情况的出现，无论是施工方中铁三局还是广佛线工程指挥部都焦虑万分，此时距离地铁开通期限已迫在眉睫。

竺维彬听了许少辉的详细报告后，感觉到“小事”已酿成“大事”，必须亲自到现场，才能发现真相。

竺维彬和许少辉一起下到井下，便立即发现千斤顶的靴子已经和盾尾的盾壳碰在一起，盾壳上出现许多撞痕。竺维彬意识到，盾构很大的纠偏推力其实是消耗在千斤顶和盾尾的盾壳摩擦上（并非用在纠偏上），于是决策调整纠偏技术：其一，调整千斤顶的靴子与管片的接触面；其二，通过外加油缸来强力纠偏。这样来慢慢调整，盾构的姿态又回到了正常的轨迹，最终按设计线路到达出站口。

2010 年 3 月底，隧道如期贯通。

隧道是贯通了，内行人都知道还有一件大事在后面。果然，通过设计计算、调线调坡，毫无意外地，出现偏离的这 30 环 45m 满足不了要求，该怎么处理或修正？

矿山法不可行！因为存在巨厚的富水砂层，安全风险大，工期不可控！

必须从地面开挖重新做结构，并且从隧道底部再向下多挖 80cm，等于要重新设计方案。这一段区间隧道对应的地面是道路，只有先对这一区域的交通进行围蔽，才能采用明挖处理。

2010 年 10 月要通车，出现偏离的这一段在 2010 年 6 月底以前必须处理完毕！

此时已经是 2010 年的 3 月底，仅仅只有 3 个月的时间，要地面围蔽、管线迁改、做围护结构、土方开挖，还要把这段隆起隧道的管片拆掉，重新做结构，压力山大。

而且此时，右线隧道和左线两端（需修正段处）已经贯通了，怎样来做围护结构？

这是一个巨大的挑战。

正常情况下，隧道改明挖基坑的话，隧道两侧施作围护结构是没有障碍的，可以达到设计深度。但现在两端头，因为已有隧道管片，而类似工况，国内外常规的做法：在修复隧道的两端用混凝土先行填充，之后施作地下连续墙穿越盾构隧道到设计深度。

这种方案的优点是基坑是严密封闭的，不利之处在于两端头接口盾构隧道废除且还需处理，工期至少 6 个月。

若想盾构隧道两端不废除且在 3 个月左右完成修复工程，困难太大了。主要困难在于两端怎样封闭，基坑开挖安全才有保障？

紧接着设计方做了很多方案，其中一种，打算采用“三管旋喷”的方法。

“这‘三管旋喷’不保险。”许少辉说。在这么富水的粉细砂层，两端都做旋喷桩，桩间止水无绝对保障，基坑开挖的风险太大，地下连续墙还是最合理选择。

“地下连续墙挡土 + 冷冻加固封水是方案总思路。”竺维彬笃定地说，并且补充，“就按此方案细化，方案细化的关键是冷冻管如何布置？如何将盾构周边 50cm 的富水松散砂层冻结起来？”

经过一系列的论证，一个大胆的明挖方案形成：盾构隧道的两端还是做连续墙，底部高于盾构隧道 50cm，再在连续墙的外面做两排冷冻管，这两排冷冻管穿过管片一直连通到盾构隧道里面，布置环向冻结管，构成内外冻结，保证盾构隧道周边 50cm 的土体在基坑开挖过程中有足够的强度和防渗功能。

这是一个大胆的方案，这是一个被困难逼出来的“冒险”创新方案。这个创新，是基于这一段的地质条件，隧道底部的地质条件是比较好的岩层，地层稳定且隔水；采取这个大胆和创新的方案，基坑开挖的安全性得到保障，更可以缩短一半工期。

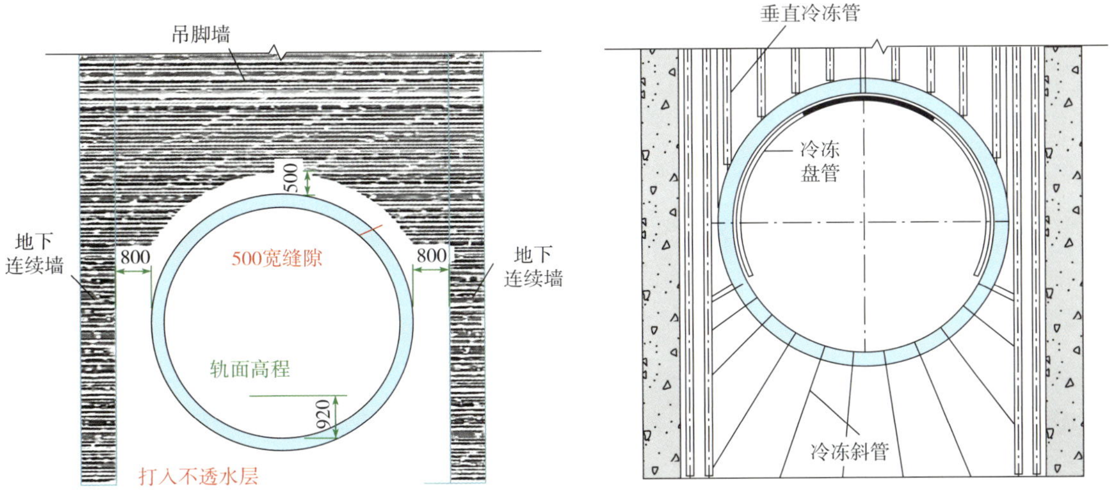

明挖方案示意图（尺寸单位：mm）

为了进一步加强安全系数，局部地段又增加三管旋喷。能不能在 3 个月内把这个明挖段抢出来，成败在此：冷冻法是关键一环。冷冻法不仅方案要科学，施作过程中还必须精细管控，诸如冷冻管垂直度和冷冻交圈效果评估等。

幸运的是，负责广佛线土建工程的王利军不仅对传统土建工法熟悉，而且还对冷冻工法有较丰富的管理经验。

当时负责广佛线土建工程的王利军

早在广州地铁二号线纪念堂站及纪念堂站—越秀公园站区间施工期间，王利军还在中铁十二局工作，任纪念堂站—越秀公园站区间和纪念堂站的项目总工。纪念堂北端有一断裂带——清泉街断裂带，不仅富水，而且岩溶发育。矿山法要过断裂带，当时采用的就是冷冻法，用水平冻结打了 70 多米。由王利军主持的科研项目“广州地铁过清泉街断裂带超长水平冷冻法施工技术”，分别荣获 2002 年度中铁十二局集团公司科技进步奖一等奖、中国铁道建筑总公司科技进步奖二等奖。

也就是说，从那时开始，王利军就已经对冷冻法技术有所研究。强将手下无弱兵，这为工程的抢险又多了一个保障。

此时，全线盾构隧道已经贯通，整个工期非常紧，竺维彬不断安慰大家，尽力做，不要担心，把细节想好，把所有的细节想出来，把所有的困难想出来，然后一条一条把可能的实现，把不可能的、有危险的排除。

幸运的是，在30环45m的上方，正好是马路，可作为场地给承包商做前期工作，而且有个路口可以扩大，做连续墙，摆放冷冻法设备……

地下连续墙接缝漏水

工期太紧，风险犹存，现场资金短缺，项目部在苦苦支撑。中铁三局项目经理王炳华，孩子刚出生，大年初二回家看望，初五就回到工地组织工人投入施工，顺利完成围护结构和冷冻管布设，工程在有序高效地进行着。

只是，天有不测风云，地更有不可预测的风险！

当明挖基坑快要挖到底的时候，又出事了，地下连续墙接缝漏水了。王炳华三天三夜没合眼，在给副局长汇报完后，在会议室，还在开着会，就睡着了。

“被扒了一层皮。”王炳华这样形容这次经历。

而王利军，连续48h值班，困了在车上眯一会，一步都没离开过现场。他知道，现场要有一个熟悉全过程的业主来统筹组织。

明挖方案改造现场

这次漏水，正好遇到许少辉出国参会，连续工作几天的竺维彬累到吐血住院，张志良、谭文、林志元等领导，主动向竺维彬请战参加抢险决策和值班，从这个标段开始，建设事业总部的副总互相帮忙抢险的传统进一步加强。

三个月的过程不再细说，最终围护结构一个月，冻结半个月，基坑开挖半个月，结构做了一个月，三个月的时间，硬是把这一段隧道抢了出来。

2010 年 6 月，承包商终于完成了隧道结构施工，完成了这个不可能完成的任务，2010 年底要建成开通的广佛线此时才又有了生机。

所以，有时候，建成地铁必须要有坚定信念并具备多种精神——大局精神、团队精神、艰苦奋斗精神、忍辱负重精神、创新精神……，其实还要再加一个，无私奉献精神。

比如王利军，经过广州地铁 8 条线路的磨砺，经验更丰富了，但头发也全白了，1972 年出生的人看着像 1962 年的。一次吃饭，一桌子六零年代的人，把王利军“老哥老哥”地叫着，王利军也不分辩，只是感慨万分。

像王利军这样的地铁人，还有很多、很多。

9

联络通道施工，工程小、风险大

广州地铁五号线三次大的涌水，两次发生在联络通道施工期间。

而西草区间的两次半夜突水，导致内环路高架桥下沉达 6.8cm。红层中居然有这么多的水，从四面八方涌入隧道……

广州地铁自 1995 年率先引进、消化、吸收、应用日本制造并承建施工的 3 台盾构后，通过一、二、三、四号线 30 余台复合地层盾构的大规模实践，大大拓宽了盾构工法在多种地质条件的应用，促进了穿越江、河、湖、海隧道施工的安全。

但是，盾构隧道施工就不再困难了吗？

下面要说的这一条线，是广州地铁五号线。

广州地铁五号线的困难，是多重的，就像广州地铁的复合地层。地上有江河、高架，地下又有溶洞、断裂带等，多种因素糅合累叠，一层层压在了广州地铁建设者的肩头。

“即使现在，广州地铁五号线依然是线网中最难的一条线，所有的地层都经历了，**广州三种比较典型的地层——红层和灰岩（沉积岩）、花岗岩及其残积层（岩浆岩）、花岗片麻岩和混合花岗岩（变质岩）**，基本都碰到且穿越了。用广州媒体的话说，就是把广州的地质博物馆，都逛了一圈。”时任建设事业总部部门经理、专门负责地铁五号线的黄钟晖说。

黄钟晖，毕业于同济大学岩土工程专业，博士生期间的研究方向正是盾构隧道管片的受力分析。2001 年 12 月，黄钟晖来到广州地铁，第一个归他直接负责的工程是广州地铁三号线市桥站，他扎实的专业素养，引起了许多人的关注。

时任建设事业总部总经理的竺维彬就是其中之一，从那时起，竺维彬就知道建设事业总部有位黄钟晖博士。他看到了黄钟晖的优势：较深的专业理论功底，且能真正沉下心来做事。

通过三号线的全过程实践，黄钟晖已成为一名合格的项目管理工程师，能承担起更大的任务。2004 年，竺维彬安排黄钟晖到广州地铁五号线工作，他希望这个优秀的人才通过五号线的磨炼，能更进一步，能走得更远一些。所以，五号线经历艰苦工作时间最长的非黄钟晖莫属。

放下博士架子，黄钟晖整天与拆迁单位和居民协调，通过两年的前期工作，设计基本稳定，拆迁大部分完成。

2006 年 6 月 26 日，大坦沙站—西场站区间、西场站—草暖公园站区间、草暖公园站—淘金站 3 个盾构区间共 3 台盾构同时始发，五号线全面动工。

随之而来的，是更多未知的风险，等待着登场的时机。建设者每天 24h 高度紧张的日子也开始了。

2007 年 10 月，五号线大坦沙站—中山八路站左线 2 号联络通道两侧管片背后开始二次注浆，以加固自右线用矿山法开挖过来的 2 号联络通道上方地层。在联络通道开挖快到左线时，拱顶砂砾层突然漏水，旋即发生塌陷，人员立刻紧急撤离。

此次事故，是通道洞内发生塌方，位置正好在紧邻荔湾湖和珠江的中山八路立交桥，离广茂铁路桥桩也仅有 20m。起因是按当时的勘察规范，钻探难以探明古河道的分布及富水砂层的准确位置。

广州地铁五号线线路图

2 号联络通道施工造成的地面塌陷

这次涌水涌砂，引发中山八路立交的绿化地面出现地陷，地面塌陷面积逾百平方米。珠江大桥西向东一度中断，绿地中的大树和电杆都陷入地下，这是广州地铁开建以来，塌陷速度最快、规模最大的一次！幸在应急组织及时，无人受伤。

而五号线的草暖公园站—淘金站区间，承包商中铁一局自 2006 年 4 月 18 日盾构向东出发不久，就遇到了 150m 长的溶洞群；西场站—草暖公园站区间向西遇到内环路高架桥直径 1.5m 的桥桩侵入隧道范围，须做桩基托换……

这些不稳定的地质与频频遇到的难题，几乎每天都有发生。而发生在西场站—草暖公园站区间的两件事，则差点让地铁五号线无法按期（2009 年）开通。

2007 年 9 月 23 日，当进度稍快的左线盾构掘进到 1102 环时，突然停止工作。经检测发现盾构的重要推动设备——6 台减速箱全部损坏，减速箱里的齿轮滚珠散落在箱体，盾构无法再掘进。

左线盾构在隧道中瘫痪了差不多 20 天。2007 年 10 月 10 日凌晨 3 点多，西场站—草暖公园站区间右线盾构在掘进第 611 环时，盾尾刷被深埋地底 40 多米的承压裂隙水击穿，盾构尾部下方突然发生大量涌水，地面内环高架桥同时出现沉降险情。

右线盾构掘进第 611 环时发生大量涌水

西场站—草暖公园站区间右线，地下深处存在红层溶洞和古河道、断裂带，盾构在其间掘进，不仅随时都有可能掉入无底深渊，而且施工所造成的土体扰动，随时都有可能使这些暗河渗漏、喷涌出来，导致地表因失水而塌陷。对于隧道上方车水马龙的环市路和内环高架桥来说，后果不堪设想。

隧道上方车水马龙的环市路和内环高架桥

当黄钟晖等人晚上接到报告赶往工地下井进入隧道时，水已经淹到了走道板，最难控制的涌水，尚在不断地从盾尾涌出。

涌水对于地铁建设并不是新鲜事，广州地下水丰富，哪一条线没有“浴水奋战”的经历？但这次的情形让黄钟晖感到奇怪。发生涌水的地段是在岩层里面，盾尾处的岩层中居然有这么大的水，而且很难止住——里面是混凝土管片，外面是岩层，中间是盾尾刷，这怎么堵水？况且，还不知道水从何处来，所以根本就没法堵！

西场站—草暖公园站区间隧道是全线最深的隧道，从地面到管片底部，最深处达 46m。由于埋得深，裂隙承压水一旦出现涌水，就会像涌泉喷发，非常难控制。

仅这次涌水，就处理了很长时间。承包商用反压、排水、注浆几种措施相结合，通过快凝水泥浆反压出水口并插管排水和注浆，沿着盾尾边封、边排、边注浆，密密实实地封了一圈。

经过两天两夜的抢险，涌水被止住，险情得到控制。之后，施工人员进仓检查发现右线盾构的减速箱齿轮也存在不同程度的异常损坏，而地面内环高架桥则出现约 3cm 沉降。

通过计算评估内环路高架桥沉降 3cm，没有新增桥梁裂缝，安全性尚在可控范围，盾构修复后顺利通过该地段。

但之后，各方都没有预见到的更严重的事情发生了。

2007 年 12 月 19 日深夜，西场站—草暖公园站区间 3 号联络通道上断面钻爆开挖过程中又突然发生涌水，隧道内的积水很快就超过 1m 深。

3 号联络通道突发涌水

水已快淹到走道板位置

仅仅是放了一炮，一下子就涌出来巨量的水，从四面八方涌入隧道！

黄钟晖先到草暖公园始发井，了解情况后按管理程序首先向上一级报告。凌晨 1 点多，负责这条线的建设事业总部副总经理没接通电话，于是黄钟晖就带领一些人直接下隧道，险情不等人，他只能独自面对。

进隧道不远，水已快淹到走道板的位置。承包商完全没有想到红层中居然有这么多的水。此时，中铁十四局项目经理出差在外，缺了主心骨的副经理等人束手无策，慌作一团。

突发涌水，没有一个人知道怎么堵！

黄钟晖摸索着进到联络通道，看到工人硬塞麻袋来堵水，怎么能堵得住呢？于是，他只能当起项目经理的角色，指导工人施工："先插上导流管，再在导流管旁边反压沙包"。同时，联系到专业堵漏队伍，即刻准备材料和机具。

天刚蒙蒙亮，堵漏专家邱小佩带队下井，她的办法与黄钟晖指导的一样，继续把导流管旁反压做实做强。之后，导流管周边插注浆管注浆，最后，在导流管的压力和水消失后，再从导流管注浆。即先让它泄压，周边封住，达到强度后再封导流管，最后把这个地方封住。

到 12 月 20 日下午，水，终于止住了。

原以为高架桥端承桩不会再沉降了，为慎重起见承包商又进行了一次测量，居然又下沉了 3.8cm。

前一次漏水已经下沉了 3cm，这次又再一次下沉 3.8cm，内环路高架桥整整下沉了 6.8cm。

再仔细观测桥梁，旧裂缝有所发展。内环路是广州市的交通大动脉，一旦严重损坏，那是重大事件，竺维彬赶到现场后，责令一级一级快速上报。时任市公路局局长也亲临现场。时任地铁公司总经理丁建隆等深夜赶到后，立即启动了集团级应急预案。当晚，还请了几位桥梁专家过来，专家们认为不需要封路，但为确保安全，还是决定内环路封闭一半，待应急加固好下沉桥墩后，再恢复通行。

高架桥下沉的险情，总算是有惊无险地过去了。但是，盾构因刀具损坏，速度几乎为零，它趴在了地层的深处，一动不动。

必须对地层加固换刀后才能再掘进，这是传统的方法。但缺乏相关经验的一线施工人员在进行地面加固时没有控制好深度和压力，注浆液流到土仓中，又把刀盘固住了。

施工方不敢开仓，开仓就涌水，涌水桥就会再沉降，怎么办？

还是要止水，止水是上策！

要止水，就要先行注入一些聚氨酯，以此作为盾构外壳防箍死的保护层。接着，通过盾构的径向孔进行地层封水和加固注浆，再利用"土仓整体固结法"从盾构里面对土仓进行保护。

接到电话时，黄钟晖正送他怀孕 7 个月的太太回南宁。岩石裂隙注浆不同于土中注浆，黄钟晖立即联系擅长于水库围岩注浆的队伍（刘军团队）进场，实施注浆工作。

最后，在这些有丰富注浆经验的团队努力下，水是封住了，但能否开仓还需进一步评估，毕竟开仓风险极大。

地铁公司对此专门组建了地质灾害防治工作小组，由莫庭斌任组长，曾耀昌、林志元、史海欧等专家任副组长，其他组成人员都是资深的地下工程专家。

"黄钟晖，你不能开仓，目前看没有绝对的把握。"一位专家提醒说。

黄钟晖未尝不明白这个道理，但此时已是 2008 年，五号线珠江新城以东已开始调试，这一段若再延迟，2009 年还怎么开通？

黄钟晖脑子飞快地思索：经过注浆处理，且已经打了很多泄水孔，检验也基本上没什么水了，开仓的风险应该不大。

地下工程就是这样，没有人能保证 100% 的安全，如果通过现场分析和经验权衡，判断可行，那就要大胆去做。自信，也是必需的品质。

西场站—草暖公园站区间盾构开仓

开完会，依然没有任何结论，已经拿定主意的黄钟晖，毅然决定：就这么着，开仓！

其实，黄钟晖当时已经做了最坏的打算，就算开仓后再涌水，仓门可以立马再关上，立即再封水，高架桥沉降可能会有毫米级增加，但在应急措施及时的前提下，局面应该是可控的。

于是，施工方按黄钟晖的决策意见，精心应对，开仓成功！

成功开仓换刀后转动刀盘，发现刀盘驱动减速箱的齿轮也全部打断了。施工方又联系国内最好的轴承厂修好了齿轮，开了一次，“啪”，又坏了。最后，只好把减速箱齿轮空运到德国修，在度日如年的等待中，2008 年 12 月 5 日，盾构终于恢复掘进。

至 2009 年 3 月 8 日，右线完成 356 环，距最后贯通还有 272 环。

也就是说，31.9km 线路的广州地铁五号线只剩下西村站—草暖公园站盾构区间右线 408m 隧道尚未打通。

虽然承包商尽了最大的努力，但是工期还是落后了。按期开通是硬道理，地质条件差、环境复杂等理由外人难以理解，也很难被认可。

时任中铁十四局集团隧道工程有限公司党委副书记何建林专程从济南赶来广州。他对手下的将士们说：“这个点没有退路，每个人都没有退路！工期只能提前不能推后！我们都是男人，要有男子汉气概，要对自己狠一点，人人准备掉几斤肉！”

可以想象当时的压力！

一同努力的，不止是承包商，广州地铁的业主们也身体力行地参与到这场战斗中。

“在盾构掘进非常困难的日子，地铁公司竺维彬等领导一下工地就步行几公里的隧道，到非常闷热、全是泥水、饱含危险的盾构刀盘处亲自检查掌子面情况，为排除险情提出

黄钟晖博士与业主代表陈和实时关注盾构掘进情况

有针对性的措施方案，每次都是全身上下汗水湿透，全身泥水油污，有这样敬业的业主，给了我们智慧、信心和勇气。”这就是承包商的心里话。

负责整条线的副总谭文，针对淘金站的施工难题天天晚上碰头开专题会，整整坚持了半年，基本上每天晚上都开，工作就是家，领导以身作则，干部同心协力。

部门经理黄钟晖就更不用说了，他的勇气和胆识，来自于知识和经验的积累。

2009 年 4 月 19 日上午，挡在草暖公园—西村站区间的最后 20cm 厚的泥土被转动的盾构刀盘轰然推掉，五号线隧道全线贯通，标志着最困难、最难控制的阶段已经跨越。

2009 年 4 月 19 日五号线胜利贯通瞬间

贯通当天，副总谭文哭成了泪人，心里多年的压抑和高度的紧张，在这一刻得到了释放。与挥泪的谭文一样，与五号线根源最深的黄钟晖也止不住激动，双眼噙满了泪水。

大家在五号线贯通仪式上尽情欢呼（前排左起：黄钟晖、陈令强、谭文、崔虎胜）

2009 年 12 月 28 日，广州地铁五号线迎来正式开通的日子。五号线的开通，也是对黄钟晖的回报。他说："我读了这么多年书，而且正好读这个专业，一直读到博士，我能够把所学用于广州地铁建设，感觉非常自豪。这条线留下了我的脚印、我的痕迹。"

后来，就是这位黄钟晖，在广州地铁连升两级，并回到了生他养他的故土——南宁，利用在广州建设地铁的经验，带领南宁地铁不断创造奇迹。

即使在很多年后，追忆这一段往事的黄钟晖，依然难抑热泪。

其实，无论是黄钟晖，还是陈和、陈令强，他们在此处是一个个名字，但在当时，都是一位位勇士！

五号线是顺利贯通了，但依照惯例，对出现的问题建设者们从来没有停止过思考，许多施工时无暇深究的问题，现在，必须沉下心来研究、解决。

红层中为什么会有这么多的水？是不是存在富水的断裂带？是否存在未探明的古河道？

按道理，内环路高架桥是端承桩基，为什么还会沉降？另外，联络通道为什么总是容易出事？有没有思想上的轻视和管理上的失误？

联络通道是区间内连接两条隧道的通道，一般位于区间隧道中间相对较低处，起到排水、防火和应急疏散的作用。主要由通道口、通道主体和集水井（有的通道不设）部分组成。联络通道工程量虽小，但其结构接口复杂、施工空间狭窄、集水井深于主体隧道，所以施工风险大，具有"工程小、风险大"的特点。

联络通道中发生的最严重的一次事故，当数 2003 年 7 月 1 日上海地铁四号线的联络通道事故。上海地铁四号线浦东南路—南浦大桥区间隧道工程进行中间风井下部联络通道施工时，因冷冻失效发生了大规模流砂事故，导致约 270m 长的隧道发生坍塌损坏，地面发生了较大沉陷，周边建筑物和防汛墙（黄浦江边）发生倾斜破坏，严重延误开通时间并造成巨大的经济损失。

但广州地铁大多数的联络通道所处基底地层较好，因此大家对联络通道施工风险的认识不充分，态度上也不够重视。特别是在风化地层中实施联络通道时，上上下下难免抱着一种惯性思维，认为联络通道没那么重要，就是附属和小工程嘛。

正是思想上的轻率，才容易出事。

类似的事还发生在广州地铁六号线盾构一标。当高架入洞口到河沙区间进行联络通道施工时，地层处于全断面的粉细砂层，埋深不大。联络通道大多是合价包干的施工项目，所以施工单位在投入加固措施时是能省钱则省钱，导致工程风险大大增加。

对于不同地质条件下联络通道的风险问题，现任广州地铁建设管理有限公司总经理的王晖一直在跟踪研究。当时他建议六号线盾构一标采用冻结法施工，但施工单位不同意，因为成本相差太大。无奈之下只能退而求其次，还是采用地面加固然后开挖的方案。

"采用地面加固，我们不反对，但是有一个前提必须保障，那就是必须要在地面做竖井开挖，竖井开挖完后再进行联络通道的施工。"王晖说。

现任广州地铁建设管理有限公司总经理王晖高度关注联络通道的施工风险

这是广州第一次采用地下连续墙做围护结构竖井，然后从竖井开挖实施联络通道。在竖井开挖到隧道拱洞范围时，竖井连续墙间发生了涌水涌砂，很快就淹没了竖井的一部分。若在隧道内直接打孔开挖，则类似这次发生的涌水后果是不堪设想的，隧道很有可能一下就被淹没。

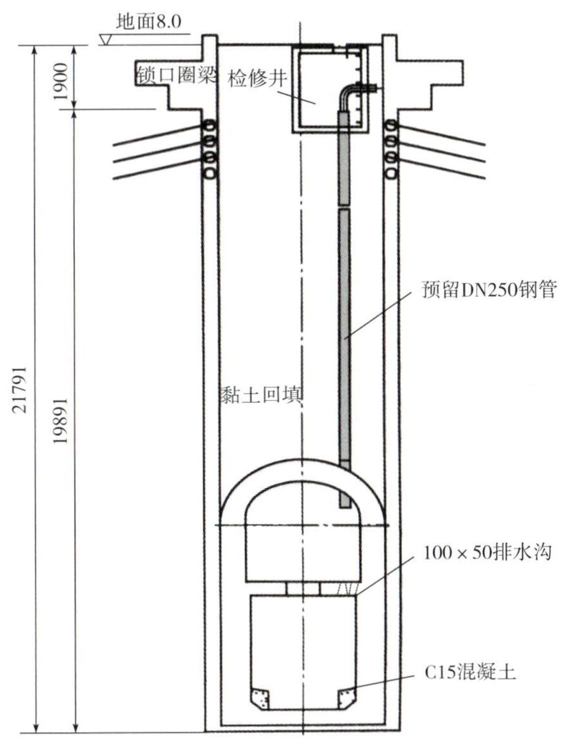

竖井开挖联络通道剖面图（尺寸单位：mm）

实际上，南京地铁一号线，两个联络通道在砂层中，就是采用了地面加固，然后竖井开挖的方法，从而有效规避了风险。如果当时是在隧道中开挖，则第一个联络通道重大事故就不是发生在上海地铁四号线，而是在南京地铁一号线了。

采用竖井开挖联络通道的工法，后来在广佛线、广州地铁三号线北延段的一些项目上大量使用。这一工法降低了风险，节省了工期，同时施工质量有了明显的提高。

所以，即便广州地层联络通道的施工条件相对华东地区较好，但一样会发生大事故。联络通道这样的辅助工程，工程量很小，但对于工程的总工期策划来说非常关键，影响主体隧道的后续施工，同样要高度重视。

10

渣样分析，开仓换刀的“察舌、把脉、闻诊”

……………………

广州地铁三号线北延段燕塘站—梅花园站区间，过厂房、过宿舍、过密集建筑群……没有勘探资料，中途要换刀，怎么办?“渣样反馈地质分析法”简单且实用。即掘进同步从出渣口取出代表性的渣样，再结合掘进参数和区域地质，预判开挖面的地质条件，指导后续掘进……

广州地铁三号线北延段燕塘站—梅花园站区间，被一致认为是“亚运线”中最难的区间，没有之一。

广州地铁三号线北延段，是指在现有三号线36.35km的基础上再向北延伸，由广州东站至新白云国际机场，新增线路30.8km，新设12个车站，全部为地下线路，作为广州亚运会配套市政项目，必须于2010年10月开通。

从地理位置和地质构造来说，燕塘站—梅花园站区间位于白云山和龙洞森林公园间的凹陷内，属瘦狗岭断裂带的北盘上升地块。

广州地铁三号线北延段燕塘站—梅花园站区间位置图

燕塘站—梅花园站区间隧道断面大多为上软下硬的复合地层，上部是遇水易软化崩解的花岗岩残积土和全风化岩，下部是中微风化岩，最大强度达187MPa，而盾构刀盘设计的极限值才200MPa，竺维彬称北延段的这段工程为“**土压盾构施工的硬骨头工程**”。

从地面建筑来讲，房屋密集，年代久远，最老的房子差不多是在20世纪60年代建成，并且房屋多为天然基础。其间弄堂狭窄，有的地方连钻机也放不下，更难以勘察清楚房屋下方的地质情况。

为了保障瘦狗岭原设置于此的雷达站不受干扰以及受已建广州东站埋深的限制，区间线路埋深大，超过30m。按照埋深、地质条件和周边环境的特殊情况，盾构应优先选择泥水盾构，但受制于梅花园站场地狭小，泥水盾构处理设备无法布置。无奈之下，只能选择土压盾构。

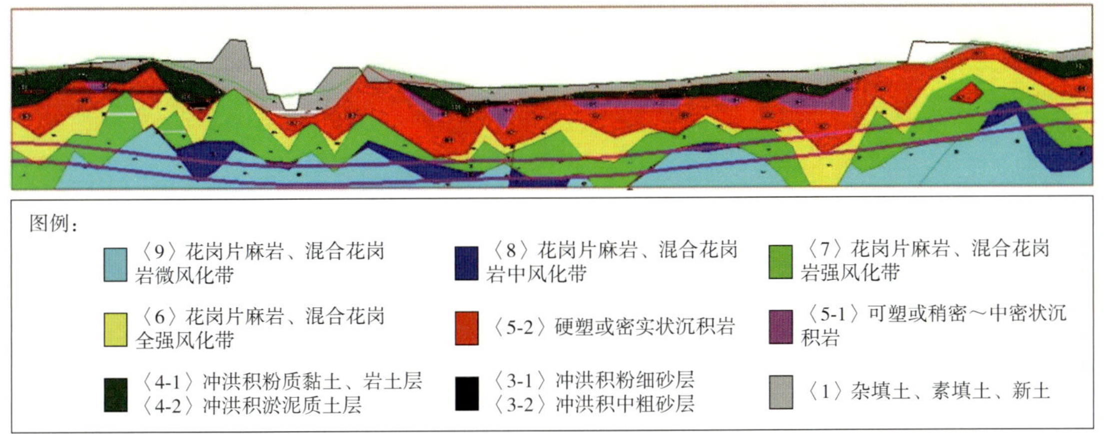

燕塘站—梅花园站盾构区间纵断面图

不得已而为之的盾构选型，也造成了后面一系列盾构施工过程中的艰难。

燕塘站—梅花园站区间由中铁一局施工，中铁一局是一个实力很强的单位，一线的项目经理也非常敬业。但这个区间有两大难点，即地质条件复杂和地面沉降控制要求高，难上加难的是由于地面建筑物密集，无法正常进行地质勘探。

但工程不能等，只能步步为营向前推进。

燕塘站—梅花园站区间左线采用的是小松盾构施工。2009年6月10日，当要穿过一个汽修厂时，由于汽修厂里面都是价值超百万的高档车，地铁施工无论是勘探还是监测工作，该汽修厂都拒绝配合。

自然，在掘进这一段时没有地质资料，也无法监测。地质资料和监测情况恰恰是盾构掘进的“眼睛”，如今，只能盲推过去。

掘进过程中，盾构掘进参数出现异常，要开仓检查刀具。开仓之前，再次和汽修厂协调，想借用他们的场地加固一下地层再开仓，但汽修厂又断然拒绝。

但开仓是一定要开的。小松盾构的人闸是单人闸，在盾构的中下部，开仓的工况条件很差，需要比其他盾构更多地排出土仓内的渣土，但这将极易失衡造成盾构刀盘上方土层坍塌。

同时，由于缺乏地质资料，而且盾构位于上软下硬地层，土层和岩层间裂隙水量较大，又因为花岗岩残积土有遇水易软化崩塌的特点，在盾构加气带压开仓的调试中，困难极大，参数一直不能调试到最佳，在反复调试的过程中，盾构发生漏气造成了地陷。

负责该区间的业主代表肖瑞传对这一事件印象太深了，时隔多年，他对当时的情景依然记忆犹新。

之前，竺维彬根据渣样分析，认为汽修厂处原为古河道，后面城市扩展时，被回填成平地加盖建筑。大家担心这个位置可能会出现问题，一直在尝试和汽修厂沟通，但未能取得进展。

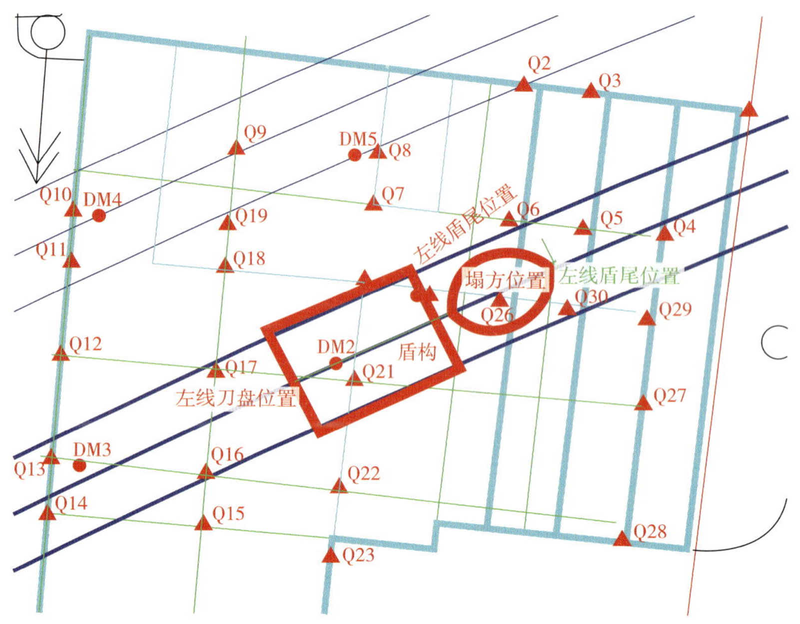

盾构与建筑物位置示意图

地面塌陷豪车被困

肖瑞传讲述燕塘站—梅花园站区间工况

最终，险情还是发生了。

汽修厂的塌陷，其实就是没有条件进行地质勘查和预处理造成的。

通过对周边老人、村民进行了解，果然如竺维彬预料的那样，**该位置是一条叫沙河涌支流的古河道**，只是现在已用大排水管变成城市排水管网的一部分，在地面只看到马路和建筑。参建各方都惊叹于竺维彬对地质情况的细致把握。

到 2009 年 9 月，全线就只剩广东南华工商职业学院的宿舍楼和燕塘站北端的居民小区需要穿越了。

承包商首先要穿越的是一栋 9 层宿舍楼。这里，同样没有条件做勘探和监测。这栋楼里，住了一千多名学生，而且有地下室。地铁公司也事先与广东南华工商职业学院商量，想借用场地进行一些加固，但该校只有这一栋宿舍楼，没办法挪出地方。

但这条线亚运会前一定要开通。广州市政府已向亚组委承诺，亚运会举办前，广州地铁一定要开通 200km，在这种地质勘探都无法实施的情况下，盾构掘进该如何保障安全？

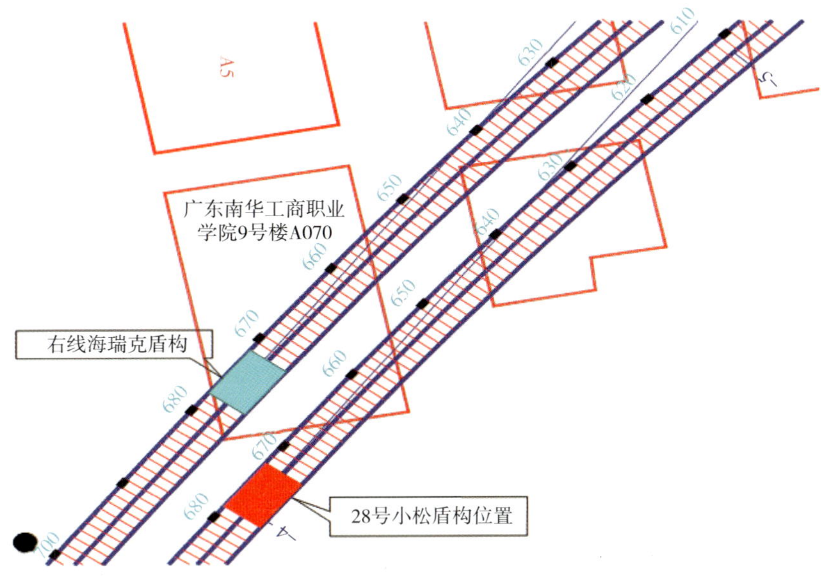

9 层宿舍楼与隧道的关系图

当盾构掘进到 647 环，距离 9 层宿舍楼将近 20m 时，地质钻探资料显示为**上软下硬**地层。

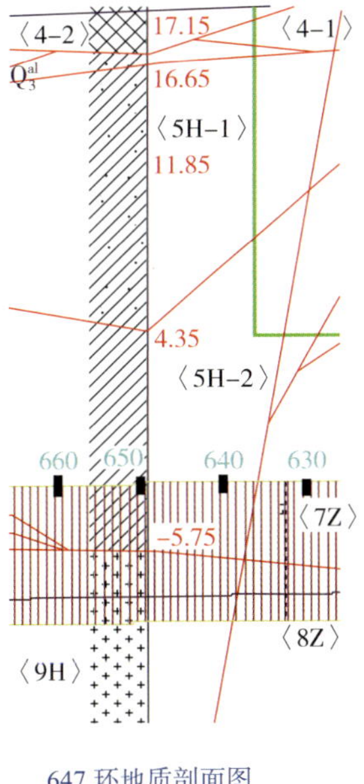

647 环地质剖面图

承包商中铁一局预判，9 层宿舍楼下面应该也是类似地层，通过之前积累的盾构施工经验，对此已做好了充分的思想准备。中铁一局准备在进入 9 层宿舍楼之前开仓检查刀具，然后一鼓作气，一次通过。于是利用学校难得的一块空地，进行了地层加固换刀。

但事与愿违，大家都低估了这个被竺维彬称为“盾构顽疾”的上软下硬地层的难度。2009 年 10 月 29 日，当盾构即将穿过 9 层宿舍楼，掘进到 673 环时，盾构参数还是出现了异常，盾构推不动了。

而此位置，偏偏就在这个宿舍楼下！

大家此时都没了主意，不敢决策。要继续往前推进，刀盘有可能损坏。要停下来开仓，上面又是宿舍，即使学校同意临迁，上千名学生迁出学校也会造成很大的社会影响。

又处于两难境地！

建设者的担心，是有前车之鉴的。如果再次开仓，会不会发生此前汽修厂的情况，塌出一个大坑来？真要塌下来那是不得了的事情！

学地质出身的竺维彬永远从地质入手，在进入宿舍楼之前，竺维彬曾亲自到施工现场，**把渣样取出来看过**。一看，这个渣样里面很少见到黏土，主要是岩石磨碎的碎屑。

所以，竺维彬大致判断，宿舍楼下的岩石地层主要由开挖面相对稳定的强、中、微风化花岗岩组成，可以正常掘进，不会发生什么大的事。

这种判断，给工程技术人员增强了信心，但每一环还是要取样分析，以防万一。此时，业主和承包商一起**再次进行渣样分析**，判断这栋 9 层楼下还是能带压开仓的。

但带压开仓还是有风险的，虽然负责该区间施工的中铁一局技术实力强劲，实际经验也丰富，但总有一些新问题会横亘面前。

时间正一分一秒地过去，出现困难，就解决困难。为确保仓内施工人员的安全，确保宿舍楼的安全，确保学生的安全，决策团队创新提出了“土压盾构做泥膜”的办法，这是中铁一局第一次在土压盾构工况试做泥膜，也是全国第一次在土压盾构工况做泥膜。大家清楚，泥水盾构施作泥膜很常见，但土压盾构施作泥膜的成功性，尚存疑。

为此，建设事业总部还把华隧建设等在泥水盾构施工方面做得比较好的专家请来，一起讨论，细化工序，力求泥膜做到最好。在土压盾构没有泥水系统的情况下，硬是通过辅助设备，细化操作，将泥膜制作在土压盾构中分 5、6 级加压，而且对每级的施工参数进行了详细的规定：每一级加压多少，黏度指标是多少。精细化的操作，换来了泥膜的成功。

泥膜护壁效果

泥膜形成后，技术人员再带压进仓检查仓里面的情况，确定下一步的措施。在9层楼下面的地层，整整9天，施工人员把能换的刀全部换完。

但好事多磨，当盾构继续掘进到682环时，参数再次出现异常，又推不动了。

在带压进仓的过程中，承包商发现隧道断面的地质情况，亦如竺维彬渣样分析判断的，隧道中、下部岩石坚硬、稳定，在隧道的上断面和拱部，局部存在少量花岗岩的残积土，掘进过程受扰动还是掉出了一个小空洞。还有，由于岩石强度高，中心滚刀一直硬磨，损坏太严重，中心滚刀的刀座已经变形，再次掘进前必须更换。

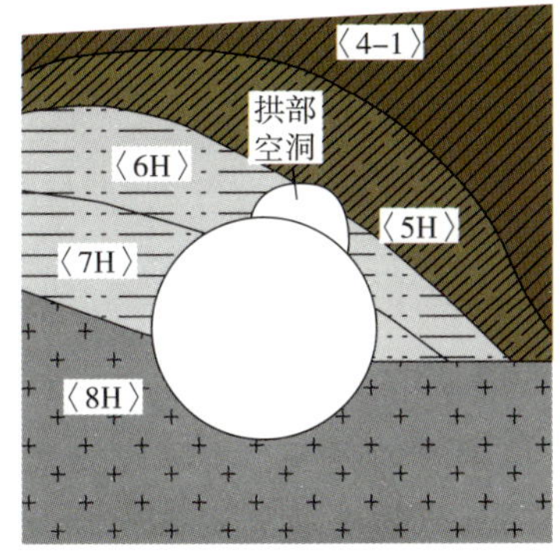

隧道拱部空洞

完好刀座

变形刀座

又是在房屋下面！怎么办？拆楼、地面加固、常压进仓不可能；带压进仓更换中心刀具，要切割，要动火，而且是长时间的动火。而此时上方土体的泥膜护壁已失效，盾构在这个位置停机过长，随时都有可能出现坍塌事故。不仅无法保证换刀的安全，而且还容易引起地面建筑坍塌，**安全风险巨大**。

办法总比困难多。广州地铁科学研究、大胆决策：将水泥砂浆打进盾构土仓，形成一层膜，通过填仓的方法将上部空洞填满，于是**诞生了“填仓法”**，为之后类似地层开仓换刀提供了有效借鉴。

因更换滚刀的位置在隧道的中部，即开挖断面1/2的位置，也就是处于岩层部分，有这个条件，填空洞后再常压开挖中部和换刀是安全的。

填仓成功。剩下来，就是更换刀具。前文提到的三号线沥滘站—大石站区间江底刀盘解体时，修复刀盘的注意事项及采取措施被借鉴。与该区间修复刀盘一样，施工人员若要到刀盘前面进行切割和换刀，则需要先挖一个洞，人才能在这个空间里作业。

在刀盘前方开挖一个操作空间，机械开挖是做不到的，空间太窄，只能是人工操作。所以说，地铁是农民工建成的，所有的工程都是一线工人用双手建成的。工人们太辛苦了，他们先用氧气乙炔把岩石烤红，再用水泼，然后人再去凿。

土仓太小，无法用任何现代设备，工人们的施工似乎回到了原始社会。

最终，施工人员火喷槌劈，硬是用人工在刀盘前面坚硬的岩层中凿出一个高1.8m、宽2m、深0.8m的洞作为作业空间。然而就是这么一点空间，也足足耗时十几天。

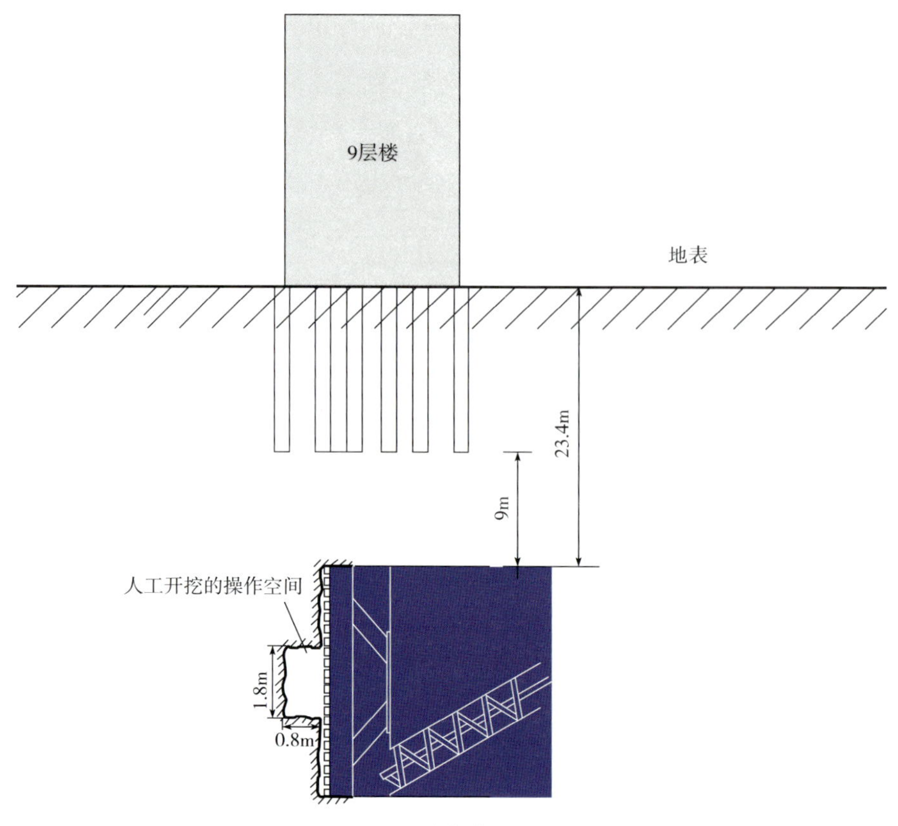

人工开挖操作空间

中心滚刀刀座是一个三连刀形的刀座，为整体拆装式，连人闸都进不去。于是只能联系厂家，对中心滚刀刀座先切割再焊接。

12 年后，9 层宿舍楼依然挺拔

11 月 28 日刀盘恢复转动。12 月 1 日，工人们用了 3 天时间，带压进仓完成中心滚刀刀座螺栓的牢固焊接。

12 月 2 日，盾构重新恢复掘进，在未采取其他辅助措施的情况下，顺利脱困，继续前进。

12 月 7 日，盾构安全通过宿舍楼。

从受阻到脱困，整个过程耗时 63 天。每个人都捏了一把汗，因为隧道头顶上，是一千多名学生的安危。

这不是一个简单的基数，也不是事故百分比后的小数点，没有人会等闲视之。所以当刀盘重新转动的那一刻，没有人组织，现场自发响起了欢呼声。直到这一刻，建设者才敢将压抑已久的情绪尽情释放。

没有多少人知道，穿越宿舍楼时的惊心动魄！

然而燕塘站—梅花园站区间的问题并没有过去，“一波三折”“历经磨难”仿佛为这个区间量身定做。

经历了汽修厂坍塌、宿舍楼下换刀等问题后，就在盾构离到达井只有 150m、快到燕塘站时，施工人员**又碰到新的问题**。

燕塘站—梅花园站区间的最后 150m，地面是 4 栋房屋。详细一调查，这个小区建于 20 世纪 80 年代，房屋是砖混结构，而且是天然基础，住了 64 户人家，这 150m 范围内是房屋密集区，无相关地质资料。

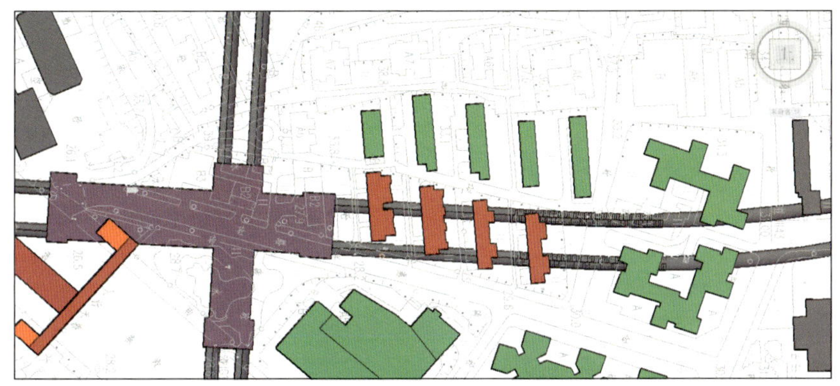

左右线隧道与 4 栋房屋平面关系图

左右线隧道与 4 栋房屋剖面关系图

在勘查阶段，由于无法进屋勘探，工期紧，地面风险大，地铁公司非常重视，成立了以竺维彬（时任建设事业总部总经理兼地铁公司副总经理）为组长的应急领导小组，下设技术组、监测组、临迁组、信息报送组等。从 2010 年 3 月开始，应急领导小组各组都做好了准备工作。

熟悉广州的人都知道，燕塘站旁边是银河公墓。银河公墓之所以会选址于此，就在于此地刚好是一个山窝，三面环山。竺维彬还专门带人一起到山上，从高处往下看，解释这个地方为什么难：所有的水都往低处流，汇水聚集于此。又因为上覆有花岗岩残积土和淤泥，断面内承压水导致喷涌后，上覆层会失水固结，进而引发房屋沉降，这是应急领导小组的担心之一。

另外，此段隧道断面为上软下硬花岗岩地层，可能造成刀具损坏。一旦刀具损坏，在这种地层中换刀风险非常大。**工程风险、地质风险、环境风险、工期风险四大风险叠加**在一起，对于能否安全通过这4栋房屋，完成最后150m的掘进任务，建设者的心其实是悬着的。

必须要采取非常措施。

第一步，协调属地企业、街道办、区政府，同意广州地铁在房屋前后进场补充勘探，同时，协调做好居民临迁的预案。在外部环境支持的情况下，技术上的措施尤为重要。

此时，应急领导小组发挥了强大作用，每周都要召开风险控制专题会议，50天召开8次工程应对会，项目工程师24h值班，一边布置工作一边检查工作，第一项工作就是前面所说的补充勘探，摸清地质。

在补充勘探的基础上，制定了地面注浆辅以洞内水平注浆的综合加固方案。针对发现的上软下硬地层，避开管线、建（构）筑物，进行地面前进式垂直注浆，把坚硬的花岗岩基岩面上方的全风化岩残积土地层加固，并堵住裂隙水，减少发生喷涌的可能性，同时也为开仓创造条件。

由于燕塘站北端有一小段是全断面硬岩先行暗挖、盾构再拼装管片通过的地段，承包商就利用暗挖的端头，通过水平超前注浆，尽最大努力对隧道上方的土层进行加固。

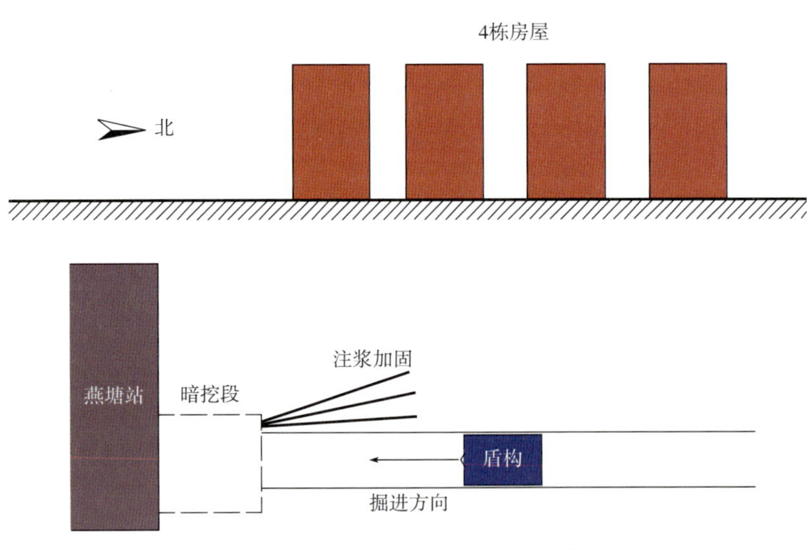

盾构穿越4栋房屋进入暗挖空推段示意图

同时，又一次对刀盘刀具进行彻底的检查，将刀具全部换成为进口刀具。

有条件事先能采取的安全措施全力以赴，**没条件做的就得靠“渣样和参数分析”**，结合经验研判，下穿连排房屋的掘进工作正式展开！

此时，已经到了2010年4月初，时间紧迫，但工作还是要有条不紊地开展。黄辉当时是该线的部门经理，他安排部门员工24h值班，业主、监理、施工、设计、监测人员全部在现场。

现任广州地铁建设管理有限公司副总经理兼总工黄辉谈燕塘站—梅花园站区间工况

应急领导小组竺维彬也和各部门的同志一起熬夜值班，带领一众员工观察房屋裂缝的情况。

那时，周围的群众经常看到有一群人围在一起，他们在干什么呢？**他们在看房屋周围有没有蚂蚁爬出来**。

从蚂蚁的出没情况判断盾构对地层的扰动情况，这样的方法都想到了！

而更重要的做法是，对每一环的地层渣样进行分析，精细管理掘进参数，确保地面建筑安全。

4 栋楼现状

2010 年 4 月 18 日，右线海瑞克盾构胜利出洞！

2010 年 4 月 20 日 15 时 18 分，左线“开拓号”小松盾构破土而出。燕塘站—梅花园站区间双线贯通，至此，亚运会重点瓶颈工程——广州地铁三号线北延段全线贯通。

UNDERGROUND

ON THE GROUND

METRO

11

渣样分析，简单且实用的预判方法

9层的家属楼、20多层的高楼，居民一致认为房屋的桩基础会侵入到地铁隧道，因此要求对这些物业进行拆除或对住户进行补偿。

采用“渣样反馈地质分析法”逐环分析渣样，用简单且实用的预判方法做大胆的决策，不拆一屋一瓦，最终取得成功，直接掘进通过……

广州地铁三号线北延段燕塘站—梅花园站区间的风险都在于对地质情况没条件探清楚，所以，广州地铁最为强调的就是对每一环的渣样进行分析。其实，**早在 1996 年广州地铁一号线建设中，竺维彬就提出了通过“渣样分析”来判断前方的地质情况**。因为渣样来自盾构掘进的工作面或者周边地层，根据既有地质资料再结合渣样分析，就能比较准确地判断正在掘进和将要掘进的地层，岩、土所占的比例，以及它的物质组成等，为盾构刀具配置、掘进模式、掘进参数设定等提供决策依据，使盾构掘进更安全、更顺利。

洗渣样

这个 1996 年提出的方法（后称“**渣样反馈地质分析法**”）非常简单，现在，成了全国盾构行业的常规分析地质方法，尤其在盾构掘进复合地层而勘探又无法实现时（诸如连片的房屋区域）。

如何预判掘进前方房屋下的地质状况？能用物探就用物探，但用了之后，大多可靠度或精度达不到要求。只有深入到一线，把每一环渣样取出来，通过分析物质组成和颗粒构成，再结合物探成果、盾构施工参数等，才能对前方地质做出较准确的判断。

在地面无法实施勘探的情况下，借助“渣样反馈地质分析方法”指导盾构施工，安全顺利通过建筑群的案例很多，比如穿越一栋 9 层某单位家属楼。

2013 年，广佛线二期西塱站—鹤洞站区间施工，盾构需要穿越的家属楼又是一栋 9 层的建筑物，隧道的埋深约 25m，地质条件比较好。一切看似很美好，掘进应该不存在问题，但按照原来的设计图纸和住户的回忆，判断房屋的桩基础会侵入到地铁隧道，因此要求对这栋家属楼进行拆除或对住户进行补偿，造价超过 1 亿元。

广佛线西塱站—鹤洞站区间

广州地铁经过详细的研究和渣样分析后解释，家属楼这一段地质条件良好，盾构对房屋的影响很小，即使有房屋桩基础侵入到地铁隧道，掘进过程中也不会对房屋引发大的沉降。

但是，住户始终不相信广州地铁的专业判断，还是提出强烈的诉求，要求拆迁，要求补偿。

在这种背景下，区政府领导一边做住户的工作，一边督促广州地铁优化方案。广州地铁凭着建设地铁的专业知识积累，对居民的诉求也做了相应的针对性方案优化，总的方案是：由于家属楼下的地质条件良好，桩侵入隧道的概率非常低，但为确保安全，仍在隧道内采取管片钢环加强措施，同时做好应急预案，做好精细化管理工作。

于是，竺维彬、许少辉等研究决定：用“渣样反馈地质分析法”逐环分析渣样，若无异常，直接掘进通过。

决策以后，施工方广东水电二局认真执行“渣样反馈地质分析法”，逐环渣样筛分：细心鉴定有没有地质异常？有没有桩身混凝土块？等等。最终通过家属楼的掘进过程非常顺利，没有碰到钢筋等桩基础，盾构隧道的质量非常好。

不仅隧道质量好，一个多亿的成本也省了下来。

过家属楼管片钢环加强

保护群众财产，在保证安全的情况下能不拆尽量不拆的实例数不胜数。比如另外一个下穿敏感建筑物的案例——广州地铁六号线建设时穿越20多层的高楼。

六号线东山口站—黄花岗站区间，由中隧集团施工。过程中要穿越一幢20多层的高楼，住户提出诉求，要求拆除这栋楼并进行补偿。

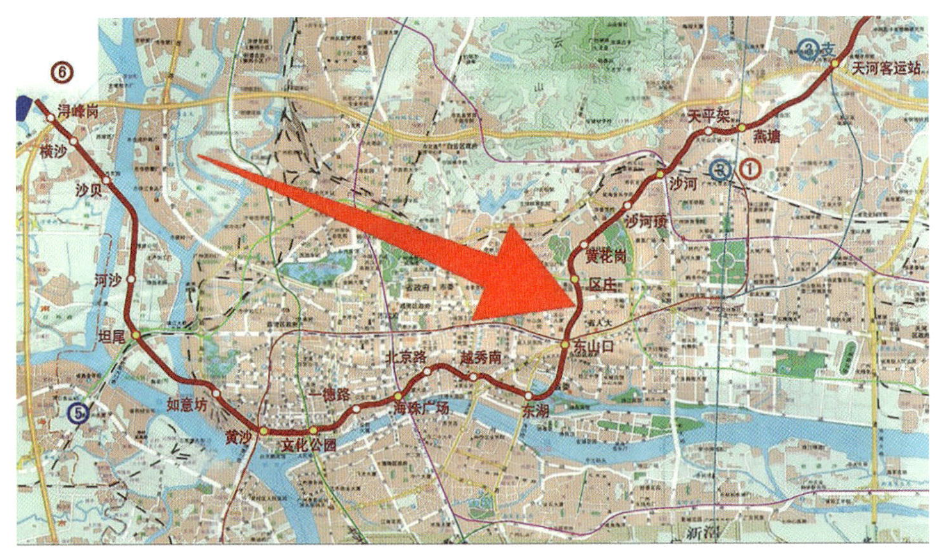

东山口站—黄花岗站区间位置图

“渣样反馈地质分析法”同样在这里发挥了作用。通过勘查，这一段区间的埋深有20多米，但地质条件很好。由于这栋楼年代比较久远，设计资料已经找不到了，有人反映基础桩已经侵入地铁隧道，但广州地铁分析，即使有桩侵入隧道，不外乎两种可能：一种有钢筋，一种没有钢筋。

在有钢筋的情况下，盾构掘进过程中碰到一条，处理一条，广州地铁非常有信心，盾构能够直接通过这20多层高楼，不会对这栋楼产生影响。在与时任中铁隧道局广州片区总工洪开荣一起商量后决策：盾构在不采取措施的情况下穿越这栋楼，只对盾构掘进进行精细化控制。

20多层高楼地段

严格按决策执行，对渣样仔细进行分析，整个掘进过程显示地质无异常，盾构顺利通过该楼，没有造成任何沉降和扰民，**为国家节省了巨额的拆迁和补偿费用**。要知道，涉及20多层楼的上述费用，要好多个亿啊！

这些案例看似各不相同，但内在逻辑是一致的，那就是在保护国家和群众利益的初心之上，利用自己的经验和智慧，采用简单且实用的预判方法做大胆的决策，取得成功。

而类似的故事，在近三十年的风雨兼程中，还有很多很多……

12

不明气体，概率很小但危害极大

盾构掘进过程中为什么会有不明气体？是油脂，还是粉煤灰？同步注浆液中，唯一可能隐藏易燃有害气体的就是粉煤灰或矿渣。

逸出不明气体的概率很小，但一旦逸出，后果会很严重，影响会很大……

在命运多舛的广州地铁三号线北延段建设中，即使是难得掘进顺利的盾构区间，也发生过意想不到的悲剧。

2009 年 5 月，中铁十五局正有序地推进三号线北延段龙归站—人和站区间的施工。与地质条件复杂的瘦狗岭断裂带区域相比，此处的地层是对地铁建设相对友好的红层，良好的地质条件让此段盾构以每天 8 ～ 10 环的速度掘进。

龙归站—人和站区间位置图

这样流畅的工作氛围，在 5 月 15 日这天变了。

那是一个阳光灿烂的晴天，黄昏气温还有 30 多摄氏度。忙了一整天的竺维彬，在 18 点多接到了副总谭文的电话，这位身经百战的女士，此刻用不容乐观的语气告诉竺维彬，有 3 名工人在进入土仓后失去了联系，有可能是不明气体中毒。而事发地，就在大家觉得工程顺利的龙归站—人和站盾构区间。

此时，竺维彬正陪同广东省军区领导在南沙区考察工作。听闻这个消息，他当即借了副司令的车上了南沙港快速，车上联系好单位司机刘粤湘，在土华路口接驳，中间没有浪费一点时间，竺维彬知道，事态严重。

同时，竺维彬又感到奇怪，自三号线开始就有规定，进土仓之前要检测气体，何况是这么好的地层，为什么工人进入土仓后会失联呢？

竺维彬直奔工地后，很快，市政府领导、市建委领导以及地铁公司丁建隆总经理和刘光武副总经理也陆续赶到了。

大家的一致意见是：要下井查看。

在地面对下面的情况一无所知，靠猜测是没有用的。除了下井一探究竟，别无他法。

分管安全的副总经理刘光武，此时首先勇敢地站了出来，他带着五六个消防队员一起下井，以便掌握第一手的情况。从地面到井底有 20 多米深，而要走到事发地，还要再步行 800 多米。刘光武一行人背着氧气瓶下井，当他们还未走到事发地，氧气已经耗完，只能先行返回。

底下失联的 3 名工人还在土仓里面，怎么办？竺维彬向市领导和丁总请示，想再带两个人进仓查看，这个时候氧气瓶里已经没有氧气了。竺维彬凭经验认为危险已经不大了，因为这是一套红层，又通风了这么长时间，下去可以边走边感觉，万一呼吸困难再马上撤出来。

领导同意了竺维彬的请求。

“竺总，我们也跟您一块下去！”一听竺维彬想下井，时任监理公司副总经理王晖和地铁公司安监部部长陈鼎榕都自告奋勇。对于人和站—龙归站盾构区间，安监部是熟悉的，无论施工现场、地质情况、施工进度、安全管理情况都很了解，该部门每天有 50 位安全巡查队的队员在各个建设工地进行安全巡查。

时任地铁公司安监部部长陈鼎榕回忆人和站—龙归站盾构区间不明气体事件

“我们三人一起下去。”竺维彬和现场指挥部同意了两人的请求。

顺着楼梯下到地下 20 多米后，他们开始往盾构隧道里面走。陈鼎榕年轻，对现场也比较熟悉，走在最前面，当时心里急，压力又大。

不明气体有没有被消除？ 3 名工人到底怎么样？这些，都未知。

正是因为心里急，陈鼎榕并没有注意到脚下的“陷阱”——一个没有固定好的踏脚板。当走在前面的陈鼎榕一步跨过、脚扎扎实实地踩在了踏板前段，像跷跷板一样，这块踏板后端瞬间弹起，正好把走在第二位的竺维彬绊倒，将猝不及防的竺维彬摔了个结实。

“摔得怎样？严重吗？”陈鼎榕内疚地问。

竺维彬体重超 90kg，摔得自然比较重，他感觉两条腿的关节应该是摔裂了，但既然已经下来了，还是要忍着疼，带着他们两人进去。

毕竟，里面的情况才是大事。

所以竺维彬说：没事没事，我们继续往前走。

再继续往前走，一边走，陈鼎榕一边用打湿的毛巾捂着鼻子，偶尔拿开毛巾嗅一嗅，没什么特殊的味道，呼吸也正常。

而且，和竺维彬在一起，有主心骨，不慌。

他们知道，竺维彬作为盾构专家，对地质的情况和盾构机械用液体的气味非常熟悉和了解，尽管在复合地层盾构施工可能会有相关的不明气体泄放，但竺维彬的判断很准确，经过几小时强通风排风，应该没问题。

终于，三人来到了盾构前。他们不仅要顺着盾构爬上去，还必须进到土仓里面，才能获取真实的情况。

进去以后，三人立即爬上盾构到人闸门，人闸门这个口很小，直径只有 80cm，竺维彬说：“把测量有害气体的仪器给我，我知道怎么爬进去观察和怎么测！”

直径只有 80cm 的人闸门

尽管人闸进口小，但对于进仓上百次的竺维彬来说，是难不倒他的。所以竺维彬也不管其他两位同志对他的关心，一个人拿着检测气体的设备，从 80cm 的人闸爬到了土仓里面。

一检测，氧气含量有 19%，比正常 21% 差一点。同时，竺维彬也看到了土仓里的 3 名工人，经过这么长的时候，已经没有了生命迹象。

三人来不及悲痛，立刻以最快的速度原路返回，一路上，寂静无声，大家的心情都非常沉重。等他们将情况报告给领导，有了下井的经验和准确数据后，再进去救人已变得不再危险。

指挥部立即做出决策，进行抢险和善后的布置。而中铁十五局也一秒不停，立刻组织应急抢险人员和消防人员进入土仓将 3 名工人救了出来。

这时，陈鼎榕问竺维彬，刚才摔跤痛不痛？竺维彬这才想起来，把裤腿一卷，两个膝盖碰破皮出血，但此时才感觉到一阵阵钻心的痛。

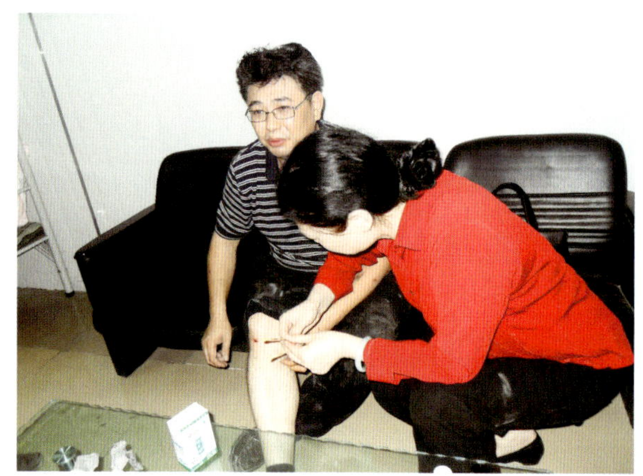
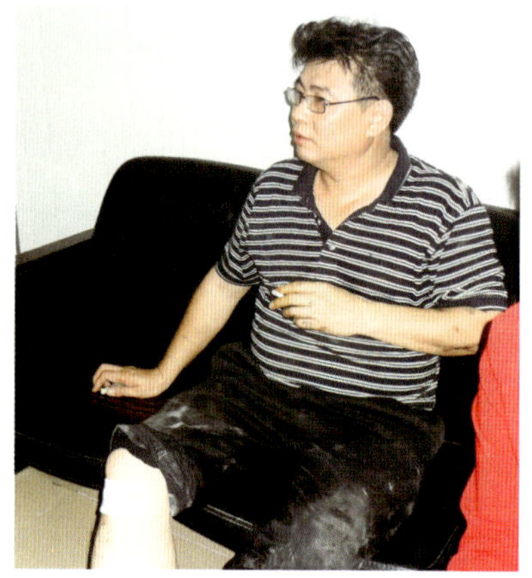

时任广州市地下铁道总公司办公室副主任张湘利帮竺维彬处理伤口

竺维彬此时膝盖的痛已被内心的焦急和忧虑所覆盖：我们对不起一线工人，我们的地铁是用他们的生命和汗水建造出来的，他们远离家乡，为广州建地铁，但之后又很少享用！

事后才知道，竺维彬这一碰，膝盖半月板裂了，对以后的工作和生活都产生了重大的影响，这一伤痛，一直伴随他到了十多年后的今天，每逢刮风下雨，他的膝盖就会提前告知。喜欢登山的他，再也不能如常人般自如地行动。特别是上山，看到他以树枝当拐杖的背影，同事们常常感叹不已。

广州地铁这个英雄的集体，永远是被困难打不倒的，也从来没有停止过思考。

易燃有害气体产生于煤层非常易理解，因为煤层中有甲烷、一氧化碳、二氧化碳，城市浅埋的下水道有甲烷、硫化氢也非常正常，但盾构在红层中掘进为什么会有有害气体呢？

而且，此次的事件并非偶然，广州地铁和其他城市也发生过多次土仓内不明气体伤人事件。

2008 年 4 月 15 日，广州地铁六号线盾构五标东湖站—黄花岗站区间左线盾构掘进至 301 环时，进行开仓更换刀具。隧道洞身为白垩系中风化砾岩、微风化泥质粉砂岩地层，该地层不含有机可燃岩，不可能生成易燃有害气体。但在开仓换刀时发生不明气体爆燃，造成伤亡事故。经检测发现甲烷（CH_4）、一氧化碳（CO）、二氧化硫（SO_2）、氧气（O_2）、硫化氢（H_2S）、氨气（NH_3）等 6 种气体浓度超标。

主要气体成分检测结果

气体类别	检测时间（4 月 16 ～ 17 日）					
	16 日 22：38	16 日 22：48	17 日 1：03	17 日 9：30	17 日 14：10	17 日 16：05
CH_4（%）	0.02	0.3 ～ 0.58	1.20	1.51	1.61	1.65
CO（$\times 10^{-6}$）	未检出	＞ 500	＞ 500	＞ 500	＞ 500	＞ 500
SO_2（$\times 10^{-6}$）	未检出	2.0 ～ 4.11	—	16.4	25.0	27.2
O_2（%）	20.9	20.1	19.4	19.1	18.5	17.8
备注	环境	土仓内溢出气体检测				

三号线北延段发生事故的地方位于红层，开挖面同样非常稳定，这套红层是在干燥的气候下形成的，里面没有有机物，不应该产生有害易燃的气体。那这个不明气体是从什么地方来的？

2018 年，在深圳中铁四局和中铁二局的两个工地，同样是岩石地层掘进，也产生了不明的气体，他们电话请教竺维彬。竺维彬建议他们检测粉煤灰。施工方立即检测粉煤灰，开始是常温检测，没有检测到 CH_4、CO、H_2S 等气体，当把粉煤灰包起来，放在 50 ～ 60℃的热水上面时，就立即检测到了 CH_4 和 CO 气体。

2008 年的事故、2009 年的事故，直到深圳 2018 年事故的十年中，竺维彬、鞠世健一直在跟踪、思考、分析、试验不明气体到底从何处来，以及不明气体的危害性。

鞠世健做了大量的研究工作后认为，地层中本身没有什么气体，这是大家都认同的。那盾构带入的包括聚氨酯、润滑油这些油脂里面会不会产生不明气体呢？会不会产生甲烷和一氧化碳？

偏磨滚刀轴承中的油脂会漏在密封仓中

于是鞠世健取了大量的样，做了大量的试验，得出肯定的结论：会产生这些气体。但产生这些气体需要给它热量，需要给它时间。

那除了油脂外，还有什么因素可能造成不明气体？

同步注浆液！

同步注浆液里面，水泥不可能，砂不可能，膨润土不可能，唯一可能产生气体的就是粉煤灰。

以上几例，隧道所涉地层为干燥气候下冲洪积岩石地层（俗称红层），不存在含炭的生气物质，那么在盾构施工过程中是不应该产生有害易燃气体的，这是常识，也是人们长期一贯的思维模式。但发生不明气体的事件和事故多了，会让人产生怀疑。

不明气体总要有个生成的起因才对，接二连三发生的事故不能仅仅用“不明”来解释，必须结合盾构施工应用材料和盾构施工工况来思考：除油脂以外，不明气体还可能来自粉煤灰。找到了真相，解决的方法就非常简单，更换粉煤灰，不明气体也随之消失，进一步证实了未燃尽粉煤灰是所谓“不明气体”的重要源头之一。

所以，别忘了，在进行同步注浆时要注意购买合格的粉煤灰，若为贪便宜和省时，买了锅炉厂还没完全燃烧的粉煤灰，就会出问题。

对不明气体的危害性，广州地铁也进行了反思，在后续的工作中制定了气体监测和相关预案，要求盾构都要装设气体检测仪；建设事业总部也对各施工单位明确了预案和要求，督促各施工单位检查和安装。自此，不明气体绝少危及全国同类地层的盾构施工了。

逸出不明气体的概率很小，但一旦逸出，后果会很严重，影响会很大！

13

对症“点穴”，即刻重生——脱困

盾构刚始发不久就异常被困。“伸伸腿”“弯弯腰”“转转头”，对症“点穴”，一招解困。

这种“点穴”，实际上是对存在的问题作出正确的判断，并采取最简单的方法，不费分文，四两拨千斤……

2016年7月24日，星期天，照常理正是睡个懒觉、外出游玩的好日子。而早上6点刚过，时任广州地铁集团有限公司常务副总经理的竺维彬就已经起身。

事实上，竺维彬头天晚上就一直没睡安稳，躺在床上辗转反侧、难以入眠。尽管是在周六的晚上，他脑子里想到的还是工程，自己这样心绪不宁，是不是哪个工点有情况？

竺维彬非常相信自己的直觉，于是，他把广州地铁在建的工程在脑海里一个个过滤，一个区间出现了：广州地铁十三号线鱼珠站—丰乐路站区间。

广州地铁十三号线鱼珠站—丰乐路站区间位置图

这个标段，由中铁三局承担施工。在施工五号线的时候就经过这个区段，地质条件非常差，都是淤泥、粉细砂层，盾构的掘进没有问题，难点主要是房屋的沉降控制。

前几天，也就是7月15日，这台盾构左线从丰乐路始发向鱼珠方向掘进，始发顺利。根据此台盾构始发时间和最近的掘进进度，竺维彬断定一定有什么困难，应该去看看。

来不及等到天亮，竺维彬就做好了准备，等他赶到工地，也刚刚7：30。

盾构控制室里，中铁三局工管部副部长王海东、中铁三局广东公司副经理李建成，以及项目经理高晓刚、项目书记张六一、项目副经理吴思、盾构队队长卫勇，正在研究盾构无法正常掘进事宜，突然看到竺维彬推门进来，都觉得不可思议：这么早，领导就到达现场了，领导是如何得知的？

竺维彬看到这么多人就知道了：这是有事发生啊！

其实，此时，中铁三局的领导们已经被折腾了一个晚上。他们就不明白了，盾构在房屋底下，地质条件是软土地层，盾构才始发几天就推不动，这是为什么？盾构推不动怎么办？如果再往前推，或担心盾构损坏，或怕房屋损坏。

照例，竺维彬还是先安慰中铁三局的各位领导要坚定信心，但话锋一转：“你们这台盾构，不应该推不动。”

项目负责人高晓刚详细介绍了该区间的情况：这段区间长度约800m，房基复杂，地层较单一，隧顶上方是流塑、软塑状淤泥层。盾构水平距离房屋非常近，最近的只有79cm，楼房的前面还有一排搭建的群楼，没有任何桩基础支撑。

没有桩的房屋

地层的情况竺维彬是清楚的，问题是盾构开始掘进后施工队伍接下来做了什么？

“接下来，7月23日，盾构已经出了加固体，进入到相邻的一个建于20世纪70年代的大院下面时，要先封洞门，施工人员非常认真地进行注浆封洞门，但在洞门封好以后，盾构就推不动了。”高晓刚如实回答。

“下井到盾构里面察看一下吧，眼见为实。”竺维彬说。

项目负责人高晓刚详细介绍鱼珠站—丰乐路站区间的情况

竺维彬现场指导工作

竺维彬和一众人到井下盾构操控室，详细询问了现场的操作手，查看了盾构的注浆记录、管片的拼装情况、盾体的铰接情况，再详细了解了压力、扭矩、推力等现场掘进的参数。

经过了解，这样一套软土地层，推力已经达到1300t，一般情况下，始发的推力控制在1000t以下，因为后面有反力架，反力架和临时管片变形会影响始发。扭矩只有60t · m，很小。而且速度降到小于5mm/min，大多在2mm/min。

经过分析判断，竺维彬心里有底了：中铁三局是一个好单位，他们想把工作干好，担心地面沉降、建筑物倒塌，于是非常认真地进行盾尾注浆，结果机头地面也冒浆，盾构推不动了。

这次的问题，就出在中铁三局的“认真”上！正是因为施工人员认真地注浆，想着多注一点，是不是能使地层稳固一点，结果注浆过多，并且时间较长，盾体和土体由于浆液的固结导致盾体被裹，无法掘进。

这就是盾构自身没有调整好，被“憋”住了或像人一样，“岔气息腰”了！

心里有了可靠的判断，也就有了解决问题的底气。

“也许是自身没调整好被卡住了。但是别慌，有办法。”他稳住军心，“分几步走。第一个，让盾构‘伸伸腿’。第二个，‘弯弯腰’。第三个，‘转转头’。”

这是什么意思呢？盾构哪来的“腿”和“腰”，怎么给它放松呢？

竺维彬慢慢解释道：“‘伸伸腿’，就是把千斤顶先收回去，再放出来，在这个过程中给它调整的机会。”

“‘弯弯腰’，就是来回调整一下铰接千斤顶。”联想到铰接千斤顶的样子，这句话突然就形象了起来。

“最后嘛，让盾构刀盘正反转一下。这就是‘转转头’。调整好了之后，我们再加大推力试一试。”

总之，就是利用铰接和千斤顶互动，收一收千斤顶，转一转刀盘，让盾构抖动，使裹死的浆液和盾构来一个松脱。

得到“九字真言”，承包商立刻投入到试验之中，令人惊喜的是，效果好得很。

10：00，盾构开推；

10：26 收到报告，推力 1400t，扭矩 100 ～ 120t · m，速度提高到 7 ～ 9mm/min；

10：40 收到报告，总推力 1200t，扭矩 120t · m，速度提高到 20 ～ 30mm/min；

15：30 收到报告，当推到第四环时，推力 900 ～ 1000t，扭矩 70 ～ 90t · m，速度提高到 30 ～ 40mm/min。

盾构掘进正常了！机头沉降控制在 0 ～ 5mm，脱出盾尾，令时任建设事业总部土建部经理的贺婷更为关注的沉降问题，注浆后几无沉降。

时任建设事业总部土建部经理贺婷一直对沉降问题高度关注

而此时，竺维彬早已在另外一个工地，开始了下一个“勤以积德”了。

竺维彬把这一套动作形象地称之为“**伸伸腿**”“**弯弯腰**”“**转转头**”。其实，这就是对盾构进行“点穴”，盾构不动了，针对盾构有毛病的关节对症下药，就可以药到病除。

“点穴”，实际上是对存在的问题作出正确的判断。根据地质条件，以及这台盾构的特征，这个区段产生的问题主要就是盾构被“憋”住了，怎样让它重新动起来？像“点穴”一样，你点一下，把这个穴位释放，就能正常动了。

所谓“点穴”，就是找到问题的关键所在，四两拨千斤。当一个小问题刚好就摁住了盾构的“命门”，那无论如何使力也无济于事。同样，当找到问题的关键，竺维彬甩出一套盾构“广播体操”时，就成功恢复了盾构的活力。

怎么找到这个关键点，如何把握问题的度，很重要。这套“九字真言”看上去简单，其实，是多年经验积累才会迸发的灵感。

这个事件非常小，小到时任建设事业总部土建二中心副总经理陈昊后来在说起这次的险情时，要几经回忆才想起这件事存在过。但就是这样一个小案例提醒建设者，要时刻留意盾构处于一个怎样的地层？盾构到底存在什么问题？在了解清楚以后，首先利用盾构的自身功能进行脱困，若不行，再考虑辅助措施。

时任建设事业总部土建二中心副总经理陈昊谈“点穴”

这是广州地铁建设中盾构施工碰到的一个小插曲，现在说是小插曲，但如果没有处理好，可能会引起一个比较大的安全事故。

14

辅助气压，无形的保护者

自广州地铁1996年提出“辅助气压”掘进技术后，就一直在不断修正、逐步完善。

20年后，广州地铁二十一号线两个硬岩区间，一个1600m长没有换滚刀，一个1740m长没有换滚刀，创造奇迹的核心技术，就是“辅助气压”掘进技术……

除了在上海、宁波这样单一软土地层中施工一个区间基本不用换刀外，凡遇到岩石地层，刀具磨损均是一个必须要考虑和面对的重要问题。只要有盾构掘进，一般都会在施工过程中换刀。而2016年，广州地铁二十一号线有两个区间，一个1600m长没有更换滚刀，一个更“离谱”，整整1740m长没有更换滚刀，这简直是一个奇迹。

奇迹的发生，得益于一项技术："辅助气压”掘进技术。

广州地铁建设一路走来，遇到了许多难题。为了克服这些困难，建设者提出和分析了“喷涌”“泥饼”“滞排”等一系列复合地层盾构施工经常遇到的如“感冒发烧”状的病因，又从宏观方面研究和科学定义了“复合地层”等概念。

在这些事故真相与成因的背后，都绕不开一个缘故，那就是，盾构尽管是个性化定制的，但不是万能的，不太可能整个区间都适应地质状况。

什么样的地质条件会对已经选定的盾构带来风险？如果搞不清楚，最终必然在某一阶段给工程带来事故或隐患。

但很多时候，区间内不同地段有不同的地质状况，有的可能适合泥水盾构，有的可能更适合土压盾构，不能完全依靠盾构本身去破解所有难题，还需要在具体措施上动一番脑筋。本体的设计和配置，如刀具的具体合理配置和刀间距等是一个方面，而一些额外的辅助技术，则是另外一个方面。

“辅助气压”掘进技术，就是在盾构要有额外的辅助技术这种思路下的技术创新。简单来说，就是注入气体来支护掌子面的平衡，以助力掘进。它的核心，是建立动态平衡。**这项技术，其实最早在广州地铁一号线烈士陵园站—农讲所站区间过东濠涌时就已提出并实践过。**

当时一台川崎土压盾构从烈士陵园站始发，穿越东濠涌和农讲所站，再推到公园前站东端头掉头，返回再穿越东濠涌后到烈士陵园站解体。当盾构首次穿越东濠涌时，隧道开挖面全为岩层，当时不知何处来的水，一打开螺旋输送机，就有大量泥浆渣土喷发出来，即“喷涌”，下落隧道。之后，为了拼装管片，就必须花半天到一天的时间清理泥渣，再掘进、再喷涌、再清理……如此恶性循环，不到15m长的东濠涌，竟花了两周时间通过，每天不到1环（1.2m /环）。

不到15m长的东濠涌
曾让中法日三国工程师绞尽脑汁

不仅速度慢，而且那时日方聘用中国延边地区的劳务工人，在闷热的隧道里，陷在泥浆中只穿一条裤衩清泥的情景，着实让人心酸。当时作为业主代表兼驻地监理，竺维彬就想，这种情况不能继续，如果不事先想好一种有效的解决办法，盾构再掉头经过东濠涌时就难免会陷入同样的麻烦。

于是，竺维彬查阅大量资料后，先是判定此水为裂隙水，大部分水来自已成型隧道的后方。于是向法国索菲图公司的监理工程师 Alain 先生和日方项目负责人山田先生提议：先封后方来水，再在土仓内加气，**让“气”来辅助平衡裂隙水的压力，把地下水挡在地层中**。

针对此提议，非地质专业毕业的外方工程师是有疑虑的：怎么可能用空气去堵水？思索归思索，理论逻辑的自洽并不意味着实践的成功，没有人敢保证这样的决策一定会成功。

但最终，处于困局中的日方征得法方监理和业主的同意，还是决定试一试。当盾构从公园前站掉头回烈士陵园站再经过东濠涌时，采用了“辅助气压”进行掘进，结果出奇地好。上一次，承包商用了整整两个星期穿越东濠涌，而这一次，仅仅只用了两天，并且避开了“喷涌”这个“老对手”。

原本两个星期才能通过的东濠涌，两天就通过了，这就是“辅助气压”掘进技术的威力。“辅助气压”掘进技术自 1996 年提出以来，就一直在不断修正、逐步完善。

“辅助气压”掘进技术的应用条件，第一，要有气密性，即盾构周围的气不会跑，否则就容易泄压。空气比较均质，流动快，是一种快速的平衡方法。第二，空气占据土仓部分空间，渣土量就减少，盾构掘进时的负荷也相应降低，扭矩、推力这些参数都能降下来，对刀具的影响也小，二次磨损也有限了。如果土仓里面都是渣，则这些渣会给盾构带来二次磨损。所以，空气有很大的优势，负荷小了，盾构的有效推力就会加大，有利于盾构掘进。

在“辅助气压”掘进技术应用到广州地铁二十一号线两个岩石区间之前，已经在多个项目包括广州地铁十三号线成功实施过。

广州地铁十三号线二标文园站—丰乐路站区间由中铁一局承建。在盾构始发时就遇到了困难，满仓渣土建压掘进，导致换刀的次数较多，平均不到 100m 就要进仓检查和换刀，这时项目负责人张部令请教业主代表陈和，在这种地层中怎样才能更快掘进、更少更换刀具？

陈和，在前面介绍五号线西场站—草暖公园站区间时曾经提到过。要说陈和，故事有一箩筐，简单地说，1990 年，陈和从日本留学回来。1993 年，日本青木公司中标广州地铁一号线盾构工程，开始组装两台住友泥水盾构和一台川崎土压盾构。

组装时，日本青木公司要找日语翻译但一时找不到，后来经人介绍，说有一个人肯定行，但就看你们给不给额外的交通费。因为，陈和当时不在广州，在福建。实际上，交通费也就 200 多元，对日本人来说，一延米 8 万元的标价，200 多元完全不是个事。

“给，来了再说。”

广州地铁十三号线文园站—丰乐路站区间位置图

结果，陈和面试的当天，就开始上班了。

给日本青木公司当翻译兼指导工人的两年多的时间里，陈和与工地办公地点相邻的竺维彬几乎朝夕相伴，经常切磋技术，结下了深厚友谊。

长期在施工最前线的陈和

所以，在陈和的翻译工作完成以后，因其对盾构技术较为熟悉，竺维彬就请他留下来，作为业主代表现场指导地铁施工。这一指导，就是20多年，而且全部是在一线，每条线每个区间有什么问题？哪些问题用哪个方法最管用？陈和一清二楚，因为，他一直都在施工最前线。

所以，当张部令将十三号线二标的施工问题抛给陈和后，陈和脑子一转就有了对策：这套地层是花岗岩地层，花岗岩有全风化、强风化、中风化、微风化之分，对于强风化地层，裂隙较发育，一旦上覆有富水地层，在掘进的过程中很容易造成“喷涌”。

强风化地层上方一般还存在全风化地层，只要一遇水就会变成“稀汤汤”，加剧盾构掘进时的“喷涌”。这种情况下，首先考虑是用气压把水逼在外面，不让水进入土仓。再利用膨润土作为辅助，对土仓中的渣土进行搅拌。在土仓充气的情况下，土仓里的渣土量会相应减少，对刀具的二次磨损就会降低很多。

陈和想到这些，于是推荐采用“辅助气压”掘进模式。张部令当时第一次听说“辅助气压”掘进模式，不太理解空气哪有这么大的作用？所以，在听到陈和初提这种方法时，由于和陈和的关系非一般的好，直接用一个“滚”字拒绝。

张部令不相信，怎么能用空气来阻挡水呢？是不是有点天方夜谭？

“兄弟，还有什么好办法不？”过了两天，被逼得没办法了，张部令又来找陈和。

“还是这句话，‘辅助气压’掘进！”陈和淡定地说。

“你尝试一下，无非就是一盘刀嘛。你从掘进到现在 60 环，已经废掉了 5 盘刀，也不在乎这一盘了！”又过了两天，张部令再次找到陈和，陈和看得出张部令的焦虑，鼓励他。

其实，陈和清楚，“辅助气压”掘进模式 1996 年在广州地铁一号线应用时，效果非常好，后来在其他线路也用过，效果也很好。

这下，张部令终于同意一试。

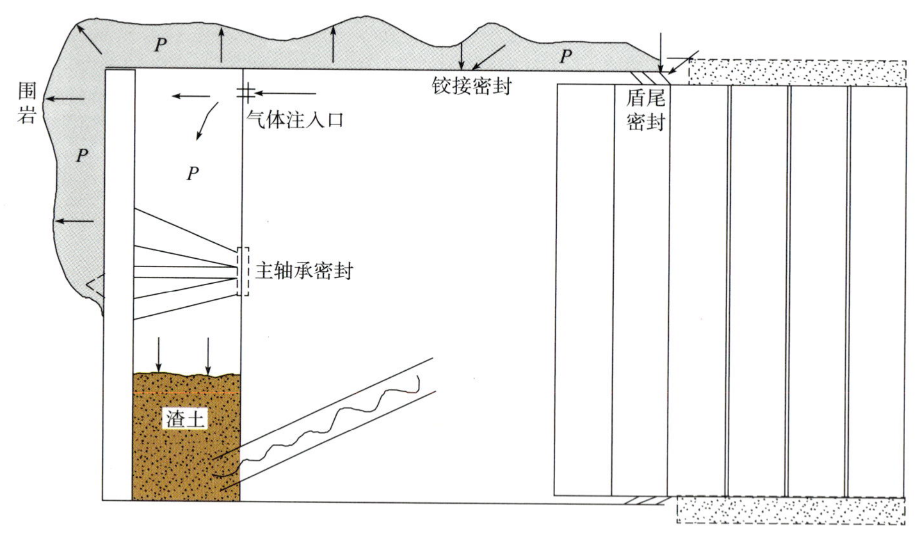

“辅助气压”平衡机理示意图

于是，陈和就把“辅助气压”模式怎么操作，具体注意哪些细节，详详细细地向张部令交了底，并到现场指导。效果立竿见影：**刀具磨损减少、换刀频率降低、施工速度加快**。反正，好处很多。

空气借用泡沫系统打进去后，电耗大幅下降，盾构掘进速度大幅提高，刀具的更换数量大大降低。实践证明，盾构推进非常顺利的一个重要手段，就是“辅助气压”掘进。

采用“辅助气压”掘进模式刀具磨损明显减少

但有一点，气密性一定要好。

就在十三号线二标这个项目到工程收尾隧道即将贯通时，遇到了一个地质钻孔，把气漏光了，施工人员想把气往土仓里面重新打起来，但已经不可能了。因为钻孔直径是供气孔直径的2倍，供气量永远跟不上漏气量，所以最后路面塌了一个直径2m的小坑。所幸承包商反应也很快，及时进行回填，再重新掘进，避免了一场更大的事故发生。

采用“辅助气压”掘进模式后隧道顺利贯通

十三号线工程进展顺利后，陈和又被调到广州地铁二十一号线指导施工。

按照二十一号线项目分工，陈和管了两个标段：一个是十六标，由中铁十六局施工，项目经理是朱小早；一个是二十标，由中铁一局施工，项目经理是蒋中军。

这两个标段，遇到了和十三号线二标同样的困难，他直接带着这两位项目经理到十三号线二标，现场学习如何使用“辅助气压”掘进模式，这种模式会给工程带来什么收效？

首先，在花岗岩地层中掘进，刀具的磨损控制非常重要，减少磨损，就是减少换刀次数，也就是加快了进度。但如何控制刀具的磨损？

控制刀具磨损的原理在于：将土仓内刀盘面板与开挖面之间的渣土清理干净或者减少，掘进时对刀具的磨损就少了很多，同时还减少了对刀具的二次磨损。

在这种情况下，施工成本会降低很多——泡沫剂、润滑油脂、盾尾油脂用量均会减少，还有注浆量，虽然注浆量是相对稳定的，但要根据超挖量来确定一环的注浆量，采用“辅助气压”掘进模式以后，浆液的凝固时间缩短了，流失量也会相对减少。

陈和把两个施工单位教会了以后，又利用监理公司开发的盾构施工监控软件，时时关注这两个区间的掘进，当掘进参数有少许变化时，会及时提醒或者是直接打电话到井底下，让他们改变操作的参数，这样可以避免更多不利因素的产生。

广州地铁二十一号线二十标象岭站—增城广场站盾构区间，长 1600m，下部是花岗岩风化地层，上覆花岗岩残积土，这种地层的特点是气密性比较好，用“辅助气压”掘进模式正合适。

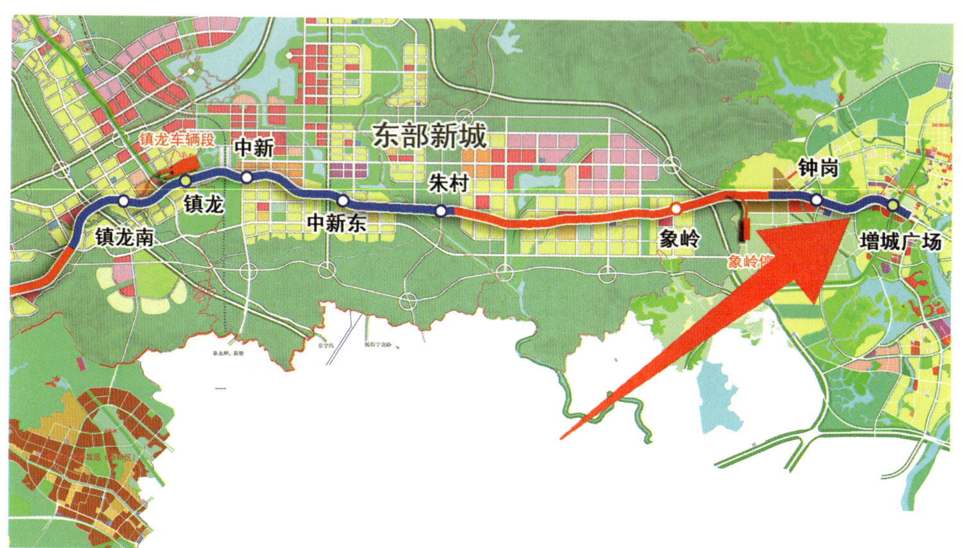

1600m 长没有更换滚刀的象岭站—增城广场站盾构区间位置图

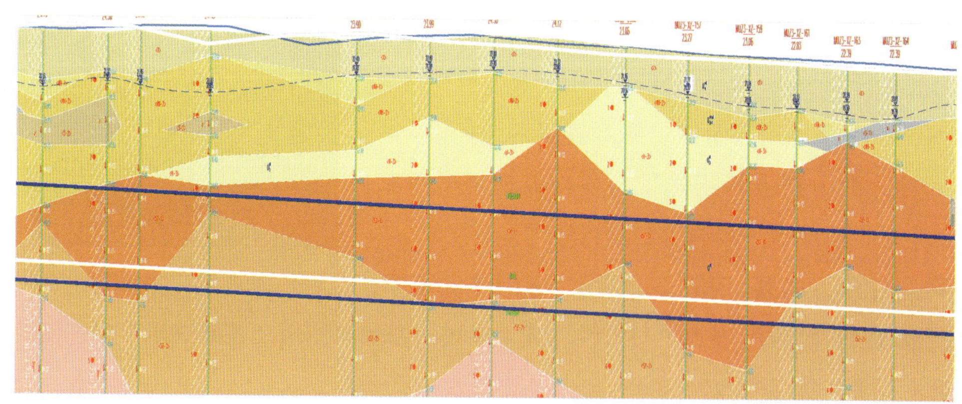

象岭站—增城广场站地质剖面图（右线）

这个盾构区间在采用“辅助气压”掘进模式后，令人惊叹不已的效果出来了：整整 1600m 的掘进过程中，没有更换一把滚刀！这在以前，同样的地质状况，不到 100m 甚至不到 50m 就需更换滚刀。如此推算，1600m 的长度，更换滚刀不是一盘，而是要更换好几盘甚至十几盘滚刀。

而由中铁十六局承建的中新站—中新东站盾构区间，长 1740m，也是在花岗岩地层中掘进，上部也有残积黏土，气密性较好。花岗岩中风化、强风化，裂隙水还比较发育，所以利用

"辅助气压"掘进技术进展非常顺利。

相比 1600m，这次距离更长，整整 1740m，盾构施工过程中也是没有更换过一把刀。尽管不良地层很多，但采用正确的方法再加上精细管理，速度自然就比其他区间快。在长区间里，中新站—中新东站盾构区间是第一个双线贯通的区间，"辅助气压"掘进技术功不可没。

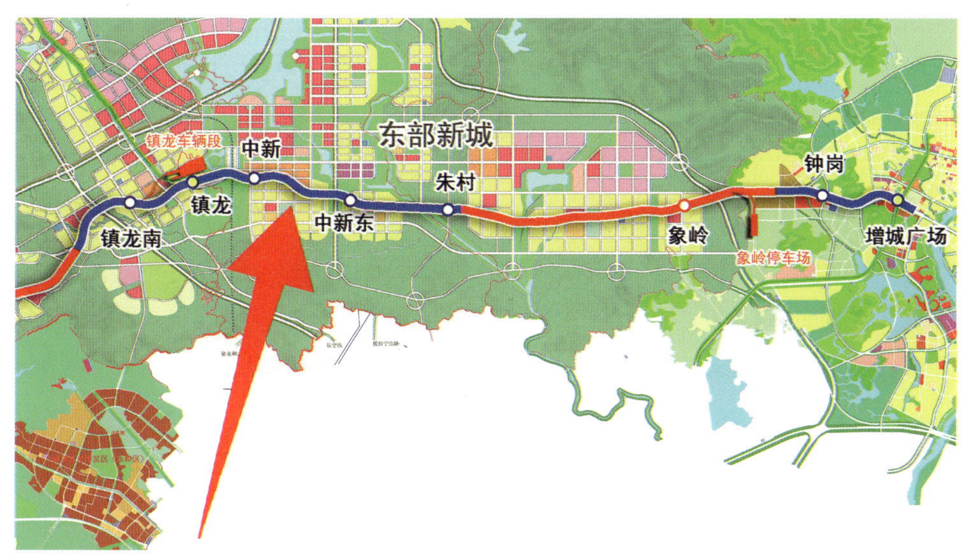

1740m 长没有更换滚刀的中新站—中新东站盾构区间位置图

如果不是采取这种"辅助气压"掘进模式，刚开始时陈和就给中铁十六局预测过，要想完成这 1740m，至少要备 10 盘刀，但现在一盘刀从头推到尾，说起来陈和自己都不敢相信。广州地铁二十一号线神州路站—科学城站左线在同样地层采用全土压掘进模式，刀盘刀具却发生了异常损坏。

广州地铁二十一号线神州路站—科学城站左线大埋深花岗岩复合地层全土压掘进刀盘刀具异常损坏

这样类似地质工况下的成功案例行业内少见，广州走在前面，推广前景广阔。

"辅助气压"掘进的原理，说到底，就是平衡的原理。无论是土压盾构采用挖下来的渣土来平衡掌子面，还是泥水盾构采用渣土和注入进去的泥浆来平衡掌子面，或者用“辅助气压”掘进模式的气体来平衡掌子面，最核心的一个理念就是“平衡”。

这个“平衡”，是“动态平衡”，不是用一个平均值来平衡，或者某一时是平衡的，某一时又不平衡。**所以，要控制盾构掘进的风险，特别是在复合地层中掘进的风险，就要掌握动态平衡，建立动态平衡。**

这个介质，可以是泥水、泥浆、泥渣，也可以是气体。以前只分两类，渣土建立土压平衡，泥浆建立泥水平衡。

一定要建立动态平衡，哪怕是气体的气态平衡，泥浆的液态平衡，或是渣土的固态平衡，或是渣土加“辅助气压”的联合平衡，或是泥浆加“辅助气压”的联合平衡。总之，就是要让掌子面获得一个动态平衡状态，这是控制盾构风险的核心。

控制施工风险的关键在“平衡”，控制盾构机械风险及其引发的施工风险，通俗一点说，就是“**保头护尾**”，两者互为补充，缺一不可。保住盾构的刀盘刀具，护住盾尾的密封不渗漏，就不会发生大的塌陷，也就是刀盘、刀具不损坏，切削功能正常，土仓里面是平衡的，盾尾不渗漏，盾构就是密封的。怎么会发生塌陷呢？不失土，不失水，地面怎么会沉降呢？

但“辅助气压”掘进的应用有前提条件。其一，围岩的气密性一定要好，有的地方由于打了钻孔勘探后没有封好，造成地面发生很多小的塌陷。其次，要留意气压不能设定得太高，一些标段上部是砂层，盾构上覆虽有一层气密性好的黏土层，但太薄或不连续，气压设得太高时，会顶穿黏土层，最后在地表冒浆冒水，所以压力控制要适当、均衡，不能波动太大。

“辅助气压”掘进模式从提出到现在已经二十多年，大多工程技术人员已经学会了这项技术，并将其推广到了全国，应用过程中取得了很好的效果。

这就是创新的力量，要勇于去探索新的技术，敢于把论证过的技术下放到工地。就是在这种精神下，广州地铁后续又发明了一系列全新的技术和材料，从另一个重要维度进一步解决了盾构的“平衡”命题，如“衡盾泥”及其辅助护壁开仓技术等。

不过，那是另外的故事了。

UNDERGROUND

ON THE GROUND

METRO

“动态平衡”，盾构沉降控制的秘诀

2016年，盾构穿越水西村时，遇到了极端的工况。广州地铁坚持以“地质为本”，坚持“勤检查、勤换刀”的行为原则，坚持对“动态平衡”的牢固把控。

最后，整个穿越过程有惊无险，整村房屋几无沉降、损坏，结果完美……

“辅助气压”掘进技术的关键，是盾构掘进时借助“渣＋气”联合平衡开挖面水土压力，达到“动态平衡”，这是贯穿始末的盾构工程核心命题。但从理论到实际，这个命题的外延何其宽广，实现的难度也各不相同。

同样在广州地铁二十一号线，就有这么一个棘手的例子：长平站—水西站盾构下穿水西村，这个项目由中铁十八局承建。中铁十八局是我国最早使用 TBM 的施工企业，但盾构穿越如此复杂的地上地下施工环境还是第一次。

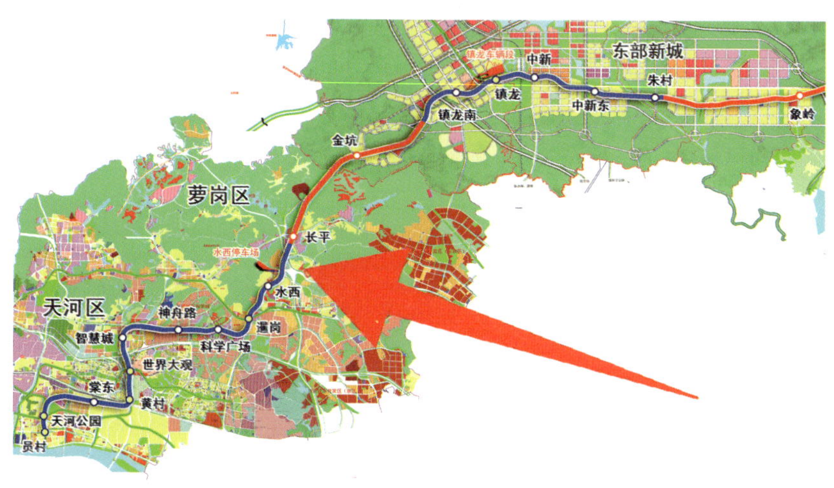

广州地铁二十一号线长平站—水西站盾构区间位置图

即使广州地铁已有 20 多年的盾构施工经验，建设事业总部也已经对广州的地层了如指掌，并针对不同的风险症状不断总结出了应对措施，然而，大家还是一致认为，盾构下穿水西村的施工风险很大。

自建房多且密集、基础结构非常差的水西村

如果难题只是地质风险，客观存在，那也就认命了，广州的哪一块地下不难呢？

难上加难的，是地上的问题，是做地下工程时会遇到地面上“人为”的不配合且难以沟通。

有时不必拆但居民非要拆，有时需要拆却拆不了。

在长平站—水西站盾构区间，水西村恰好位于150环隧道范围内，左右线加起来要下穿房屋达175栋。这些房屋大多是天然基础的村民自建房，多而密集，沿山坡而建，基础结构非常差，还存在许多加建的现象，有几栋楼甚至因为加建出现了楼体倾斜，成为多栋“握手”楼。它们“勾肩搭背”，接踵相依，钻机根本进不去，地质情况难以摸清。

楼体加建倾斜后成为“握手”楼

试想一下这危机四伏的地下地上环境：不大的村庄范围里，许多四五层楼的间隙甚至不到10cm，从窗户探头就可能碰壁。有的房屋年龄超过40年，有倾斜的，有严重损坏的，这些“老骨头”房在盾构的震颤下显得尤为危险。盾构施工似乎将成为其“压死骆驼的最后一根稻草”。

这里就是水西村。

水西村常住居民不少，因此生活类设施也很多，仅在盾构下穿线路上，就有一所幼儿园、一座祠堂和一个大大的养鱼塘。

按照初步设计审定的方案，这些房屋都是需要拆迁的，但在工程推进过程中，拆迁困难。无果之下，政府部门要求改为临迁加盾构直接通过的方案。然而，即使是临迁，动员起来也困难重重，最后也只能在不拆迁的情况下，把所有压力压到施工单位和业主身上，由他们来攻克难关。

结合水西村所处地质情况，“难关”两个字一点不夸张。

经过前期的详勘、后面的补勘之后，下穿房屋地段地质条件被证实非常差：要下穿的长度接近200m，盾构在整个范围内要穿越全断面砂层、粉质黏土层、上软下硬层、全断面硬岩。而埋深，只有10～20m。

在不同性质的地层中掘进，有不同的隐患。

盾构在富水砂层中掘进，容易出现“喷涌”。一旦“喷涌”，就会影响盾构正常的排土，进而影响土仓压力的稳定，造成盾构上方的土体超量排出，以致地表沉降过大，甚至引起地面塌陷。

盾构在粉质黏土层施工，处理不当时，刀盘就会结“泥饼”，而“泥饼”从一号线开始就一直困扰着盾构施工。

盾构在上软下硬地层中掘进时，容易引起刀圈断裂和刀具的不均匀磨损，会对土体造成较大扰动，导致地面超大的沉降和坍塌。

…………

如此种种，**地质风险巨大**。

但是，虽然房屋密集且没基础、地质极差，原本需要拆迁的，现在连临迁都做不到，这种情况下，盾构必须零沉降通过去！

谁都知道难，**但再难也没有回旋余地**。

要完成“不可能”，万全的准备工作少不了。规避风险，首先考虑的是微调线路平面或剖面，经过进一步摸查和研究，优化后的线路相较最初下穿房屋数量明显减少，但也有 85 栋民房。

之后，就是旧盾构如何改造？土压盾构的配置已经适应不了水西村地段的施工环境和地质条件，在建设事业总部的主导下，改造方案很快确定下来：

第一，要重新制造一个刀盘，并加大刀盘的溜渣口——开口率，以适应较大岩块的顺利进仓。

第二，优化刀具的配置，将双刃滚刀改为单刃滚刀，提高破岩能力；17 英寸（1 英寸 = 0.0254m）滚刀改为 18 英寸滚刀，增大刀具在掘进中的可磨损量和延长刀具的使用寿命。

第三，盾构由常规的单螺旋改为双螺旋，控制全断面砂层喷涌的风险。

第四，将泡沫系统改为单管单泵，提高渣土的和易性、流动性，预防结“泥饼”，减少渣土对刀盘刀具以及螺旋输送机的磨损，降低扭矩，提高功效。

盾构的改进，只是工作中的一个重要部分。正是由于广州地铁对风险程度心知肚明，从设计到施工、从细节到整体，每个人都丝毫不敢马虎。设计方和施工方组织了全国专家论证，并请来了设计大师史玉新指导。

建设事业总部多次重申了精细化管理的指导精神，落实到具体措施，就是要根据地质情况及时调整优化掘进参数、严格控制出土量、加强监测频率等。后来，为了确保盾构在允许误差范围内保持正确姿态安全掘进，针对盾构在不同地层中的穿越情况，技术人员又数十次分析了地层和掘进数据，并据此及时调整掘进参数，以保证施工的安全。

吸取了以前的事故教训，建设事业总部对此次工程地质勘探要求非常高，甚至房屋中间，只要钻机摆得下的地方都统统进行了补勘。监测点也布置得非常密集，尽可能掌握地面和房屋的状况。地铁公司还积极协调当地政府和村社基层组织，对房屋进行了全面细致的鉴定。

如此一来，有了翔实的数据，即使后期出现问题也可以立刻采取应急措施。为了确保万无一失，建设事业总部还特别要求增设了抽水试验。这个试验的目的，是掌握该地区单位时间内的出水量、地下水流速、地层对地下水流失的沉降敏感度等数据信息。

要落实这些方案计划，就要尽量多地弄明白地质情况，就必须借用每一户村民的门前甚至屋内进行勘探，要做到这些，就少不了与当地人沟通。为了掌握村里每一户居民的情况，一个专业的信访维稳小组成立了。工作人员租了村里两套房子，扎根水西村，与村民、小学、幼儿园逐一进行沟通。

要让村民理解地铁建设，就需要让他们明白地铁是怎么施工的。为此，地铁公司特意请村民们到项目部，观看盾构施工动画，了解盾构施工原理，平复不安的情绪。

最后，在盾构正式下穿之前，施工方进行了试验段掘进，彻底摸清在这套地层中掘进的参数和地面的沉降变化规律。

事实上，以上的准备工作，不正是“**地质是基础、设备（盾构）是关键、人（管理）是根本**”的最好诠释吗?

重视程度，可见一斑。

怎么可能不重视！水西村所要穿越的区域线路，可是要经过整整 85 栋民房，这里面居民生命与财产的安全，沉甸甸地压在每一个人的肩头。

按照竺维彬 20 多年的经验总结，盾构过这套地层虽然风险很大，但只要控制好几个关键点，还是有把握顺利通过的。在事前准备与施工过程中，他反复多次强调了这些关键点。

首先，就是要保持掘进过程中的“**动态平衡**”，这是盾构掘进最重要的一点。从现代盾构诞生开始，无论是气压，还是以渣土与泥浆支撑的泥水盾构或者仅用渣土平衡掌子面的土压盾构，它的核心理念只有一个，就是平衡，对四面八方力的平衡。

盾构在运动，土层与土仓无时无刻不在微妙变化着，因此这个平衡是动态而非静态的。**要控制盾构掘进的风险，特别是在复合地层中掘进的风险，首先就是要掌握“动态平衡”技术，建立“动态平衡”，无论是用什么方法、什么介质。**如土压盾构，就是调整推进速度和螺旋输送机的转速，使仓内压力与开挖面水土压力相对应。

如果只是一时的平衡，下一时的压力较大波动，就像拉风箱或打水枪一样，开挖面一紧一松就会失稳，盾构姿态也会忽左忽右，忽高忽低，偏离轴线。

第二，是更合理地配置刀盘与刀具。面对地下极硬的花岗岩，刀具有时会显得非常脆弱。曾经，广州地铁遇到过强度高达 150MPa 的石头，为了解决这个问题，建设事业总部建立了一套刀间距和配置的原则。

经验表明，在超硬岩中掘进，只要有一把刀出现了损坏，其他刀就会迅速跟着损坏。一旦有几把刀损坏，掘进就要面临停滞。而掘进速度慢下来或停滞，意味着“动态平衡”岌岌可危，意味着沉降无法控制。所以，施工过程中必须时刻保持对刀具健康的关注，**勤检查，勤更**

换。如果出现坏刀，就要紧急进仓更换。

可是问题来了，土仓压力既然是平衡的重要一环，开仓就会引起压力波动，在一些地质条件差的土层中，开仓是非常危险的行为。雪上加霜的是，刀具往往会在这些地方更容易损毁，因此广州地铁在二十来年的建设历史中，面临了许多次开仓的风险和不得不开仓的两难抉择。

这就牵涉第三个重点，就是采取**“辅助气压”掘进和带压进仓检查、换刀**。它直面的场景，常常是不稳定地层的开仓。而它的核心目的，还是建立“动态平衡”。

“辅助气压”功能很多，但它的操作非常不易，一不小心就有可能出现状况，尤其是带压进仓换刀的情况下，这也是有先例的。因此，要成功下穿水西村，就要正确使用“辅助气压”和带压进仓等多种技术，始终保持盾构开挖功能的完好性。

所有功夫都下足之后，还必须加上一条：**精细化管理**。

只有进行精细化管理，高质量完成每一步工序，把工作做到最细，才能确保万无一失，确保零沉降，确保无事发生。广州地铁有这个信心，也有这个能力。建设事业总部把工作交代得很细，甚至连土仓压力波动不能超过 0.2kg/cm^2 都要传递给施工单位的盾构操作手。中铁十八局也非常虚心接受了这些观点和经验，这个无缝的交流，也是未来成功的保障。

当时，广州地铁的在建工点有 300 多个，仅长平站—水西站区间，时任广州地铁集团有限公司常务副总经理的竺维彬就到现场指导了 20 多次。盾构改造方案与具体施工都由他亲自把关，力求下穿时万无一失。

在这里，竺维彬不是背着手听报告的视察领导，而是冲在一线的技术领头人。他告诉大家最多的就是一定要注意“动态平衡”，减少土压的波动，每一环出土都要记录出渣量并进行渣样分析，根据渣样筛选分析地质条件，与地质资料核对。

有一些环数在黏土地层，要防止结“泥饼”。有一些环数在砂层，要防止“喷涌”。这些要点竺维彬都根据地质资料，具体到某一环某一点反复叮嘱现场人员。

竺维彬亲自下到土仓指导作业

在关注技术核心之外，竺维彬还多次对一线工人表示慰问，对他们的辛勤付出表示感谢。这些话，并不是虚词，竺维彬出身农村，即使到今天，他也总是强调，他是农民的孩子。对于这些广州地铁最一线的奉献者，他有很强的共情力。

不仅是竺维彬，地铁公司的所有领导都表现出一贯的身体力行。根据不同的施工进度，集团董事长丁建隆、总工张志良也多次来到工地，给建设者们打气、鼓励。

后来，时任建设事业总部副总经理黄辉把下穿水西村整个总结出来的经验归纳为下穿前的工作、下穿中的工作、管理工作、技术工作等十几条，用以指导后续的下穿房屋施工。

这些细致的经验，非常有效。

针对渣土改良，建设事业总部特别强调了泡沫的选择，膨润土的配置，现场把膨润土的比例做出来，防止“喷涌”，减少刀具的磨损，防止渣土附着在刀盘上形成“泥饼”。

在渣样分析方面，要求每一环进行 2 次渣样分析，根据渣土中的黏土量、砂量和石屑量来判断前方的地质情况，及时对渣土的改良剂进行调整，一直保持预计的渣土改良状态。

还有一些更具体的细节，都是为了保持土压的“动态平衡”。

其一，掌握好掘进参数。掘进参数对土压盾构非常关键，需根据渣样分析、监控数据，由现场的技术负责人统一判断以后再给盾构操作手下达指令，而不是由操作手一个人来决定参数。

其二，控制好出土量。出土量一定要与掘进过程中预计的出土量匹配。如果不匹配，就会影响地面，对房屋的安全也会有影响。而怎样在细节处更好地把握“动态平衡”，竺维彬特别提到了“双控”的方法，一个是通过斗车来检测出土量是否与理论吻合；一个则通过起重机司机做称重记录，进一步复核出土量。通过这两项数据反推，给土压的动态平衡上了另一道“安全锁”。

其三，严格把控注浆量。对每一环掘进在不同地层下的注浆量有严格要求，保证盾构掘进过程中管片拼装完后，及时填充管片后面的空隙，保证地层和地面都在原来的结构状态下，少被扰动，以确保安全。

为了更好地判断地层的扰动情况，竺维彬在水西村又开始了老习惯：找蚂蚁。某次，现场刀盘前方正好有一棵老荔枝树，时任部门经理彭洪秋就多次看到竺维彬蹲在地上，面对树根思考，只留给众人一个背影。他走近发现，竺维彬在观察进进出出的蚂蚁群。

“你看，这些蚂蚁被惊扰了，才会在蚂蚁窝附近来回逃窜。”这是他观察的细节之一，独到的角度让彭洪秋折服。

作为部门经理的彭洪秋，其实也是一位地铁建设的老战士了，但他在盾构过水西村的那些日子，每天都在痛苦中煎熬，他总是想把工作做得细一点，再细一点，把措施想得周全一点，再周全一点。而丁建隆的多次到来和竺维彬 20 多次到水西村与他并肩作战，又让他感到温暖和充满力量。

盾构过水西村时备受煎熬的部门经理彭洪秋

2016 年 4 月 27 日上午，在盾构正式下穿施工前，建设事业总部领导们再次深入水西村进行了解和检查。

5 月 1 日上午，建设事业总部领导们到二十一号线对水西村一线员工送上了节日的慰问，对通过两栋“碰头”楼过程中在洞内地面采取的措施表示认可。

5 月 12 日，建设事业总部领导们深入到竖井底察看矿山法空推段掌子面的稳定性，实地检查右线盾构即将出洞的准备工作。

5 月 18 日，建设事业总部领导们再次到二十一号线施工 11 标检查指导盾构开仓换刀工作。

…………

60 天的现场指导，盾构顺利穿越了水西村。

领导们深入到竖井底察看矿山法空推段掌子面状况

右线盾构顺利出洞

60 天，没有开裂，没有倾斜，没有因施工致损的楼房，85 栋房屋的沉降控制得非常好，最大的沉降量仅仅 8mm，不影响使用。

居民的生活没有受到影响，没有发生一例信访事件。

在盾构出洞后，施工人员检查了机器，刀具的磨损处于正常范围，一切都达到了预期的理想状态。这也意味着，这一次的施工是近乎完美的。无论是盾构掘进参数的设定，还是一系列大大小小的措施，都落实到位，发挥出色。

这是一次“非常”的案例。“非常”在难度：穿越水西村非常困难，面临了极端的工况，富水砂层与强度超过 100MPa 花岗岩的强弱联手，又加上连片脆弱的房屋群，一旦行差踏错就可能是接踵连环的悲剧；又“非常”在成功：在这样的条件下，广州地铁践行了“一丝不苟”这四个字，把“惊险”变成了“惊喜”。

惊喜的背后，是以“地质为本”的坚持，是“勤检查、勤换刀”行为原则的落实，是对“动态平衡”的牢固把控。

也是许多人耗时耗力耗心的付出！

地下·地上·地铁

UNDERGROUND
ON THE GROUND
METRO

中篇

地上，征地拆迁诸如征借地、管线迁改、绿化迁移、交通疏解等，是关系地铁线路能否按期开通的最关键环节，地铁建设前期需协调，建设过程中亦要大量沟通协调……才能突破“天下第一难事”。

地上，地铁施工所遭遇的困局，从来不止技术的困扰与自然的刁难。地铁建设要“抗”各种风险，建设者要顶住各方的压力，以大局为重，忍辱负重，艰苦奋斗，发挥团队精神、奉献精神……才能将平面设计浇铸出地下的“三维立体空间”。

UNDERGROUND

ON THE GROUND

METRO

16

有苦难言，突如其来的免职风波

三联拱的广州地铁五号线区庄站，由于拆迁问题长期僵持，迫使地铁公司不得不数十次更改设计方案，更改次数之多工程界罕见，最后只能采用“螺蛳壳里做道场”明暗挖结合的方法。

工程风险大的地段反而采用矿山法，将施工风险留给了自己，还要面临被免职的风波……

在见识了广州地铁建设诸多案例之后，现在要说出“在广州这种典型的复合地层中施工是如履薄冰”这样的话，相信没有人会反对。

从前面的叙述中，相信读者已经知道了在广州这种极为特殊地层中施工常见的风险特征，造成这种风险的原因，以及应该采取什么样的措施去对付它。

如果工程建设完全可以按既定的规划和初步设计方案去实施，那么，以往积累的一大堆经验应该可以应对大部分工程的实施。

但事情有这么简单吗？即使招标方案、施工图出来以后，还是会因为征拆借地和周边环境的影响而难以为继！

在地下，自广州地铁一号线动工至今，地铁建设者们可以凭智慧和经验攻克客观地质条件差带来的难题，完成地层深处的超然跨越。在地上，地铁人是不是也能够跨过一道道梗阻，化解种种不可控的因素？

“有可能一世英名就要毁在这条线上。”竺维彬说。

这句话说的是广州地铁五号线，用到区庄站，名副其实。就是在这个区庄站，竺维彬差点被免职，险些被迫离开他热爱了半辈子的事业。

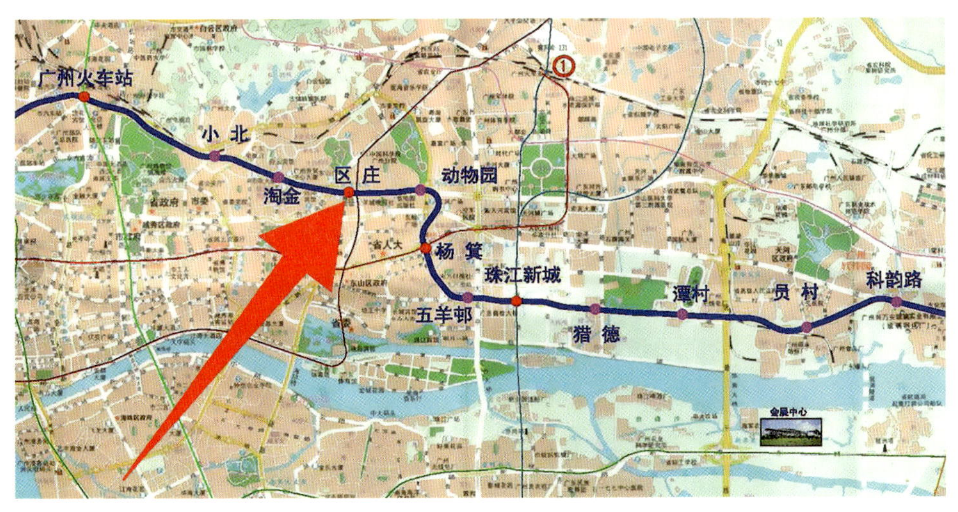

广州地铁五号线区庄站地理位置图

出事那天，是2006年4月30日。

“广州地铁五号线，是当时最难的一条线。”不止竺维彬，无数建设者在回首那段往事时，都心有余悸、不约而同地发出相似的心声。

广州地铁五号线的难，不仅仅是地质差、施工难。

时任建设事业总部副总经理谭文对种种际遇记忆犹新。作为全程投身现场的女性，她有着太多的无奈与遗憾。

“地铁施工太需要周边的支持了。”谭文恳切地说。

有时，地铁的设计者与施工方都明白，如果用这样的办法或者那样的技术，就可以规避许多已知的风险。但是很多时候，有太多的阻拦与压力，造成“边征拆、边设计变更、边施工”的新“三边”局面，最终迫不得已去选择一个功能降低、施工难度更大的方案。

区庄站就是这样的例子，因为这个原因，前前后后坎坷不断。

五号线的前期征地拆迁量惊人，难度也令人瞠目。有些工点的拆迁问题长期僵持，迫使广州地铁不得不数十次更改设计方案。

建成开通后的区庄站

多达 50 份的方案优化施工案卷

这是无奈之举，广州地铁只能将施工风险留给了自己。

地铁车站施工，以明挖法较为简单可行，但明挖法的缺点也明显：在寸土寸金的广州，需占用较大的施工场地。

矿山法暗挖断面图

到了五号线的区庄站，拆迁难的无情现实否决了全部采用明挖法的可能。

五号线动物园站、区庄站、小北站、火车站等都是暗挖车站，而区庄站作为换乘站，施工难度最大。**区庄站是上覆古河道砂层的一座三联拱地下车站，**站厅断面跨度长达 24.2m、高 17m，是目前亚洲最大的暗挖站厅。

区庄站最底层是地铁六号线，五号线的施工在六号线之上，但上面还有一层过街通道，也即算上地面，一共有四层。夹在中间的五号线，似“夹心饼干”，同时要顾及上下。

区庄站工地旁边的两栋楼房实在拆迁不了，而区庄站所处的农林下路交通来往繁忙，交通部门不可能阻断交通要道，封路腾地给地铁施工。其中，北站厅深基坑紧邻房屋，最近处不足 2m 宽，仅够放下一台钻机。于是，再三权衡之下，决定区庄站北站厅采用明挖深基坑施工，南站厅和大部分站台、站厅只能采用全暗挖矿山法施工。

区庄站北站厅旁边的两栋楼房至今还未迁完

按照常规思维，这么大规模和复杂的地质条件、环境条件，一般采用明挖法施工。

要在“**螺蛳壳大小**”的施工场地内，仅靠地面的施工竖井，**洞中掏洞**，挖出建筑面积达 25000 多平方米的巨大站厅，可想而知过程的艰难。正因为如此，即使建设者拼尽全力，流尽汗水，但区庄站还是因为客观拆迁原因，建筑面积一缩再缩，牵连车站局部功能受到影响。

比如风亭，每座车站都需要有风亭作为换气设施，这是地下车站的运营基础设备之一。要建区庄站的风亭，就必须要拆附近 6 栋楼房，其中就有一栋宿舍楼。业主的态度很坚决：不拆。其他楼的拆迁工作已经完成，唯独被这栋 9 层宿舍楼卡住了。虽然有政府的支持，但拆迁工作还是没法进行。

无法按照原方案施工的区庄站，压力巨大，就连一个小小的风亭，都征不到地。负责此段施工的中铁三局项目经理王炳华，切切实实感觉到被“扒了一层皮”的惨痛。然而在以后的职业生涯中，还有诸多“扒皮”经历等着王炳华，或者说等着王炳华他们，前面提到的广佛线盾构“抬头”事件也是中铁三局这一团队应对处理的。

2006 年 4 月 23 日，五号线淘金站—区庄站区间哑炮出事，这件事被媒体广泛报道后，广州地铁处于风口浪尖上，加上那段时间还有一些其他事件的影响，上下压力均非常大。

而五号线区庄站，由于拆迁困难导致施工无法正常实施，方案改了又改，延误了大量时间，现在，眼看总工期得不到保证，投资又加大，上级领导认为必须对五号线的建设情况进行专项检查。

于是，4 月 30 日，上级部门带队到区庄站检查建设情况。

从竖井基坑进洞共走行 62m，当进去接近 50m 时，检查人员发现存在梯子欠规范、现场道路不平整、临边防护眼太大等问题。

返到地面，检查人员细数了项目部存在的问题，1、2、3、4、5、6……足足有 10 个问题。

“你们地铁施工是怎么管理的！？”

广州地铁也是有苦难言，没有工作面，车站的功能一再压缩，在有限的一点点施工场地进行作业，各种工序千头万绪，施工风险完全留给自己，能把工程如期完工已实属不易。

占据人行道布置的出入口

现场的精细化管理是重要，大家也想尽量完美一点，但场地就那么大，工作量又如此之大。

时任地铁公司总经理卢光霖对地铁工地的情况是相当熟悉的，他知道施工单位的难处，他也知道一线工人的难处，于是解释工地肯定会有一些小问题，而且是在施工场地这么狭小的空间。

但因施工管理不规范等问题，地铁公司管生产的副总仍需面临承担责任的可能，甚至免职！

而管生产的地铁公司副总，正是竺维彬。

第二天中午，吃完饭就开党委会，卢光霖在会上明确表达：“向市委报告，我是安全第一责任人，谁要撤竺维彬，先撤我的职。”

大家都心知肚明，竺维彬到底为广州地铁付出了什么！

在卢光霖和相关人员的极力争取下，终于保住了这位矢志不渝投身于广州地铁建设的“战士”。

如果不是卢光霖的爱才，竺维彬或许已经离开了他热爱的地铁行业！

免不免职，竺维彬倒是内心坦然。他这个农民的儿子，一生与泥土打交道，上百次进入最危险的土仓和开挖面，用所学的地质知识，与地层深处的工作面零距离接触，十余年如一日，全身心全天候投入地铁建设，勇于面对风险，分析原因，提出解决办法，攻克无数难题，自认为问心无愧。

免职风波很快过去，竺维彬最终没有被免职，在原位上继续为地铁建设奉献力量！

17

高架桥下，凌晨签订的协议

在广州地铁四号线的黄阁站，一场艰难的谈判在午夜终结。

凌晨 3：28 拆迁协议正式签订……

前期工作，是关系到地铁线路能否按期开通的最关键环节，也是地铁建设过程中最基础的工作。可以这样说，成败在前期，投资控制和真正的效益体现在前期。

由此也决定了前期工作看似简单，工程技术含量不高，诸如征借地、管线迁改、绿化迁移、交通疏解等，而实质上做的是“深入人心”的工作，因此工作重要而压力山大。

“前期工作即准备工作”。一句话，轻飘飘，它所承载的内容，却分量十足，足以压得人喘不过气。广州地铁四号线前期工作的一次经历，就像是对这句话最深刻的注释。

广州地铁四号线由于是高架线，遇到的最大难点就是拆迁。四号线起于天河区广东奥林匹克中心黄村站，最终抵达南沙客运港站。四号线不仅是落实“南拓”战略的重要举措，更是服务广州新的增长点的重要布局。同时，四号线将位于黄村的亚运主场馆广东奥林匹克体育中心和位于海傍的广州亚运城连接起来，成为亚运专线，为亚运会提供快速的交通通道。

广州地铁四号线黄阁汽车城站—黄阁站区间位置图

但是，正是因为四号线是高架线，很多高架桥桩的位置没法落地，但四号线 2006 年底一定要开通。而到了 2006 年 6 月，离截止日期不到半年，四号线的局部地段土建尚未开工，建设者们感到前途茫然，计划可能落空。

为什么会这样呢？

问题就出在征地上。其中，黄阁汽车城站—黄阁站区间尤为严重。

时间越来越紧，地铁公司上下急得上火，时任总工陈韶章，建设事业总部竺维彬、钟虬柱、蒙晓莲带着工作人员，集中力量，任劳任怨，动之以情，晓之以理，持续与各方沟通，不断与区政府协商，挨家挨户与村民谈判。工作逐步推进，许多村民最后都表示了对征拆的理解和支持。

但毕竟还有少数人，想获取高额拆迁费用，一直拖延、阻挠征借地工作的推进。直到2006年8月，还剩下最后3根桩的场地无法征借。这3根桩的位置，正是黄阁区段一工厂门前的一片空地。高架桥的3根桥桩，将在这片公共用地上落地生根、拔地而起。

地铁高架桥的桩就在该工厂门口。经常往返于澳门和南沙的工厂老板，可能担心桥桩会影响他工厂的形象，或者是其他原因，反正，就是不让征借地，并摆出了抵抗到底的姿态。

在这块空地上，一大群工厂方的人日夜守在这里，有时候静坐，有时候来回巡逻。

有一次，竺维彬带着钟虬柱到黄阁站现场办公，这家工厂突然有一个人拿着刀就开始发疯似地追撵钟虬柱，钟虬柱差点就因躲闪不及被他砍到，场面一度陷入混乱。

这一幕，让人想想都后怕。竺维彬挺身而出，与地铁公安分局的陈局长一起，保护钟虬柱脱离现场，制止了悲剧的发生。

所有人都认识到，此事已经到了不可不决的边缘了。此段外的两端桩墩基础工程已完成，地铁线路的总策划也不可能变更，没有回旋余地。

但几次三番的尝试都宣告失败，因为对方也拿出了决绝的态度。所有人都知道，地铁建设用地合法合规，合情合理，但是遭到百般阻挠的原因只有一个，那就是赔偿价位，达不到工厂老板心里远远超过政府规定标准的价位。

赔偿妥不了，协议就签不了。

2006年8月16日上午，经过艰苦的谈判，南沙区副区长和拆迁办主任与工厂老板的谈判还是失败了。

这件事，广州市公安局南沙分局的领导也一直在密切关注，此前地铁公安也早就将此事与他们做了沟通。就在16日，又一次谈判失败之后，区政府、地铁公司与公安局南沙分局达成了共识，8月17日，地铁公司将强行进场，如果遇到困难，公安局将助力谈判和后续处理。

16日的夜晚与17日的清晨，都显得格外漫长。每个人都祈求不要出事，但现实哪有那么如意。

一大早，竺维彬就接到了南沙区副区长的电话，地铁施工受到阻挠。

当时正在参加其他会议的竺维彬叹了一口气。“见招拆招吧！”竺维彬自我鼓励道。

17：30，他驱车飞驰南沙，陈韶章与时任建设事业总部书记路水记也早已到了现场。在黄阁工地，工厂老板的态度还是一如往昔，强硬、毫不让步。

但是地铁公司，也不可能让步。工期，就是他们的底线。

从18：30到21：40这3个多小时，陈韶章、竺维彬和路水记安排了相关工作，临聘了大量保安人员，准备晚上施工，并至地铁保安到位后他们才启程回家。

南沙距离广州城区较远，1个小时后，竺维彬才在22：40回到家，但还没来得及喘口气，地铁公安分局陈局长的电话又来了：刚进场施工，就又受到工厂相关人员的激烈阻挠，事态有扩大趋势。

一听到这个消息，竺维彬便知道事态严峻，妥善处理是当务之急，他立即从家出发再次赶往南沙。路上，尽管大家都很累了，但竺维彬想了想，还是给路水记和其他相关人员打了电话，人多力量大。他暗下决心，这次再去南沙工地，虽然任务艰巨，但也一定要把这件事解决掉。

8月18日凌晨00：30，在公安局南沙分局局长的协调下，地铁一行人与工厂老板在局长办公室坐下来开始协商，地铁公司拿出了自己十足的诚意，然而此刻，对方依然摆出油盐不进的态度。眼看这次会议又变成一次无意义的空耗，公安局的同志友善地提示老板，作为中华人民共和国公民，有义务配合政府的工作，因恶意阻碍大型工程施工需承担相应的法律责任。此时，工厂老板感觉到了事态的严重性，这才收起了脾气。

就这样，自这场旷日持久的闹剧发生以来真正意义上的谈判，才拉开序幕。

从凌晨1：30到凌晨3点多，双方就具体的协议文字、价格进行协商，凌晨3：28，协商终于达成，竺维彬在协议上签上了自己的名字。

地，终于征借到，地铁施工终于可以施展开来。此时，竺维彬等一众人才感到饥肠辘辘，那是如释重负后的释然。最后公安局南沙分局领导敲开路边的一家小店，请店主煮了一锅鸡粥，宴请地铁员工，十余人每人一碗，顿感美味无比，大家又浑身充满了力量和希望。

回到家来，已经是凌晨5点多了，再过两个多小时，新一天新的一轮工作又将开始，但竺维彬还是没休息，他要把他坚持了20多年习惯性的工作做完，写下他当天的工作日记，随之，天也开始渐亮了。

这一天，竺维彬在他的日记本上郑重写下：2006年8月18日凌晨3：28，广州地铁四号线南沙区黄阁区段最后3个桩位场地的拆迁协议，签订。

这可能是广州城建史上唯一在凌晨签订的拆迁协议，也可能是我国借用公共用地唯一在凌晨签订的拆迁协议。在这客观冷静的事实记述背后，是无数人不可估量的心血。

地铁的建设与拆迁工作密不可分，甚至可以说建设事业总部一半的日常工作都与它有关。有时是为了保证群众安全的临迁，有时是原因各异的征拆。但目的都是相同的：更好更快建设广州地铁，让它早日为广州的全面发展发挥重要的作用。

四号线就是这样，作为亚运会线路之一，建设者们既要对抗残酷的自然地质，又要在各方利益之间斡旋。

双重夹击之下，其中辛酸苦烦之处，数不胜数。

但是竺维彬知道，这就是他们的使命，是他们分内之事。因此，在面对诸多困难，竺维彬始终强调从大局出发，要对得起这份责任，对得起这份工作。在他身先士卒的带动下，建设事业总部一直充满着积极向上、团结和谐的工作氛围。在这里，同心同德、齐心合力把工作做好，才是最重要的事情。

正因如此，从广州地铁建设火炉中锻炼出来的数十名干部，作为主力军和骨干调往不同的城市，去到不同单位、不同岗位后，像生生不息的火苗，将这种勇于面对挑战、乐于无私奉献和坚韧不拔的精神，继续发扬光大。

18

箭在弦上，危机四伏

征借地难，施工过程“和谐建设”也难。

广州地铁八号线沙园站因冷却塔选址带来的“噪声”问题，引发了一场风波极大的“沙园事件”……

从前期准备到最后地铁线路开通，不仅征借地需坚韧不拔地进行协调，建设过程中还需大量耐心细致的沟通。建设事业总部各级干部花在协调上的精力远超过工程管理，这些工作无声无息，易被忽视。

为了迎接2010年10月亚运会的召开，9月下旬，广州地铁将有多条线路开通。与所有尚未完全竣工贯通的站点一样，广佛线与八号线之交的沙园站，自5月就开始了全力冲刺。正热火朝天地调试着机电通风设备运转的施工人员，不知头顶上已经凝聚了一场呼之欲来的风暴。

沙园站位置图

地处亚热带的广州，通风空调系统是保障地铁乘客人身安全和舒适度的重要系统之一。其中，冷却塔是空调系统的重要组成部分。冷却塔运营时，会产生低频噪声，故地铁规范规定了其选址的位置应与居民区保持一定距离。但即使满足规范距离的要求，周边的居民仍担心冷却塔会影响其健康以及造成他们财产的损失。“沙园事件”就是典型的“邻避事件”，这里正是计划安装冷却塔的位置。

沙园站安装的冷却塔，不只供沙园站使用，还关系前后多个站点，包括宝岗大道站、凤凰新村站、昌岗站、同福西站。之所以选址在沙园站，是业主、设计人员经过认真摸查后确定的，只有这里满足规范要求。当然，多站合一，将要在这里发挥功能的设备组，本身制冷功率将会达到一定的量级。

与地铁站相差不过数百米内，有许多入住率很高的小区。当崭新的地铁站口和冷却塔同时出现时，周围的居民既高兴家门口有了地铁站和派出所，同时又不希望冷却塔设置在邻近的派出所楼上。

8 组共 16 台空调风机调试按计划要持续运转，调试的声音尽管不大，分贝不高，但在原马路大噪声背景下叠加出一种震动的声音，令居民感觉异常，又因其迟迟不肯停歇，敏感者甚至觉得楼宇也跟着轻微共振起来。

8 组共 16 台空调风机调试按计划要持续运转

附近居民从最开始的惊讶、厌烦，随着空调风机几天几夜的不停歇，变成了惊惧和愤怒。当时，互联网论坛的交流已成为日常，许多本地论坛或个人社交媒体也在快速生长。

533 户居民线上或线下都在聚集、讨论冷却塔带来的困扰，情绪在无节制地碰撞，像雪球一样越滚越大。比如噪声、军团菌，这些或真实或虚假、或夸大或缩小的信息，就这样在网络和街坊间发酵。这些居民开始细数过去建设造成的诸多不便与自己的忍辱负重，一些人也开始相信这是一场公然违法、枉顾安危的“罪恶行径”，他们把许多不通畅的沟通当做是建设方蔑视自己的证据。

与此同时，沙园站夜以继日进行调试的工程师们并不知道这些，他们只想在 9 月下旬这个定死的日期前完成工作任务。因此，负责设备机电的工程师，还在持续不断地调试设备。

地铁不能没有空调通风，沙园站的制冷设备搞不定，前后 5 个站点就统统用不了。因为这个原因，工程师们疏忽了施工时间段的要求，并且在 24h 的连轴转中，一直满负荷进行压力测试。在喧嚷的白天尚且还好，到了宁静的夜晚，就变得尤为突出。

老子说，长短相形。万物的好坏都是对比得出的。如果四下寂静，就算只是微弱电流，也会发出滋啦滋啦的噪声，更不必说十多台巨型设备了。

对于地铁建设方来说，竣工的压力并没有因为突发事件而消失。在看似好转的节点，许多人认为应该抓住时机赶紧完成手上的任务。

把功率调小一点，在工作日的白天悄无声息地做完这一切。

地铁建设方当时是这样想的。

就在 8 月 11 日下午，负责机电的建设事业总部副总谭晓梅与 3 位同事到现场，开始停滞许久的机电调试工作。

然而这些动作，都被居民们看在眼里。

居民们数天以来轮班值日以防范地铁方的复工，紧盯一切“可疑”人员，这样的行动，在工作日也从未松懈。

谭晓梅等 4 人刚到现场不久，便呼啦啦涌来一众人将他们团团围住。居民们非常愤怒，他们就是不准地铁在这里建冷却设备，就是不准这里有噪声。

谭晓梅和同事们的解释，就像是另一个次元的声音，没有人理会他们的意图。反倒在这个过程中，围住他们的人认定，年龄较大的谭晓梅一定是带头领导，不许她离开半步。

如果没有解决的办法，这么多人在一起干耗，谁也不知道情绪的泄洪口什么时候会出现。

谭晓梅不敢去想，建设者们只能祈祷事情不要向着糟糕的方向发展。

时间在一点一滴过去，转机不仅没有出现，情势还变得愈发严峻起来。到了下班时间，越来越多回家的人参与进来。

当天下午，地铁公司正在召开党政联席会议，一听到谭晓梅一行被围，援手、斡旋协调和上报工作也即刻展开。

多位地铁公司负责人来到现场，时任建设事业总部总经理竺维彬离会也赶来了。他对围堵的人群说：“谭晓梅是搞数据的，她什么都不知道，让她回去吧！”

另一边，时任地铁公司总经理丁建隆立即向市委市政府汇报了情况。当天 19：50 ～ 22：00，时任市纪委书记苏志佳主持协调会，丁建隆、竺维彬汇报了情况。23：00，被围许久的人员最终安全撤离。

惊魂未定的谭晓梅回到家时，已不知是凌晨几点。出于对同志的保护，地铁公司决定换另一拨人去负责此事，谭晓梅后续没再参与“沙园事件”的处理。

8 月中旬，由区委区政府维稳协调升级为市政府主持协调。冷却塔等相关设备调试暂时中止，政府开始发放问卷，召开听证会和多方会谈。

这些沟通工作的阶段性成果诞生于 8 月 25 日，一份关于解决冷却塔问题的政府纪要出台，明确表示将在一年内实现冷却塔迁移。

报告的公示，预示着紧张的情绪在多方努力下缓和了不少，解决问题的曙光就在眼前。

9 月 1 日，海珠区对外通报了沙园站冷却塔的建设情况，并许诺一定会优化方案进一步降噪减震、调整冷却塔与出风口位置，并会抓紧时间落地。过程中，也会充分与当地居民沟通，听取各方的意见。

由于地铁不能没有制冷设备，故沙园站等 4 个站点无法按照计划顺利开通，而昌岗站因为借用了隔壁大楼的制冷系统才勉强开始运营。

2011年7月，时隔一年之后，沙园站冷却设备的选址挪机工作再次启动。原暂停工作的冷却塔机组，最后迁居于一大厦商业裙楼3层近工业大道一侧的天台上，与各小区的距离超过规范规定值的一倍，达到七八十米。与此同时，光大花园东侧的冷却塔也已完全拆除。迁移后的冷却设备还新增了减震垫和机座等，并放置于专门设计的隔音凹槽内，从物理上进行了遮蔽，唯一的出风口还设置了消声用百叶。在多番测试中，证明了静音的可靠性。环保部门也出具了环评报告，确认其对各小区造成的影响远低于《声环境质量标准》的要求。

这场危机最终被顺利化解。受到影响波及的站点，也先后陆续开放。

日后想起来，谭晓梅对这件事依然心有余悸。但同时，她对居民的行为又表示了理解。

沙园站冷却塔改造施工现场

沙园站开通前谭晓梅（左四）依然奔走在最前线

能有遮风避雨的一席之地，是所有国人最朴素的家庭梦想，没有人想花大半生的积蓄，换来一套生活在噪声里的家。但在不充分的信息交流与错误的沟通方式中，一场谁都不愿意发生的事情就这样被多种因素促成了。

对居民来说，自己的住房突然出现了噪声，而周围却没有人明确告诉他们未来会怎么样，负面而热烈的情绪很容易被点燃。

对政府来说，这也是一次应对网络与线下双双发酵的舆情考试。

对地铁方来说，一心想要快速完成工程任务，而忽略了对周边环境更谨慎的调研及其对居民的影响。它就像悬于脖颈上的“利剑”，让后来者再也不敢等闲待之。

正视教训，却不能畏惧危机。广州地铁就是在建设者们一次次这样的摸爬滚打中建成的。

19

不屈不挠，忍辱负重为众

地铁建设最难的征借地谈判，是遇到一些掌权者，其“大力支持”的口号下，会横生出许多障碍。

广州地铁七号线官堂站的借地风波，“忍辱负重”几个字，写起来容易，个中辛苦亲历者才知……

与“天、地”斗，要靠勇气、激情、本事；与“人”斗，要看格局。

为自己、为小团体，那叫偷生；为人民，为大局，那叫品格和修养，永被人民崇仰。

征借地就是与“人”斗的工作。地铁公司一直坚持“以人为本”，与人为善，文明拆迁。20多年的建设历史证明，绝大多数老百姓是支持地铁建设的，因为地铁是为百姓服务的。但也有少数人，不是盛气凌人，就是虚情假意。

为了建成地铁这个大局，地铁建设者不得不忍辱负重。

就在广州地铁六号线首期建成的同一年，广州地铁七号线的建设也在同步展开。七号线位于番禺区，将城市的南拓和东进轴串接，起到与二号线、三号线、四号线、五号线等客流互通的作用。

但七号线的官堂站（现更名为员岗站），因为要借广东省妇幼保健院（简称“省妇幼”）番禺院区的地，被卡了“脖子”。

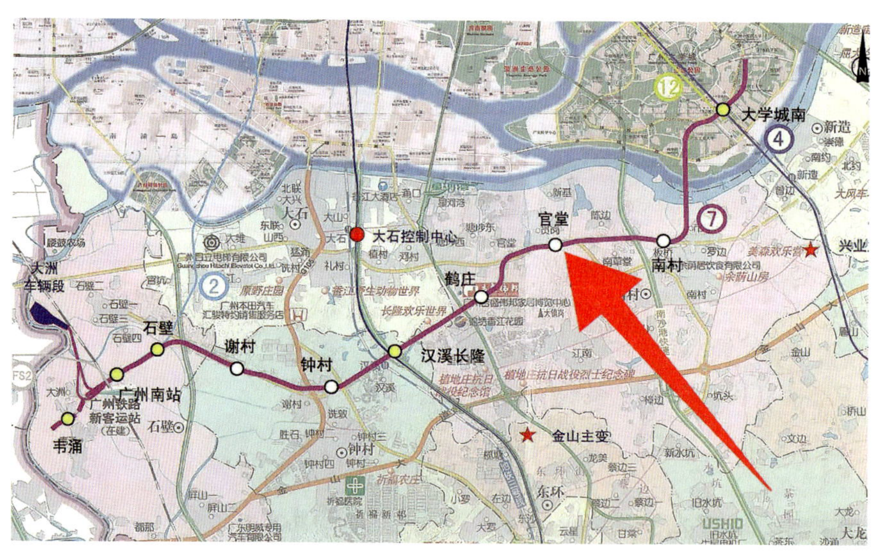

广州地铁七号线官堂站位置图

官堂站，各种管线要迁改、交通要疏解、绿化要迁移自不必说，这是地铁施工都要遇到的，条条线路都是，个个区间都有，个中辛苦各人自知。

官堂站的盾构要始发，车站要做，就必须借地，把管线迁开，还要兼顾周边的通行。由于车站设在兴南大道边上，而管线也全在兴南大道上，两边都是村居，有高空的电力线、有排污的管道，地下的煤气管等也都挤在那里。

恰好，南大干线正在规划，规划的红线较宽，尽管最初车站的位置就放在规划红线内，但车站的施工场地怎么调都要占省妇幼少许公用地。

而省妇幼南侧的绿化地所在位置，正是官堂站的 6 号出入口。此口主要为方便省妇幼人员出入而设，当时现状刚好是一块空地。地铁设计方认为：此块地可先用作盾构施工，之后开挖做出入口，最经济也最有利于推进地铁建设。前提条件是，这块地的使用单位省妇幼要同意。

省妇幼番禺院区也是刚建好不久，已经面对市民开业。对于省妇幼，地铁施工不涉及拆迁，只是借地。

自 2013 年初开始，地铁公司该段段长汤勇茂、主管该线的部门经理朱育宏就不断地和省妇幼基建科谈、和副院长谈，地铁公司分管建设的副总经理竺维彬也去协调了几次，省妇幼提出一些诉求，比如借地围蔽的标准和采取的一些隔音措施（如设置隔音墙）等，地铁方本着“以人为本”的精神与省妇幼基本达成一致意见。

最后，省妇幼副院长说，细节方面都已敲定，只待院长拍板。拍板前，院长希望和地铁高层有一个会面。

2013 年 4 月 19 日中午，接到番禺区政府通知，省妇幼时任院长计划下午约见番禺区分管征地拆迁的戴副区长和地铁公司领导。

作为地铁公司派出的主管建设的副总经理，竺维彬和时任建设事业总部总经理张志良等一同前往。由于之前已谈了很长时间，并且意见已经相对统一，地铁方一直认为，这次会面，就能把借地的事情敲定下来。

于是，竺维彬在 15：50 开完市安监局会议后，就和张志良、朱育宏、汤勇茂以及中铁十三局（现中铁建大桥工程局）项目经理王成赶到了省妇幼番禺院区。

当天 16 点多，竺维彬等人和番禺区政府一行人先后赶到了医院，在医院的敞开式会议室等候该院长。

等到 17 点，院长来到会议室。见到院长后，竺维彬首先递上自己的名片，以示尊重，院长没接，当然也没看，竺维彬只好把名片放在他的桌前，大家心里一下打了鼓，看来情况有变。

果然，院长一开口，便是火药味十足。

“你们地铁的总经理怎么没来？”一见面，院长就来气了。他的话中之意是：他是省里的院长，厅级干部，要有对应级别的人来谈。

“今天上午看了姚主任和于主任的草稿，我根本不想和你们地铁谈，是看在区里的面上，见你们地铁一下。”

“海珠广场站当初说是借用 3 年，实际上是借了 7 年，你们地铁还有没有诚信？当年，我在华南影都医院旧址工作的时候，你们就施工不断，现在，你们又跟到这里来了。”

“番禺区和你们地铁的人承诺按时归还借地的文件，连单位名都没落，区政府和你们地铁都没有诚信。”

“我们妇幼保健院，一个是妇女，一个是儿童，两个都是最重要的，都是要重点保护的，你们一施工，我们又没好日子过了。”

…………

面对一番来势汹汹的指责，竺维彬他们明白了，院长的意思就是：地铁施工对他们医院的扰动很大。之前，他在华南影都医院旧址工作的时候，对地铁施工就有意见，觉得地铁方说话不算数。现在，你又来扰动我省妇幼。要借地，我不同意。

现场的气氛尴尬，竺维彬他们都还没开始说话，就来了这么一顿噼里啪啦的指责，刚开始想解释，他又开始说了。

“不行，我给市委书记打电话。”院长越来越生气，又突然看到张志良在看着他，听他说话，然后甩出一句：“你有意见啊？拿眼睛一直看着我！”

前面这么长时间做的工作都白费！

竺维彬等人和番禺区政府一行人一直没机会说话，之后，可能院长也骂累了，竺维彬和戴副区长才有机会做解释。

当然，竺维彬和院长是第一次见面，尽管对方出言不逊，但本着解决问题的原则，竺维彬先是感谢院长接见和省妇幼对地铁建设的支持，接着话锋一转，开始了解释：

交草稿给院长，是尊重院长的意见。

海珠广场没有兑现3年承诺，是因为区政府分多批次交地，使得工地施工不能全面展开。

地铁征拆按国家法令，由区政府主导拆迁，已不允许企业参与，也不允许地铁作为企业签协议。

…………

一条一条，捋得清清楚楚，戴副区长和张志良也跟院长强调为什么要借省妇幼的这块地，包括开通后的好处。虽然施工过程中震动是会有的，但震动过后有了一个出入口，群众看病就顺畅多了。

但院长此时已经听不进了。

院长心中的怨恨“弹药”又一阵机关枪似的噼里啪啦发射，终于在18：30耗尽了。最后表示，想借地，门都没有，之后便甩门而去。

大家默默离开了医院，在楼下，有人嘀咕：“真是太难了！”。大家的身心都已疲乏不堪。

偌大的广场上，两棵刚从别处迁移过来还打着“点滴”的菩提树在凉风中耷拉着头，没有起死回生的迹象，此情此景，令大家一时悲从中来。

怎么办呢？本来借地成功的日子快到了，地铁方此时才发现，那缕曙光仿佛是一盏将要熄灭的路灯发出的。

但工程还是要干呀！5月20日，丁建隆总经理和竺维彬一起，亲自来到省妇幼，再次展开洽谈。这次，院长没有出现，与他们商谈的是曾达成借地共识的副院长。经过再次的艰难谈判，最后达成借地要求：借地面积从 4800m² 缩减到 2800m²，最重要的是，地铁只能借两年，两年后无论是否完工，都必须无条件奉还。

地铁方义务帮助省妇幼移种花木

地铁方照单全收，至此，借地协议达成。

有时，建立"动态平衡"，不仅在地下盾构施工时是必须的，在地上的各种关系协调上也需要。

为了克服施工面积缩减带来的困难，盾构井——也就是盾构入地的口子，被迫挪移，导致承包商多做了 80 多米的地下结构才能始发，让本就紧张的工期变得更急迫。

地铁建设的苦难就是这样，建设者们面对的不仅仅是无情的地理条件，还有瞬息万变的人情冷暖。有时，不是施工技术达不到，而是没有条件去选择最好的施工方式。许多难题，也就应运而生，因果关系，生生不息。

2013 年 11 月底，经过一年多的前期工作准备，七号线官堂站正式开始施工，标志着这段七号线最难的前期工作点取得了阶段性突破。

史无前例地在靠医院一侧加装了 2m 高的隔音屏

两年后，地铁方按照约定，如期将借地还给了省妇幼，一并给到省妇幼番禺院区的，还有崭新的车站出入口。当医生或病患走出站口时，对面几米之外便是省妇幼的大门，这是飞跃性的便利，是所有广州市民的福祉。

紧邻省妇幼的官堂站及其出入口

在借地风波不久之后，省妇幼原院长因经济问题被“双规”。

2016 年 12 月 28 日，是七号线正式开通的日子。就在同一天上午，该院长被判处有期徒刑十年。

你说巧不巧？

世界有时候就是如此巧合，让人想都不敢想。

UNDERGROUND

ON THE GROUND

METRO

20

无奈的“飞站”

地铁施工所遭遇的困局，从来不止技术的困扰与自然的刁难。

2016年12月28日，广州地铁六号线二期全线开通之时只能“飞站”通过柯木塱站和植物园站，之后，两站周边的居民不能理解，背后的故事是……

2016年12月28日，在沿线居民的理解和大力支持下，广州地铁六号线二期顺利通车，但柯木塱站和植物园站除外。征拆的艰难，每一条线每一个站都会遇到。也正因如此，“飞站”开通似乎正逐渐成为广州地铁的常态。

在火炉山的脚下，是六号线二期其中一站——柯木塱站。也就是在这里，建设者们经历了一场如过“火炉山”的炙烤。

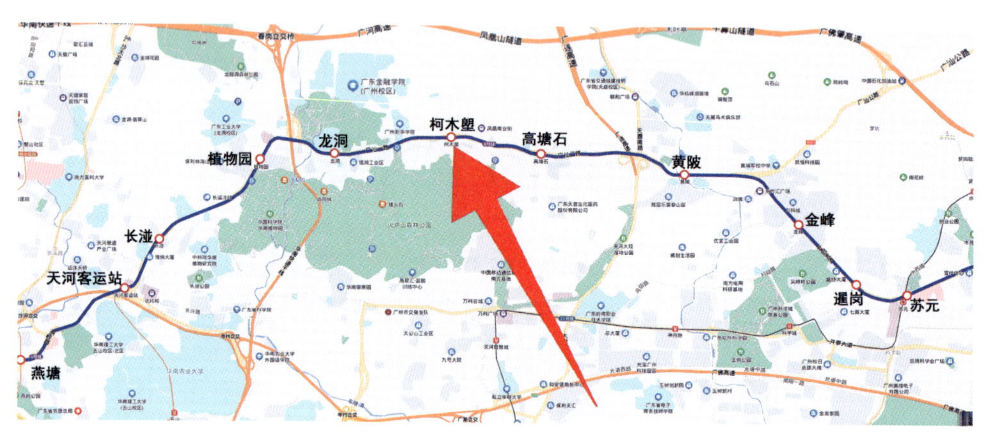

广州地铁六号线柯木塱站位置图

2013年7月29日14：50，柯木塱站项目部正在召开监理例会，3名记者在约30名村民的引导下进入会议室，对施工方人员就施工情况与周边房屋安全问题进行了突击采访。

采访过程中，个别情绪激动的村民对施工人员进行推搡。记者采访离开后，村民仍要求停止包含结构施工在内的所有施工。为避免激化矛盾，防止事态进一步恶化，由监理单位下发停工通知，停止工地所有施工。

这一停工，一直停到2013年12月1日。

该事件是继2013年7月10日村民阻挠施工事件后，再次发生的类似事件。

柯木塱站

原因很简单，一切都源于施工段的房屋损坏鉴定和赔偿事宜。

时任建设事业总部土建工程一中心土建一部副经理陈建党对这一切记忆犹新。他是看着六号线建成的，从首期工程开始陪伴了8年、奉献了8年，对这条线路有很深的感情，也有很复杂的情绪。他当时负责的主要内容，是六号线二期全线的质量安全及信访工作。

2012 年 10 月，地下二层标准形式的柯木塱站进场围蔽，2012 年 3 月对周边房屋做了鉴定，鉴定的范围为基坑开挖边界外 50m 范围。

2013 年 1 月，鉴定工作完成，开始进行基坑的连续墙施工。此次，出具了 67 份鉴定报告。报告里，有完好房、基本完好房、一般损坏房、严重损坏房及危房，也就是说，在地铁建设开工前，已经有严重损坏房和危房了。

764 号房，是离基坑最近的房，一栋 20 世纪 90 年代修建的两层建筑，2011 年，杨姓屋主又加建了 3 层，变成了 5 层，加建的 3 层使得整个房屋倾斜。屋主提出要求：拆除补偿。但这一栋建筑并不在地铁设计的拆迁范围内。

房屋拆迁不了，他“要想富、盼拆房”的愿望落空，于是开始阻挠施工。

7 月 29 日，这户杨姓屋主还叫来记者采访，说他的房屋被地铁施工损坏（由于施工前已经有鉴定报告，但他不认），要求地铁公司停工。

这就是本文开头的一幕。

柯木塱站从东端往西端开挖，东端集中开挖 30m，开挖面离这栋房屋有 99m，比较远，对其影响很小。但屋主要求停工，记者又进行了采访，地铁工程无奈停工。

这一停，就是 4 个月，最利于施工的黄金季节白白浪费了。

2013 年 9 月，地铁停工期间，在 67 份鉴定报告中，鉴定出有 15 栋危房。这 15 栋危房，区政府出于维稳考虑，给予补偿。

2013 年 12 月 1 日，在继 7 月 30 日停工 4 个月之后，村民同意复工。仿佛是为了弥补白白损失的时间，珍惜这来之不易的和平窗口期，大家都埋头苦干，六号线二期柯木塱段进展得很顺利，2014 年 5 月 21 日，柯木塱站—高塘石站盾构区间左线贯通，2014 年 7 月完成车站的主体结构施工。

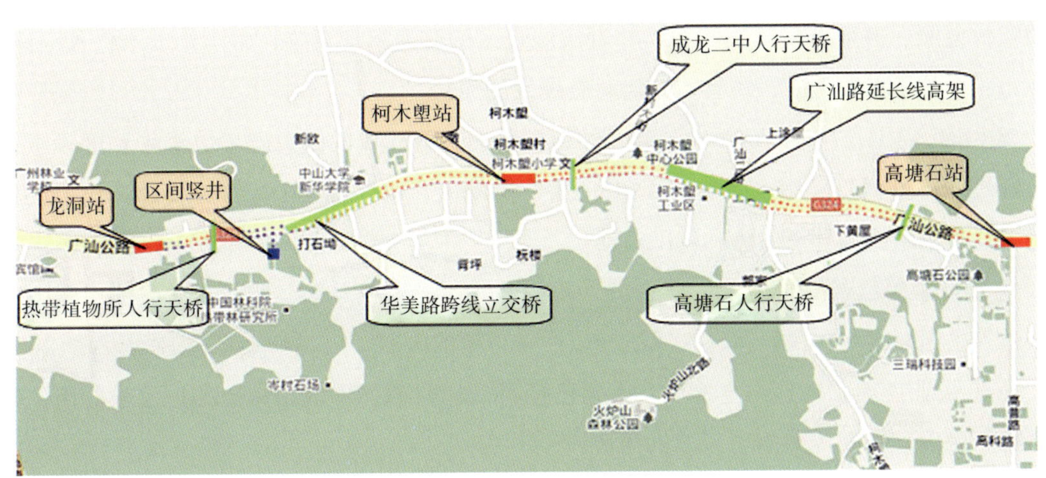

六号线二期柯木塱站—高塘石站线路图

施工完毕之后，原鉴定为一般损坏房和鉴定范围以外的房屋中，又有111户村民提出了鉴定的需求，最远的鉴定范围达到了123m，最后地铁公司按照区政府要求重新鉴定又一次赔偿了35栋。

这时，一切看上去都好。虽然局部还有一些问题，但是补偿已基本惠及大部分有理由有诉求的村民，车站施工也基本完成只待开通。

谁知，一场更剧烈的风波正悄然发酵。

这次，事件的发生地转移到了高塘石站—黄陂站的中间风井建设现场。此时，是2014年10月9日，距离柯木塱第二次补偿款发放不到一个月。聚集到施工现场的，并不仅仅是柯木塱的村民，还有邻近周边的村民。

上午9：35，20余人来到风井施工现场，为了得到回应，开始阻碍现场施工。一开始，村民只是不让工人工作，接着，他们爬上起重机，操纵搅拌机，做出种种危险的行为。但这些被操纵的、没有情感的巨大机器并没有判别能力，一个不留神也许就会酿成意外与惨剧。

管理人员在得到通知后以最快的速度赶到了现场，先劝住与村民唇枪舌剑的工人，随后便开始了与村民长久的沟通。时任建设事业总部副总经理朱育宏想尽了各种办法，拿出了最大的诚意去获取村民的理解和支持。

在各种方法都尝试过后，为解决问题，几十年不写信的朱育宏，竟写了一封情真意切的信交到村民手里。信中，表达了施工对村民造成影响的歉意，以及对村民希望保护自己的财产不受所谓“损害”的理解，同时也真挚地诉说了地铁方的难处与态度。

随信一起发出的，还有地铁柯木塱站未来的愿景与建设效果图。

不仅如此，面对单独要求说法的村民，以朱育宏为首、负责沟通的工作人员们都与之一一对谈，请村民吃饭，以期在较为放松的环境下化解对方的戒心。

而地下的掘进也没有丝毫懈怠。2014年10月31日，龙洞站—柯木塱站区间右线盾构始发，与其他12台盾构一起全力奋战在六号线规划路径之上。这段区间长约1600余米，地下水丰富，地质条件复杂，并要穿越管线密布、邻近房屋众多的交通繁忙道路，施工难度本极大。同时，压在每一个施工者头上的，还有不知何时会爆发的纠纷。

2014年12月27日，周六，街道办约地铁公司分管建设的副总经理竺维彬和建设事业总部总经理张志良到筲箕湾水库喝茶，“鸿门茶”一喝完，难题就抛出来了：街道办已经和村民约好了，要求地铁领导下午去和村民对话。

由于竺维彬已经安排了下午要去另一盾构区间讨论工程难题，所以这次只能由张志良带领一行人去面对这些村民。但这次风波较以往来得更加激烈。

下午张志良等人来到约定地点，发现已经得到赔付的柯木塱站周边的村民没有来，来的是高塘石到黄陂中间风井施工区域的居民。

本着解决问题的态度，张志良开始了解释工作，但村民的要求太多了，他们将张志良团团围住，开始宣泄各自的愤懑并有了一些推搡行为。张志良并不感到害怕，而是以和缓的态度试图安抚村民，努力解释目前地铁建设所处的阶段。也许是由于技术的理解鸿沟，也许是没有从张志良这里得到满意的答案，有一位村民抄起办公桌的瓷水缸，狠狠地砸在了张志良的脚下，一些人的情绪也变得越来越激动。

作为建设事业总部总经理，张志良自 1994 年至今，一直从事地铁建设管理工作。地铁建设阶段的每一环节他都清楚，建设过程中发生的种种场面，他都经历过。但这次非同寻常的谈判，是第一次经历。

在长时间的对峙后，这次谈判最终达成一致意见。但竺维彬对这次张志良被围事件一直满是内疚，早知如此，他一定会和张志良一起去到现场，一起面对那些村民……

就是在这样“阻扰—协调—阻挠—协调”的循环中，地铁建设见缝插针式地推进着！

不断妥协中最终建成开通的柯木塱站

柯木塱站遇到的问题虽然得到解决，但也延误了宝贵的工期，对于即将于 2016 年底开通的六号线二期来说，柯木塱站的工期显然是来不及了，地铁公司不得不对柯木塱站做“飞站”处理，只能延迟开通。

与柯木塱站一起“飞站”的，还有与之一站之隔的邻居——植物园站。

2016 年 4 月初，有一位市民到广州地铁官方微博询问，植物园站到底什么时候能开通？广州地铁在回应市民提问时表示，广州地铁六号线二期将如期在 2016 年底开通试运营，但其中的柯木塱站及植物园站由于车站多个出入口及风亭未建成等问题，届时将无法与全线同时开通，将采取“飞站”处理。

一石激起千层浪。

植物园站附近人流密集，仅是地铁站方圆 500m 以内就围聚了 4 个楼盘，1km 内涵盖广东工业大学龙洞校区等 6 所学校，还有广州市重要休闲旅游去处之一——华南国家植物园，交通需求量巨大。

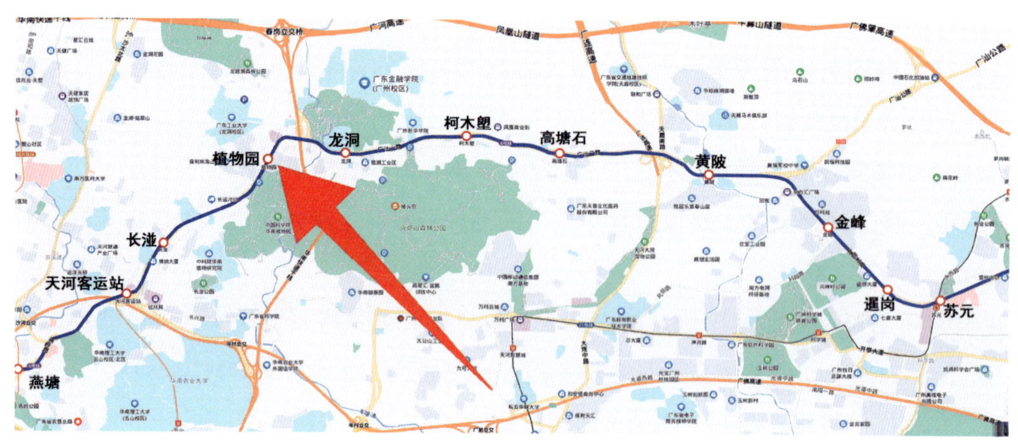

广州地铁六号线植物园站位置图

无法按时开通，自然会影响到许多人的出行便利。线上线下讨论得很激烈，居民无法理解，为什么短短几百米、几公里的路，挖了 4 年还是挖不好；为什么别的站点就可以开通，植物园站就开不了？

地铁建设所遭遇的难题，无论多么惊心动魄，对于居民来说都是完全陌生的世界，因为不理解而产生不满、发出怨怼，都是情理之中的事情。但一位市民的投诉，让事态发了酵。

植物园站附近小区的一位业主听到这个消息，万般滋味涌来。她为植物园站的“飞站”气愤不已，对“飞站”问题强烈抗议，并以书面形式上访到信访局。

信访件中表示，她作为小区的业主，小区本来环境优美、道路宽畅，但自从 2012 年 7 月地铁开始施工，小区业主“饱受”绿化被迁改、堵车、扬尘、噪声带来的影响！其中，最严重的是堵车，本来顺畅的道路，施工时严重堵车到 10 多分钟可以走完的路程却要花上 1 个小时！

这位业主认为，地铁是民生工程，为了大众的利益，忍忍就过去了。但没想到的是，4 月 1 日官媒居然跟业主们“开了一下天大的国际玩笑”，发布消息称：小区门口的植物园站居然被“飞站”！

“为了这条地铁，大家忍了 5 年多的灰尘与噪声，怎么能说不开就不开呢？”消息传出后，附近多个社区的数十万居民均表示难以接受。

植物园站为六号线二期工程最大的地下站，全长 302.1m，主体标准段宽 40.8m，共设 7 个出入口、2 组风亭。当时，植物园站主体结构早已完成，植物园站也已经封顶，为何不能如期开通？

但“飞站”这事，若从源头说起，责任还真不在地铁方，而与居民所在小区却有着密切的关系。

原来，该小区正是植物园站 3 个出入口与 2 组风亭的所在地。此外，还有一个被征用的小区。但是，征地工作却遇到了一些问题，导致出入口和风亭的建设迟迟无法开展，以致悬置。

植物园站施工场地鸟瞰图

车站主体虽然已经完成，但附属结构设施没有完成，就没有办法投入正常运营。特别是风亭，它是保障地铁内空气通畅清新的必要设备。按照消防要求，如要开通地铁站点，那设计配置的风亭数量一个都不能少。地铁的建设，每一步都必须通过国家的环评，风亭也不例外。按照要求，植物园站风亭建设选址必须在这两个小区的公共绿地之上，没有回旋和讨价还价的余地。

因此，要建风亭，就要征用小区的绿地，自然也要为小区支付应有的补偿。地铁公司已经身经百战，早早准备好了补偿的费用，可以随时给到这两块征地的所属单位，只要对方收到补偿款，也就可以顺利让出用地。自然，出入口与风亭施工就可以立即展开。

但在植物园站，小区业主和地产开发商就“这地属于谁”，展开了激烈且旷日持久的理论。地铁建设的全部流程都清晰明了，可只有一处出了问题，那就是补偿款给谁。

地产开发商认为：小区公共绿地不归房屋业主所有，应归开发商，因此，地铁有关占用小区绿地的补偿款应给开发商。

听到这个说辞，业主们不同意，认为既然我们买了商品房，自然也就共同拥有了小区内的一切，包括公共绿地，所以这份补偿款，应该由小区所有居民业主共享。同时，小区业主迅速成立了业主委员会，并以这个身份对地铁公司提出补偿要求。

两边这一杠上，就苦了地铁公司。地铁公司抱着钱，茫然地看着双方扯皮，想把钱送出去，却不知道给谁？

给谁都不好使，一旦给了其中一方，另外一方也决不会让施工顺利进行。地铁公司深度参与了双方的调解，当时的业主代表刘德智，在那段日子里辗转各方，又是找地产开发商，又是对话小区业主委员会，或跑街道办事处，或找区测绘所。但这事麻烦的地方就在于，各方都能拿出一些凭证，因此谁也说服不了谁，事情就这样陷入了僵局。

直到 2015 年 10 月，一份鉴定结果出炉，但是依然解决不了双方的矛盾。刘德智只好请出分管领导、建设事业总部的副总经理朱育宏。让人没想到的是，一向足智多谋、工作经验丰富的他，也在这个问题上卡住了。

一转眼到了 2016 年 4 月初，这块地还是迟迟拿不下来，但即使拿到了地，从拿到地到干完活还需要一年的时间，2016 年底开通植物园站已经不可能。

所以，就有了植物园要“飞站”一说。

一听要“飞站”，居民不乐意，高校学生也不乐意，忍了这么久，居然要“飞站”？

但大家是不清楚内里玄机的。

植物园站属天河区管辖，区政府也在高度关注地铁建设的进度情况及相关的舆情，对于居民和学生的想法，政府工作人员是理解的，征拆之困难，他们也是知道的，但眼见“飞站”的消息对民众造成这么大的困扰却始料未及。于是，区委区政府当即决定召开紧急会议。

2016 年 4 月 7 日晚，为了维稳，同时也为了推进地铁拆迁工作，天河区召开紧急会议，召集了区里各职能部门，把广州地铁竺维彬、钟学军、朱育宏等相关人员叫到了天河区政府会议室。

区领导知道地铁方有难处，但再难也要把地铁建成、建好！

“特别是你，竺维彬，你作为地铁分管建设的领导，如期开通地铁是你分内的事！”与会区委区政府几套班子领导几乎都把竺维彬批评了一遍。

竺维彬淡然面对批评。

民心不可违、众怒不能犯。困难必须要解决，大局向好，借地有望。

针对具体的分歧，区委区政府决定，不管怎样，先把地借下来给地铁施工。补偿款放街道办事处的银行账户里，地产开发商和业主委员会自行协商，等达成三方协议后，再由街道办事处发放款项。

“必须给地铁施工”，一锤定音。此时，已到凌晨 12：30。

2016 年 4 月 8 日，此次紧急会议后的第二天，地铁施工进场，围蔽施工。

拿下地只是开始，还要干上 12 个月才行。

时间太宝贵了，地一拿到，就要做管线迁改，种类多，电力、通信、承压的煤气管道和周边的供排水管道等，每一种都有不同的特点，还要保持各自管线间有一定距离。参建各方在短短两个月内就完成了本来要 4 个多月才能完成的管线迁改任务，这在地铁建设中极为少见，但同时也说明，工期到了何等紧迫的程度。

一时之间，风亭建设场地内出现了八九家施工单位共同作业、交叉施工的景象。终于，2016 年 8 月 30 日完成了植物园站北侧活塞风亭和出入口土建施工。

2017 年 6 月 28 日，在主线开通半年之后，植物园站和柯木塱站正式开通并投入使用。

地铁施工所遭遇的困局，从来不止技术的困扰与自然的刁难。这项要在熙熙攘攘的人类聚集地打造出无数条四通八达的地下通道的超大型工程，其宗旨是为了追求整个城市的腾飞、为人民群众谋福祉，但前往幸福的路途上少不了艰难险阻，地铁建设也免不了给沿线居民和城市正常运转带来暂时的不便。

植物园站北侧活塞风亭和出入口

也正是出于对城市的守护，广州地铁从一号线筹划之初，在无设备、无技术、无资金、无人才的困境中就立下了宏愿，我们要学习、引进、消化、吸收和掌握对周边环境影响最小、最先进的施工方法，诸如盾构工法等，尽可能地不扰民！

每个站、每个区间、每条线的建成，不仅需要施工方先进技术的支撑，更需要懂技术、会协调、会管理的建设方全能人才。

管理和协调，理论上来说，属生产关系范畴，但在特定的情况下，较技术更重要，它将大力促进生产力的发展。

【此节后记：到 2021 年 5 月，柯木塱站东端 50m 范围内，隧道因周边居民过量开采地下水资源，地下水位降到隧道底以下 2m 深，盾构隧道下沉最大达 10cm，周边房屋和地面均有下沉。依此类推，印证了当初建设时此区域房屋下沉开裂的重要原因是地下水位下降所致，可见当初的补偿纯属道义而非责任。】

21

古树保护，“昂贵”的守规

这是广州地铁建设史上最昂贵的古树保护，两棵树龄超百年的古树位于广州地铁八号线北延段西村换乘站施工范围内。古树需迁移，2012年版的《广州市绿化管理条例》不允许，只能进行原地保护。

为此，西村站站厅缩小，功能损失，部分站台必须进行暗挖，工期延长，费用增加2000多万元，并引发了舆论热潮……

9年了，西村站作为广州地铁五号线与八号线的换乘站，八号线部分一直没有开通，一个规模并不是特别大的换乘站开通有这么难吗？

有！不仅难在拆迁，也被一棵古树难住了。房屋拆迁难，迁一棵树也很难。

广州地铁西村站位于西增路与内环路交叉路口南侧，沿西增路西呈南北走向，为地下两层车站，设3个出入口、3组风亭。招标方案为：主体基坑整体开挖，先主体后外挂。

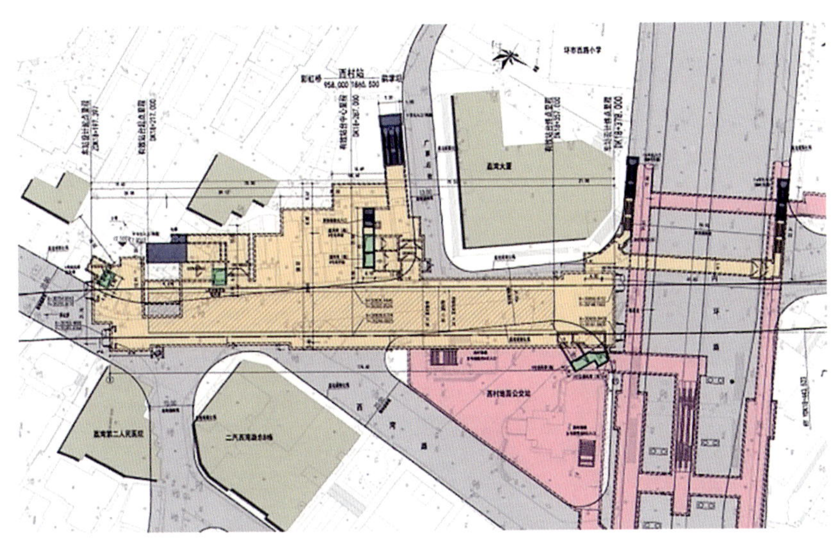

广州地铁西村站招标平面方案

广州地铁建设过程中，每一个站点、每一延米隧道的掘进，都有不足为外人道也的秘辛，西村站也不例外。

困扰西村站的首要难点，依然是征拆难。

2013年，西村站的招标工作完成后即开始进行征拆工作。但直到2017年7月，也就是征拆工作开始的4年之后，最后一栋房屋才拆迁完毕，比招标文件中规定的时间整整晚了4年。

二是受客观条件所困。

首先是噪声。西村站几米之外就是密集的居民区，荔湾区第二人民医院也在工地附近。居民对噪声问题的投诉非常频繁，只要有投诉，城管必然会到场，地铁建设不得已多次停工。经常过了晚上22点，就什么活也干不了，作业时间被压挤得非常有限。

不仅是施工作业时间紧张，还包括出土清渣。按照广州市的规定，晚上20点之前，大车不能进城。也就是说，只有等到晚上20点之后，出土车才能往城里赶，而晚上22点前就必须结束工作。如此一来，每日的出土量可想而知。

另外，在西村站附近 100m 开外处，正好有一个国家级的大气检测站，要是监测到空气污染恶化，地铁也会被勒令停工。

三是建设条件困难。

西村站位于丁字路口，施工场地异常狭小，需要把施工场地一半上盖作为交通疏解通道。早已开通的地铁五号线也汇集于此，造成地下管线情况特别复杂……这些因素一叠加，西村站的施工难度可想而知。

但以上诸般困窘，都不是西村站遇到的最大挑战。

八号线北延段现场总指挥、建设事业总部副总李阶智在谈到地铁西村站遇到的困难时，强调：“**真正困住西村站正常施工的，是两棵‘动不得’的古树**。”

西村站原设计方案中，规划站基坑内和施工范围内总共有 5 棵大树，其中 2 棵为古树：古树 1 为细叶榕，树龄约 130 年，位于车站主体范围内，该古树主树干已腐烂，仅侧枝存活；古树 2 为大叶榕，树龄约 150 年，位于交通疏解道边，距离出入口基坑 2m 左右，向远离基坑一侧倾斜。

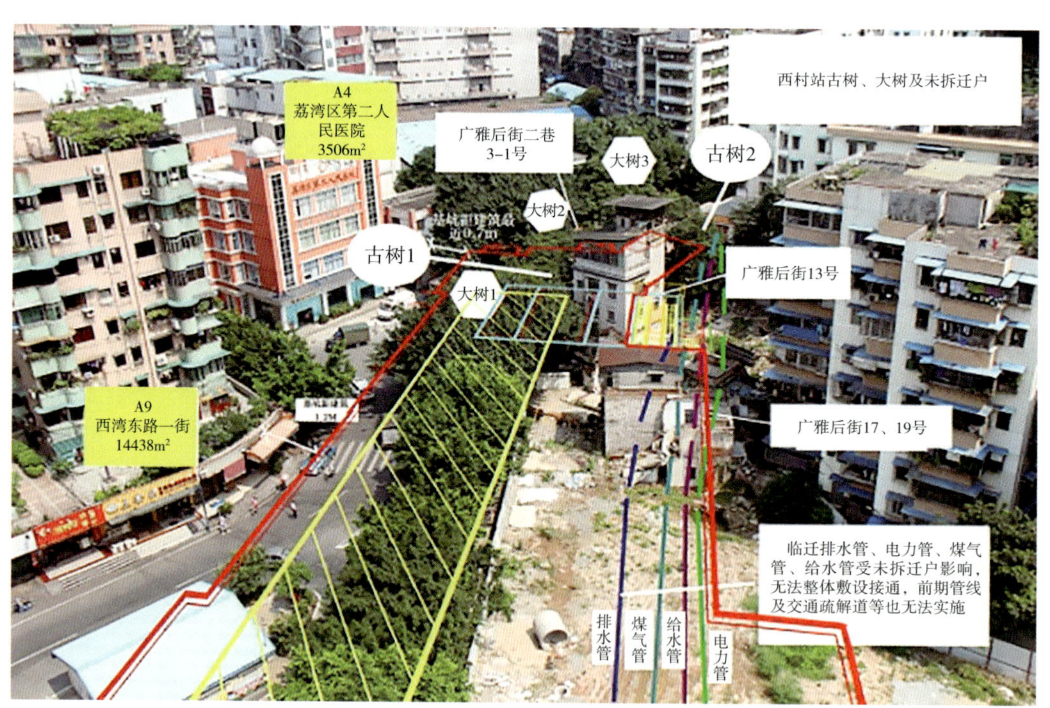

古树与车站平面关系示意图

要保证西村站正常施工，必须对这 5 棵树进行迁移。

2013 年 12 月 23 日，广州地铁就西村站 3 棵大树及 2 棵古树迁移的问题，发函广州市林业和园林局，请求绿化迁移。广州市林业和园林局根据 2012 年 7 月 1 日颁布的《广州市绿化管理条例》关于禁止迁移古树名木的相关条款，做出回复：3 棵大树未达百年，可以迁移；但 2 棵古树不能砍伐，也不能迁移。

这可怎么办？古树 2 在基坑边上，可以想办法避开它进行施工，但树龄 130 年的古树 1，处于基坑的正上方，如果明挖施工，就必须迁移。

树龄 130 年的古树 1 位于基坑的正上方

其实，在 2012 年版的《广州市绿化管理条例》颁布之前也有关于古树迁移的相关条文。1985 年 5 月 6 日颁布的《广州地区古树名木保护条例》第二条款中规定：已定为古树名木的树木，应严加保护，不得砍伐、迁移和损毁……因市政建设或其他原因，要处理的古树名木，由所在地区绿委会同文化、文物、规划等部门研究，按管理范围，逐级上报审批。也就是说，1985 年版的《广州地区古树名木保护条例》，古树因市政建设或其他原因经上报审批后是可以迁移的。

但是，2012 年 7 月 1 日新的《广州市绿化管理条例》颁布。这一版的《广州市绿化管理条例》合并了《广州市城市绿化管理条例》和《广州地区古树名木保护条例》，其中第五十三条规定：禁止砍伐、迁移古树名木。城乡建设应当采取措施避让古树名木。禁止砍伐被确定为古树后续资源的树木。

而西村站，恰恰就处在这个时间点上。迁移不了古树，基坑就无法开挖。

没办法，虽然与《广州市绿化管理条例》的规定存在冲突，但为了能够尽可能保存西村站的功能设计，地铁公司开始与多方管理部门进行大量沟通、协调、请示，以及一版版的方案调整，这是一段非常漫长而不易的过程。仅是达成古树保护的最终办法，就耗时长达近一年。

2014 年 8 月 9 日，市林业和园林局陈副局长及地铁公司丁建隆、竺维彬、张志良等进行现场办公，力求合理合规地解决问题。大家一致认为位于基坑内的古树 1 确实应该迁走，但现有的绿化条例不允许迁移，只能本着保护古树优先的原则，由广州地铁优化站位方案以避让古树。

这就从管理条例上，堵死了西村站迁移古树的可能性。

2014 年 9 月 5 日，在广泛征求市林业和园林局等政府各级部门意见后，广州地铁最终形成西村站的保护、避让古树方案：古树 1 采用局部暗挖法通过，进行原地保护；古树 2 通过调整风亭、出入口位置进行原地保护；其他 3 棵大树需迁移。

古树去留，至此算是一锤定音。

在古树确定不能迁移的情况下，西村站必须要建，南边，是古树 1 挡住了基坑施工，是否可以往北延伸一点呢？但往北，是内环路，还有五号线，不具备条件。往南，这棵树不能移，西村站的车站只能缩短。

这些牵一发而动全身的避让古树方案，不仅牺牲了西村站诸多车站功能，比如车站使用空间被挤压，站内公共卫生间无法设置，换乘空间、风亭及出入口设置不尽合理等。最重要的是，西村站原地保护了古树，站厅的空间可以压缩，但站台的长度必须要足够，这样才能保证乘客正常上下车。

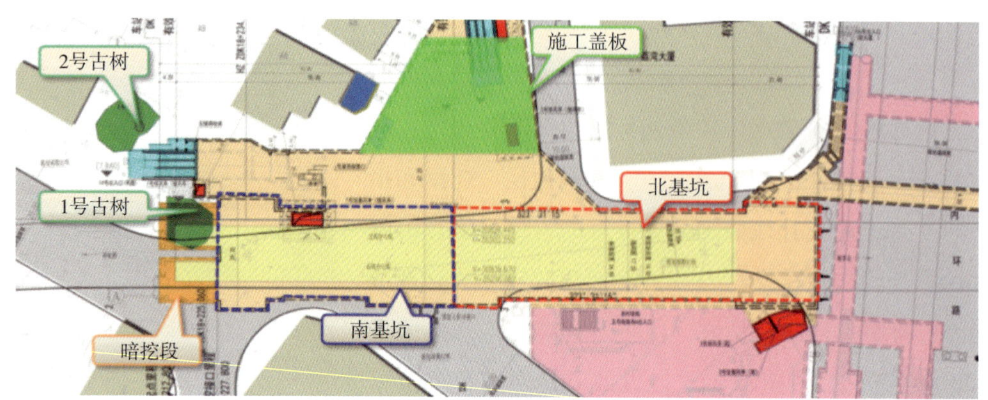

西村站实施平面方案

西村站主体基坑分南、北基坑，不受拆迁影响的北基坑先行施工；由于古树 1 位于基坑上方且要就地保护，为避开古树，只有将南端 15m 站台改为暗挖施工，并将原有明挖车站功能调整至外挂站厅，调整出入口、风亭位置，施工顺序也相应调整，先北基坑、后南基坑、再暗挖，最后实施外挂。

西村站南端 15m 站台改为暗挖施工

南端 15m 站台改为暗挖施工后，增加的这两条隧道尽管只有 15m 长，但工期却要 8 个月。因为要等车站全部封顶后才能暗挖，不能同时进行。并且，西村站隧道上方是淤泥，地质条件非常差，采用矿山法风险巨大。经过多方比选，最终选用管幕法施工。

地铁公司此时想到的，既然要下决心保住这棵古树，就要想尽一切办法进行保护。采用管幕支护的方案不需要注水泥浆，就不会对古树造成水土固结的影响，仅采用管幕对隧道上方进行加固施工，就打入了 41 条管幕，施工时间长达 3 个月。而管幕支护只是加固保障，是矿山法施工的前置条件。随后运用矿山法进行隧道开挖，又耗去了 5 个月的时间。

这还只是工期的损失。

对于周边群众来说，他们很难清晰地知道施工的艰难和方案的拉锯抉择。居民只是感到奇怪，为什么西村站施工了这么久，还是无法正常开通？

为保护古树而采用的管幕支护

2017 年，因古树保护费用昂贵、严重影响车站功能和工期等问题引发了古树应该“是去是留”的社会舆论。

在一篇报道中，媒体披露广州地铁花费了 2000 多万元去保护一棵大树，而且工期还一再延迟。舆论的焦点，不仅是这棵树该不该花 2000 多万元去保护？另一个重点是这棵树到底该不该迁移？

2017年1月6日，广州市人大召开关于“八号线北延段财务审议”会议，地铁公司竺维彬、张重阳、王苹、王晓斌、李阶智等参加，应答涉及古树保护费用问题。

其实，不是保护这棵树花费了 2000 多万元，而是为了保护这棵古树的同时让工程得以展开使得投资大大增加。

为避让古树，车站布局进行系统调整和修改初步设计。南端风亭、出入口及站厅设备房移到外挂基坑，改用管幕支护、暗挖工艺保护古树，2 台盾构停机等待吊出条件，同时对彩虹桥站—西村站盾构右线调整为平移吊出。新增 41 根 18m 长 ϕ600mm 管幕，新增 2 条 15m 长暗挖隧道，新增车站外挂设备用房，2 台盾构停机、1 台平移费用，古树保护方案增加设计概算约 2038 万元。

其中，在矿山法隧道掘进过程中，2 台盾构一直等着隧道的贯通，其高昂的停机等待费用和平移吊出费用，也是一笔普通人很难感知的不小支出。

避让古树方案，既体现了社会进步的一面，体现了领导干部对法规的尊重，体现了社会各界依法、依规办事的意识在增强。尽管大多数人认为花如此代价有所不值，但依然要遵守相关条例。而另一方面，也体现了现存相关条例的不合理性。首先，以树龄作为古树认定的唯一评判标准，也许有些武断。以西村站这两棵大榕树为例，树龄虽长，但并不是什么珍稀树种，是否值得花费如此大代价去保护？而且，古树保护条款应适当留有商量的余地，而不是一刀切地禁止。遇到特殊情况，在严格审批程序的基础上，该迁移的时候还是要迁移。

2018 年 1 月 12 日，广州市人大代表、广州地铁运营事业总部首席技师张重阳在市人民代表大会分组讨论中，就此问题希望人大法工委能修改《广州市绿化管理条例》。张重阳说，为了保护该古树需要额外花费 2000 多万元，舆论大多认为这棵古树应该迁，延长这么久的工期，花这么多的钱，功能还得不到满足，不值得！而且还会导致该换乘站面积和出入口减少，引起安全隐患。

张重阳的提议，得到了回应。2020 年 3 月 9 日，新的《广州市古树名木迁移管理办法》颁布。其中第六条为：市绿化行政主管部门收到区绿化行政主管部门或者申请人报送的资料后，应当组织对古树名木的迁移及保护技术方案进行专家论证，并在专家论证后 5 个工作日内提出审核意见。同意迁移的，报市人民政府审批；不同意迁移的，书面告知申请人并说明理由。

地铁建设未来还有无数类似西村站的情况会发生，可以预见的是，新的《广州市古树名木迁移管理办法》出台后，这些工程建设项目不会再受诸如西村站的困扰，项目建设会进行得更为顺畅。当然，也要让迁移的树木长得更旺盛，达到双赢。

西村站虽然没有享受到新的古树迁移管理办法带来的便利，但经过不懈努力，2019 年 8 月 9 日，八号线北延段全线贯通最为关键的控制点——西村站最后 15m 隧道于古树下贯通，为八号线北延段的开通打下了基础。

2020 年 11 月 26 日，广州地铁八号线北延段开通，西村站受拆迁和避让古树的影响造成工期延误，不得不“飞站”通过。

工程建设就是如此，尽管过程中付出了艰苦卓绝的努力，但结果却依然不尽如人意。庆幸的是，经过广州地铁和各方的加倍努力，地铁西村站于 2022 年底开通！

UNDERGROUND ON THE GROUND METRO

22

天塌地陷，迎难而上

进一步加强对古河道沉积层的认知和复合地层工法风险性的监控，不仅盾构法需要，矿山法更是必要。

广州地铁八号线康王路地陷震惊全国，幸未伤亡。警钟敲响：富水地区矿山法风险如何规避？如何应急和重建？要技术、要精神、要担当……

2013 年 1 月 28 日的广州，当北方的冬意翻山越水来到岭南时，只剩下强弩之末的凉爽。此时距离当年的农历新春，只剩下两周不到，广州市民已开始做过年的准备。

广州地铁八号线文化公园站的施工人员也是如此。他们负责的是八号线文化公园站站后折返线施工。文化公园站位于广州文化公园内，是广州地铁六号线与八号线的地下换乘车站，包括六号线文化公园站（含八号线部分）和八号线站后折返线隧道。此时，八号线站后折返线隧道内的初期支护和二次衬砌即将完成，工人们正在施工站后折返线 LG3 断面右洞。井下的外地工人计划着早日阶段性完工，返回老家过年。

地上地下都在加快奔向春节的节奏。学校放假，交通顺畅，工地旁的公交站也不再拥挤，城市也开始“轻松”起来。

广州地铁八号线文化公园站位置图

在这个平常的工作日，决不会有人想到，接下来会发生大事故。

此时，康王南路路边几家商铺因外地人陆续返乡，下午的生意并不是特别好。

但突然收到紧急通知，请这些沿街商铺人员立刻离开自家的商铺，大家一时摸不着头脑，但还是混在人群中离开了。在此期间，越来越多的人从楼房里涌出，加入到疏散的队伍中，甚至有腿脚不便的老人，也被工作人员背了出来。

出了什么事？

时间前移到当天早上 7：30，文化公园站地铁施工现场，负责项目安全的工作人员进行了班前安全讲话。随后，工人们各归其位，本段是矿山法隧道施工，工人们开始为今天的钻爆、出渣、立设拱架、喷混凝土等工作做着准备。

9：00，隧道内钻孔工作完成。10：40，断面爆破开始，之后施工方自查，安全工作依序跟进，爆破效果良好，掌子面基本稳定。

11：15，建设事业总部土建一部项目部经理张健华还是不放心，会同施工单位项目部常务副经理、副总工和监理悉数来到掌子面，检查掌子面的稳定性，安全检查和监控数据显示正常。

没有人察觉到危险，一车又一车的渣土，有条不紊地从竖井运出，格栅拱架的安装与锚杆的打设随步进行。

不寻常的迹象在下午15：00出现。

施工人员刚刚完成出渣，在井底干活的工人突然感觉到有一些东西掉了下来。他们抬头发现，开挖断面的拱顶略微掉落了一些岩层碎块。工人们立刻汇报了这一情况，并按照处理办法对拱顶喷射混凝土以阻止拱顶的持续塌落。此后，施工方试图补救，但掉落情况越来越严重，更多的泥沙和水从上方流下。

15：50，业主代表陈键接到了项目部总工刘建忠的险情报告，深感事态严重。情况紧急，他立刻赶往现场，并在去现场的路上先后通知了土建一部项目部经理张健华、土建一部经理徐建国和副经理陈建党、建设事业总部副总经理孔少波。

徐建国作为土建一部的部门经理，刚到任不久，此时正在开交班会。会没开完，中途离场必须请假。

“赶紧去吧”！张志良总经理知道快速处理险情的重要性，立即准假。这时，没有人想到一个小时后的康王路，会成为全市、全省甚至全国的聚焦之地。

16：10，陈键赶到隧道掌子面，16：15张健华随后赶到，其余人也先后到达。

16：20，隧道岩层间歇性掉块现象加剧，突然，挖掘机司机感觉到掉块频率明显变快，之后，大面积的掉落开始了，一大股泥石流裹挟着落渣激荡而下，危险就在眼前！

刘建忠立刻派人组织人员疏散并加强地面观察，现场安全管理人员党红军快速跑至竖井赶往地面，到达地面后边跑边利用哨声、大声喊话通知地面监测人员，和监测组人员一道组织地面房屋居民及路上行人疏散。

16：30，拱顶左上方掉块剧烈，井下员工必须立即撤离！

所有人果断放弃了现场抢险，全速向竖井扶梯迅速撤离。借以逃生的竖井深30多米，众人上来已气喘吁吁，泥水夹杂着沙已经冲到竖井口。汹涌的泥沙如泄洪般轰然倾下，在震耳欲聋的山崩地裂中，井下的人有惊无险地全部撤出。

这时，地面有两栋房屋，正以一种诡异的速度，徐徐坠入塌陷坑，随后大树、电线杆也慢慢落下。

此时，是1月28日16：40。

烟尘散落，一块体积5000～6000m^{3}的凹洞赫然出现在人们眼前。短短时间，附近6栋楼房倾倒，十余间铺面塌没，周边地基位移沉降。不幸中的万幸，由于塌陷前即启动工地应急方案，地下的工人和地面的市民都及时进行了撤离，无人伤亡。

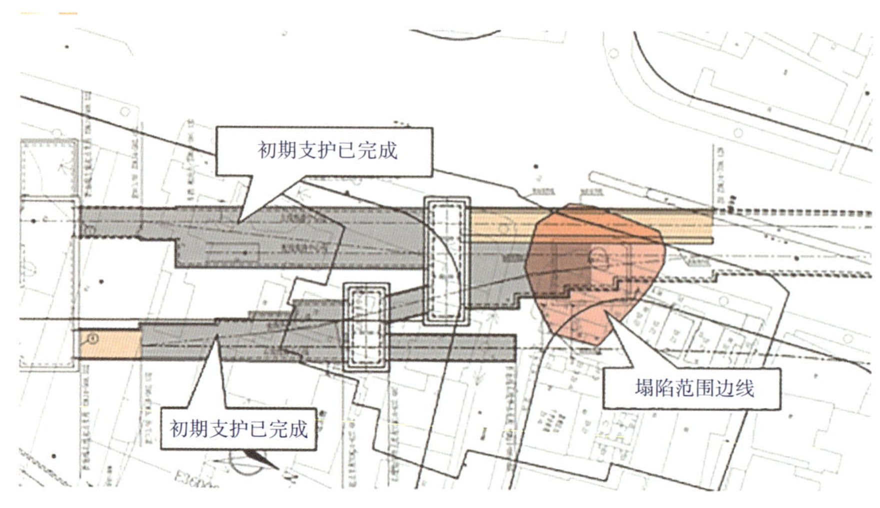

塌陷区总平面图

险情来得如此凶猛，现场已拉起了警戒线，划出了 20 多米的范围。尽管之前已经预防性疏散了一部分民众，但此处塌陷的范围之大，还是超出了想象。先期到达现场的后勤中心总经理陈鼎榕明显看见塌陷范围在逐步扩大，他立即建议扩大警戒范围。随即，15 名地铁护卫队员被调到了塌陷现场，在交通警戒线外，又增加了一道警戒线，防止工作人员和媒体记者掉入还在扩大的塌陷坑。

触目惊心的现场，让人恐惧！于是从之前的疏散群众到紧急组织撤离，撤离的范围也扩大到 200m 左右。

市民还没有从惊讶、后怕中缓过神来，一场争分夺秒的抢险救援立即展开。塌陷以后，如果不紧急抢险，塌陷地方将会持续坍塌。

康王南连环地陷
19条公交线改道

后勤中心总经理陈鼎榕站在巨大的塌陷位置前

一场旷日持久的阻击战打响了。

时任市领导第一时间赶到现场，指挥启动市政府应急程序，龚海杰副秘书长亲自抓落实。地铁公司丁建隆、吴慕佳、竺维彬、张志良、钟学军、刘靖、孔少波、徐建国……各级有关领导一应都到了现场。

地铁公司迅速组建以总经理丁建隆为组长、副总经理竺维彬为副组长的应急领导小组，立即启动集团级应急预案，集中地铁力量进行抢险。首要的就是研判地质情况以及水的情况，快速决策，以减少次生灾害和继续塌方为原则。

除了要避免次生灾害，还要保证不对已开通的六号线文化公园站正常运营造成影响，应急领导小组组织公司各类专业专家制定方案，然后部署各小组开展抢险各项工作。各小组分工明确，并分白班和晚班，确保抢险救援的连续性：技术组负责方案制定，工程部负责应急抢险方案实施，质量安全部负责抢险过程中的人员安全……

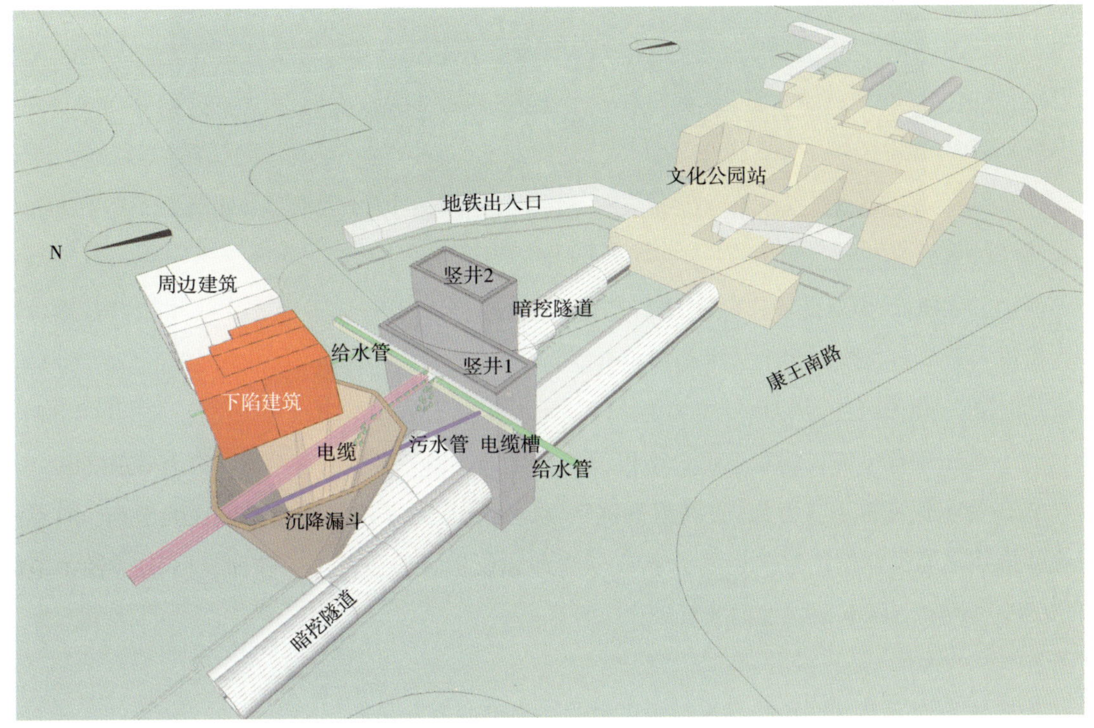

康王南路地陷事故分析总平面图

方案分成两步走，第一步，封洞门，防止发生次生灾害；第二步，立即梳理绘制现场结构的分布图，为做出正确的抢险决策提供基础资料。

事故现场外，警方将 4 个方向的路口拦住，禁止行人往来，市民们则围聚在警戒线外向里张望。由于事发时正处于下班高峰期，前来救援的工程车辆被堵在路上，经过交警方面的引导，约 40min 后，六七辆搅拌车满载着混凝土赶到现场。随后，3 台臂长约二三十米的混凝土泵车开到塌陷处一侧，与大坑隔开一段距离，开始不间断地往坑内注入混凝土。一位工程指挥人员说："砂石最好，但车都赶不过来，所以就有啥填啥。"

另一部分工作人员及项目部人员则立刻拨打各管线抢修电话，联系煤气、供水、电力等单位立刻加入抢修。深知事态严重的各部门，在最短的时间内驰援现场，及时切断了受影响区域内的煤气和自来水阀门、关闭电力系统的区域总闸，防止再生不可挽回的悲剧。

还有 10 天，就是除夕了，地铁公司立下誓言，要在春节前后尽快还路于民。

这个誓言，何其困难。且不说时间紧任务重，就是康王南路糟糕的地质条件所造成的后续事故也是难以估计。

3 台长臂混凝土泵车不间断地往坑内注入混凝土

好在广州地铁应对此类事故有丰富经验，也有能力，建设事业总部牵头组织广州本地施工力量投入抢险，抢险方案由竺维彬提出并主持审定：

一，为了确保已运营的六号线文化公园站不受水淹影响，封闭八号线文化公园北端洞门；

二，为了确保已完成的隧道部分不再塌陷和受损，塌陷区段回填混凝土并注浆加固；

三，为了保证地下 3 万 m^3 空间内不留空气，也为了地下水与塌陷土体达到平衡，打钻孔释放和置换出地下空气；

四，塌陷处 100m 范围地面和房屋全天候监测；

…………

有了人，有了科学的抢险方案，有了抢险设备和材料，抢险工作就能高效地进行下去。

制订的抢险措施，总体防范方案为回填、封堵、全面监测。一个是外，一个是内。外是对沉陷地区进行回填处理。对内，则要进行封堵，包括竖井回填、洞门的临时封堵，确保次生灾害不再发生。

现在最重要的，就是稳住地陷。

1 月 28 日事发当晚，为防止塌陷范围继续扩大，地铁公司快速联系了广东水电二局、中铁一局广州地铁项目部、华隧建设进行增援，对塌陷范围进行混凝土、砂石回填。

晚上 19：30，混凝土回填工作紧张开始，到了 20：00，已经有多台混凝土搅拌车加入了战斗，但是塌陷还在继续。

21：30，回填过程中发生第一次次生塌陷，短短一刻钟之后又发生第二次次生塌陷，十多分钟后第三次次生塌陷又来了，地陷面积在逐渐变大。

幸好，注浆回填是有用的，三次次生塌陷之后，狂躁良久的地下沙石如同穿上束缚衣，地层安静了。而在次日上午，在完成了回填的地陷事故现场，不稳定的地层又裂了一次，让大家本来稍微放下的心又再次悬起。

在严峻的险情面前，广州地铁凭着自身的诚信和能力，高效组织抢险队伍、抢险物资，全程后勤保障，果断决策抢险方案，抢险工作全面展开。尽管该工地的承包商中铁七局项目部经验缺乏，又临近春节，工人陆续返家，一线抢险人员严重不足，但当时的广州地铁建设团队是全国最有实力、最具执行力的管理团队。

地铁建设团队一声招呼，年近 60 岁的堵漏专家邱小佩和梁斌等，放下手中的工程，带着品牌注浆加固团队前来支援。后勤保障也是由广州地铁负责，后勤中心总经理陈鼎榕亲自组织，保证几百人一日至少三餐的饭菜供应，保证一线抢险人员一旦有病能及时救治……

经过管线抢修和恢复，2 月 2 日 13：00，路面恢复施工；2 月 4 日 10：00，康王南路恢复通车（由南向北 2 车道）。

前来支援的注浆加固队伍

为了快速有效落实抢险方案，建设事业总部（实际上）代替了承包商项目部建立值班制度，直接指导监控抢险各项工作的实施，负责人是土建一部的部门经理徐建国与副经理陈建党。他们开启了 24h 轮流值班模式，确保抢险救援的连续不断，与他们一样，几乎所有小组都是两班倒，工作日夜不停。

时任建设事业总部总经理张志良更是如此，他一度将文件全盘搬进了现场抢险办公室，在康王南路事务处理的间隙，处理其他文件。

广州地铁有一个惯例，那就是出了险情，地铁公司建设团队的每一位领导都会轮流值班，这是自广州地铁广佛线建设以来形成的传统。

现在，地铁公司也是这样做的。每个人都知道，这场持久战，气势不能颓，决心很关键。

地下水位恢复，是抢险中的重要一环。

农历十二月二十八，是竺维彬 50 岁生日。这一天，竺维彬没有特别的安排，依旧在工地值班，想不到的是，再次出现的沉降给竺维彬送上了一份生日“厚礼”。

就在 2 月 8 日，左右线洞门开始关闭阀门（左线关 1/3 阀门，右线全关），至晚上全部关闭阀门。当抢险人员完成车站洞门封堵并关闭水阀后，水位逐渐上升。过程中，原塌陷区可能会再次沉降，竺维彬预先提醒当日值夜班的许少辉副总：如再次沉降，不必惊慌，是建立新的水、土平衡的标志，续填混凝土即可。

正如竺维彬所料，2 月 9 日凌晨 1：20，左线竖井出现下沉，下沉最大处约 3m；凌晨 2：50，坍塌区西侧靠康王南路出现局部沉降，许少辉带班值守的团队立刻行动，调动场内设备对西侧进行紧急注浆，续填混凝土，让这一场变故消弭在无人知晓的深夜。

种种不可控因素，让广州地铁人知道，要实现尽快还路于民的目标，一定会付出代价。

无数个工地深夜，丁建隆、竺维彬、张志良、刘靖、苏振宇、徐建国、陈建党、翟利华以及其他许多工作人员，继续着白天未完的工作，不断研究施工的具体细节，所作所为，所思所想，都是为了尽快完成抢险工作。

即使是除夕夜，竺维彬、徐建国等七八位地铁公司的值班人员和抢险队伍也依然在工地值守。他们虽然少了一份与家人团聚的天伦之乐，但却品尝到抢险队伍之一华隧建设总经理赵晖送来的他母亲亲自包的饺子，一股暖意涌上心头。

除夕夜值班人员和抢险队伍依然在工地值守

不过“苦中亦要作乐者”建设事业总部副总经理朱育宏，一发现无名的水管正在漏水，马上脱鞋下去拿木头去挡。这位身先士卒的负责人，此时总是喜欢说点轻松的话题，调节调节紧张的情绪。

这一年的除夕之夜，不仅是友情的见证，更是险情基本控制、劫后余生的纪念。

身先士卒的建设事业总部副总经理朱育宏

就这样，2013 年，抢险队伍度过了一个难忘的春节。同样，设计院的翟利华从初一到初七,一天都没离开过现场，做配合，分析图纸，监测数据情况等，度过了最为艰难的 7 天。

每一位抢险人员都如翟利华一样，在阖家欢聚的幸福时光，这些“战士”坚守在尘与土、汗与泪的工地，等正月十五翻过了日历，抢险工作才基本告一段落。

最终，广州地铁兑现了承诺，把大部分道路还给了市民。

地面不再下沉，路面全部恢复，后续就是恢复文化公园站的施工，但面临的困难很大。

直接采用矿山法进行爆破肯定是行不通。竺维彬、林志元等提出新的处理方案：冷冻法。冷冻法施工，前文有提及，关于冷冻法施工，广州地铁无疑是颇有经验的。具体来说，就是在塌陷处做冷冻，将不稳定的砂层和地下水都冻在一起，再将之前封堵的竖井挖开，清理完隧道内的塌陷物后，用挖掘机取代爆破工法，完成剩余隧道工程。

现场抢险的工作告一段落，由时任建设事业总部书记刘靖牵头的维稳安置工作协调小组，也将工作重心转到受损或疏散群众的理赔方面。事实上，这一工作从险情发生就已经开始，这项做“人”的工作，有时较工程现场抢险更加困难。

一方面，有专人尽力安抚受损住户的情绪，挽救进一步的损失；另一方面，安置工作协调小组多次与相关居民和商户沟通，按照鉴定结果，该赔付的一分不少，该修缮的及时执行。

例如房屋塌陷的几户人家，地铁公司以最快的速度走完赔付流程。但也有一些并未受损的人提出了一些非分要求，地铁公司始终有理有节，以保护国家财产和私人财产并重。

善后工作和恢复生产有序进行的同时，广州地铁就开始反思：到底是什么原因造成了康王路的塌陷？客观原因是什么？主观原因是什么？

塌陷后的补勘钻探给出相关方面的答案。

地铁公司与施工方中铁七局非常重视地质勘查工作，凡具备勘探场地条件的，都进行了充分的勘探。然而事故发生地是在一堆老建筑下面，实在无法进去钻探。所以此处的施工方案是参照南端已勘探明了的地质，采用同样的爆破方案。

塌陷填平后，在原建筑物处进行了多孔补充钻探，发现塌陷处原为古河道河谷相沉积的砂层。与南端相比，地质发生了突变，第四纪沉积砂层的埋深加大，岩层突然变薄，隧道顶的红层仅 2m 左右，而参照其南端施工的“水蛇村粥店”位置岩层厚达 5m 以上。

不仅如此，管线分布现状和性质也没有调查清楚。塌陷后才知道，这里还存在几十年前的水管，这些水管因年久而破裂，造成岩层在饱和的水中长久浸泡，因此与周围环境条件相比也有了质的变化。

总之，此处塌陷主客观的原因可概括为：没有勘查清楚原建筑物下的地质情况和管线的分布情况，以及水渗漏情况，因此没有优化爆破方案，主客观风险因素叠加，导致事故的发生。

康王南路塌陷事件的损失惨烈、教训深远。它的起因再次印证了地铁施工的一个真理：**以地质为基础**。

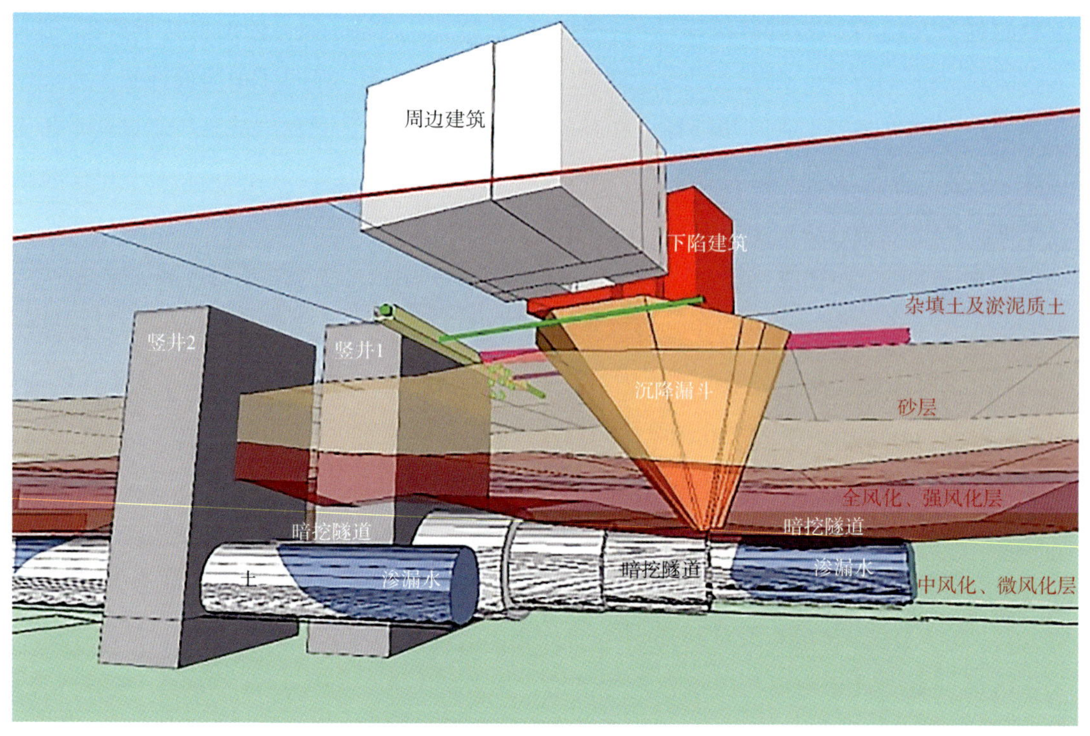

康王南路塌陷事故分析立体地质图

确实，**勘探是眼睛**。无法进行勘探，就变成了盲人摸象，从而塌出了康王路的巨大“漏斗”。

如何进一步加强对古河道沉积层的认知和复合地层工法风险的监控，规避风险？这是建设事业总部日后的重要研究方向。只有吸取教训，才能避免重蹈覆辙（2019 年 12 月 1 日的广州沙河事故，几乎与此次事故原因一样）。

此外，事故发生后，许多市民已了解了盾构法的先进性，提出了对地铁仍用暗挖或矿山法的不理解。实际上，在房屋稠密区域，因为难征拆，明挖常常是奢侈而不现实的；而折返线和暗挖车站，异形断面多，目前的盾构法还做不到。

地铁施工就是这样，有许多的不得已。在广州这样人口稠密、老屋扎堆的地方，过去有、现在有、未来肯定还有类似无法勘察的事情发生，该怎么办？

如果提高风险防范的意识，加强一线工人对风险的认知，就能在事件发生之初快速遏制险情的恶化，这是可以做到的，也是广州地铁正在积极做的工作。

人不能穷尽一切可能的推演，工程也不可能保证 100% 的安全。但是一个有担当的企业，就是要在出现险情之后，尽最大力量去抢险挽救，这也是使命和职责。

UNDERGROUND ON THE GROUND

23

血染的风采，苦涩的味道

2018年2月7日晚，佛山地铁二号线季华路下的绿岛湖站—湖涌站区间右线，盾构操作手正在拼装管片。突然，盾尾瞬间被击穿发生涌水，并与底部的强透水层连通，以超乎寻常的速度，掏空下方和周边的粉细砂层，盾构机体开始摇摆，隧道结构发生变形，隧道和地面开始大规模塌陷……

METRO

建立盾构与岩土的压力平衡，保护地层的稳定、控制地面的沉降，是盾构工法永恒的追求。对于地上的居民来说，地面的变形常常是他们唯一能感受到地铁施工出问题的信号，也是最容易让人们产生恐慌的事。

2018 年 2 月初，一场这样的事件就突发在了佛山地铁二号线的建设中。佛山地铁二号线一期规划线路长 32.3km，其中地下线 22.9km、地面和高架线路 8.3km。这条东西走向的地铁线路，是未来广州与佛山实现同城化的快速通道。

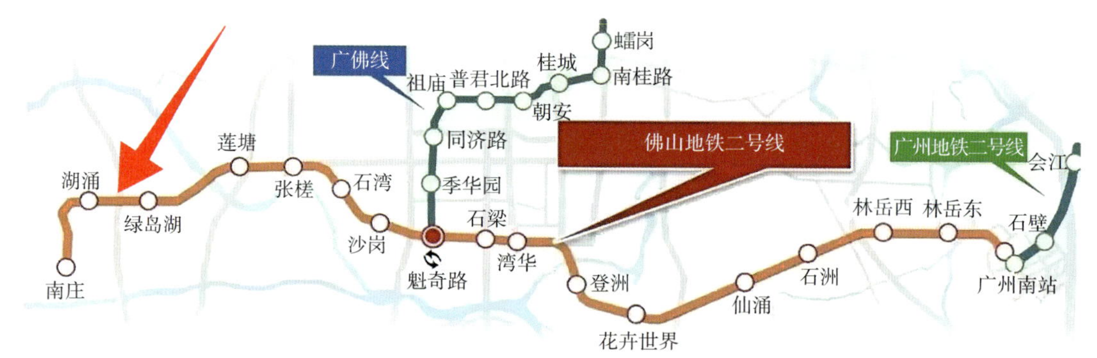

佛山地铁二号线湖涌站—绿岛湖站区间位置图

2018 年 2 月 7 日晚 18：30 左右，佛山地铁二号线一期工程湖涌站—绿岛湖站盾构区间右线隧道内正准备进行 905 环管片的拼装。管片，是盾构法隧道的永久结构，抵抗着来自围岩的水土压力，只要隧道不沉降、不变形及其接缝密实，盾构隧道就不会坍塌。

工人们此时正在吊装 905 环的第一块管片，当管片吊起 30cm 左右时，突然一股灰黑色挟带着杂物的水沙从盾尾右侧底部涌出。水沙量越来越大，应急封堵控制不住，情况异常，工人们立刻放下管片，紧急撤退。

控制室有人向地上汇报该段出现的异常情况，监理人员获悉后，立即与项目部人员启动地上地下同步应急措施。地上人员跑到地面变形处封路、管制，并通知管线单位停水、停电、停气，避免繁忙的季华路上第三方车辆及其人员发生陷落和伤亡。

另一路项目负责人和监理工程师夏永威、程光胜带队，**为使国家财产免受损失，8 位同志勇敢地进入隧道，察看实况并开展应急抢险**。

到井下后，夏永威发现涌水越来越严重，就呼叫和督促项目部人员立即撤离。当大家撤退返到 360 ～ 370 环处，山呼海啸的气浪、烟尘、奔涌的水、泥浆和 60 余米长的盾构后配套设备一起，以超过 60km/h 的速度扑向 12 位勇士，将他们掀翻、打落、淹没在冰冷的泥水里……

地面变形封路

紧接着，地面发生大塌陷。

不幸中的万幸，地面应急处理及时，没有造成第三方的伤害。

塌陷现场

“2 月 7 日 20：40 许，佛山地铁二号线一期工程土建一标段湖涌站至绿岛湖站盾构区间右线工地突发透水，引发隧道及路面坍塌。塌陷的位置位于季华西路上湖涌大道以东位置。”这是当时最快速、最中性的网上新闻。新闻简短地报道了事件的现况，据分析判断，此时 12 位勇士应该都还活着，很可能被卡在 370 环隧道附近的冰冷泥浆中。生死之际，他们多么盼望有人去拯救他们。

当天 20：00 多，在同一时间的另一端，广州轨道交通建设监理有限公司总经理米晋生处理完一天繁忙的公务，才刚刚走到自家楼下，一阵电话铃声急促地响起。米晋生接了起来，是现场监理打来的。对方语气紧张地告诉她：“出大事了，隧道塌了！”

米晋生脑壳轰然一炸，立刻急切追问道：“塌在什么位置？现场多少人？有人受伤吗？”

没有人能告诉米晋生更具体的现场情况。因为下面已经塌了，有人还没有出来。而地上的人，面对突如其来的震动，正多方救援，忙作一团。

“从中间塌的，目前还没统计出来在里面的具体人数。”

此时米晋生脑中唯一的念头，就是要尽快赶到事发工地，她立刻跳上车直奔工地而去。快一点，再快一点。在出发后一会儿，她才来得及给分管领导——张志良汇报。

这一天，正是地铁公司张志良总工刚刚分管监理公司的日子。没曾想，就立刻要直面如此天大的危机。

21：02，竺维彬连续接到张志良、王晖和米晋生的报告。他立刻在电话里安抚了情绪尚未平复的米晋生，嘱咐千万不要因太紧张而自乱阵脚。当务之急，第一是赶快抢救人，第二是防止次生事故。

虽然电话里以安慰和指导为主，已阅历无数险情的竺维彬，内心已经痛感这次事件的严重程度。但惊慌是无用的，他深知一个临危不乱的主心骨的重要性，这么多年来他也尽量去承担起这份责任。所以，尽管此时早已经下班，尽管此事归佛山地铁处理，但想到兄弟单位正在遭难，自己带出来的一帮监理兄弟在一线抢险，便立即穿上棉衣，又叫夫人找出羽绒大衣也带上，可供同志们夜晚值班用。因为那一晚，格外寒冷。再约上米晋生的家人，与张志良一道，紧急赶往事故点。

早他们一步到达现场的米晋生，此时她满脑子只有四个字：赶紧救人。

一路上，她一直在想，隧道的中间被塌方拦腰截断，前面是掌子面，如果塌方处到掌子面这段距离有幸存者，即使没有被泥石流砸中，也会因缺氧而窒息，所以抢救工作一定要快。这是她首先考虑到的问题。

要救人，还必须立刻从地面钻孔把氧气送进去。

但到了现场，米晋生才发现，问题远比想象中的严重。她之前接收的信息不准确、不全面。

塌陷，不是在隧道中部！而是从掌子面一路连续不断地塌陷过来，塌出了一块面积巨大的坑洞。

竺维彬等在隧道口焦急等待

就在此时，竺维彬、张志良、王晖和监理公司副总王洪东等人，几乎在同一时间，一齐赶到了佛山地铁二号线的事故现场。兄弟单位有难，理应施以援手、救人水火。虽然不是广州地铁自己的项目，但是社会责任感与职业道德驱使广州地铁人这么做。

一到现场，习惯与直觉驱使竺维彬想立刻下到隧洞——第一事发现场，但此时的工地已经被第一时间响应的佛山市政府全面接管，除了消防救援力量，任何人不得随便进出。

一时间，众人焦急却无能为力。

时间一分一秒地过去。此时，已经不再狂暴的地面，塌陷出一块 60m 长、60m 宽、10m 深，塌陷面积约 3000m^2 的巨坑，总塌陷量预估达到 1 万 m^3。

地下，有微弱而坚强的生命之火在闪烁。

监理公司的夏永威此刻正被黑暗摁在冰冷的泥水里。他不能动弹，因为早在泥石流追赶他们时，夏永威就被台车和栏杆交错卡住，现在又被塌方压住了下肢。伸手四触，只摸到硬生生的管片壁和钢结构。

此时，夏永威感觉到自己在流血，身体变得虚弱，大脑也在一片冰冷中恍惚起来。不知道从什么时候开始，下肢锥心的疼痛也渐渐变得麻木。

他迷迷糊糊想起，他被泥石流压住后，曾向前面的工人大喊，他叫夏永威，是监理公司的。

夏永威前方，侥幸脱险的几位同志，一上来就报告：夏永威还活着，但是被卡住了不能脱困。

夏永威就这样坚忍着等待……他不知道时间过去了多久，也不知道还能不能出去，更不知道，井下被困住不能脱身的人还有多少！

6 个小时之后，2 月 8 日凌晨 2：20 左右，消防人员终于找到了他。当他透过迷离的视线再次看到米晋生时，轻声说：

“米总，我还以为再也见不到你了呢！”

一句话，米晋生鼻子一酸，流下泪来。

“说哪里话”，她强打精神安慰自己伤势严重的员工，“坚持住！一定都会好起来的！”

她不忍心告诉夏永威，当泥沙席卷地下一切可以活动的物件朝他们袭来时，只有最开始撤退的 6 名项目部工作人员和 1 名监理人员顺利逃生，其他人和他一样被困在隧道里。

被困的地方在 370 环处，若撤退到 365 环，就会安然无恙。

他们离生的希望，只有一步之遥。如果再多一点时间，哪怕 10s，也许结果就会截然不同。

而生命之门在这些勇士离安全处 10m 不到的地方轰然关闭。

竺维彬此时最想做的，就是下井到现场判断风险情况。但却不能下井，于是迅速参加了两拨会议。一拨是监理现场会，另外一拨是省市领导应急方案讨论会，主持会议的领导征求了竺维彬的意见。

竺维彬的第一条意见，依据经验判断，目前进隧道救人无大的次生风险，只是水太多，最好搭救生艇进去。第二条意见，如果大家担心再次塌陷，可以先用槽钢焊接固定冲到最前面一节台车，再实施救援。可惜的是，传统的地面消防队伍既不能及时调来大泵力的抽水机，更无法运来救生艇。

救援的黄金时间，就这样无奈地被拖延着……

由于消防员并不清楚现场情况，也并不了解井下状况，前期的救援进展很缓慢。在

王晖、竺维彬事发当晚进入塌陷隧道现场

技术专家们的说服下，竺维彬、张志良、王晖（时任地铁公司安全监察部部长）、钟长平和王洪东等一行人才得到下井的批准。

一进隧道察看，井下 360 环处走道板已被水淹没，但目前状况是稳定的，可以施救。返回到地面，竺维彬、张志良等反复去催应急领导小组：尽早尽快去救人。

要是早一点让我们下去，要是早一点了解具体情况，要是早一点能够做出判断，要是早一点开展营救……

要是早一点，就可以把遇难者都救出来了。

但是，世界上没有“如果”，也就没有“早一点”。

在救出夏永威后，救援队伍再也无法施救了……于是，竺维彬、张志良、米晋生、钟长平、王洪东等都跟随着夏永威的救护车到医院。他们一到医院，就与医院抢救医生沟通：恳请不惜一切代价抢救夏永威。此时，夏永威脑子还非常清醒，看来至少能保住性命。

之后，竺维彬和张志良等又去看望了轻伤的监理员程光胜，知晓程光胜在隧道内跌倒眼镜丢失时，竺维彬摘下自己的眼镜，借他在医治时用。

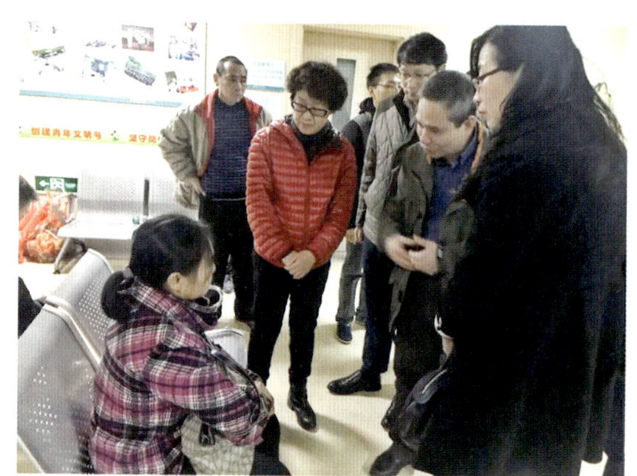

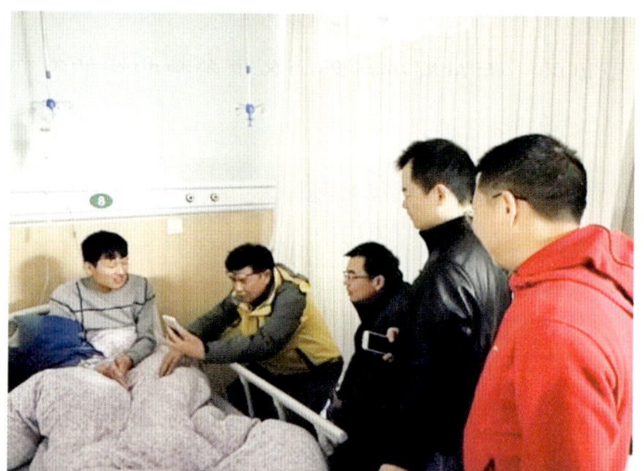

竺维彬等看望受伤人员及其家属

到医院以后，米晋生、钟长平、王洪东等依然在守候着伤者。而竺维彬和张志良没有回家，直接来到办公室商量对策。他们知道，接下来，还有许许多多的调查会要开，还有大大小小的困局要打破。

技术原因调查时，有一个问题始终困扰着调查专家：为什么盾尾会有这么大的水？

为了及早解开这个谜，事故发生后一直没有好好休息的竺维彬，开始用脚丈量事发地，探查周围的地形地貌地质，一圈又一圈，由远及近，由近及远。

地质是基础，这是竺维彬做事的格言。

结合资料，采样鉴定，在脑力与体力的双重付出下，竺维彬基本理清水大的缘由：**隧道底部有一层强透水的砂砾石层和第三纪火山碎屑岩层，这两层与东平水道有直接的水力联系。**当盾构掘进到事发地时，地质发生了变化，**还突遇了地铁施工的老对手：古河道砂砾石层、火**

山碎屑岩。盾尾粉细砂层液化渗漏后，紧接着与底部的强透水连通，以超乎寻常的速度，掏空下方和周边的粉细砂层，盾构机体开始摇摆，隧道结构发生变形，隧道和地面开始大规模地塌陷……

竺维彬详细探查事发地周围的地形地貌地质

采样鉴定

盾构施工中，盾尾渗漏是常见的，但这么大规模、这么快速度、这么严重的工程塌陷是罕见的。面对掘进过程中各项参数曲线的突变，许多参与调查的专家都觉得不可思议。怎么会出现这样的情况？竺维彬将他的调查结论与扎实的论据一一呈现推演，还原了事情的经过。

本次事故是由极其复杂的地质、周边环境因素引发瞬间盾尾击穿、管片损毁和巨量涌水涌砂导致的。

竺维彬还根据实地考察的地质结果手绘了一张图。后来的施工，也是参考了这张手绘图做方案。

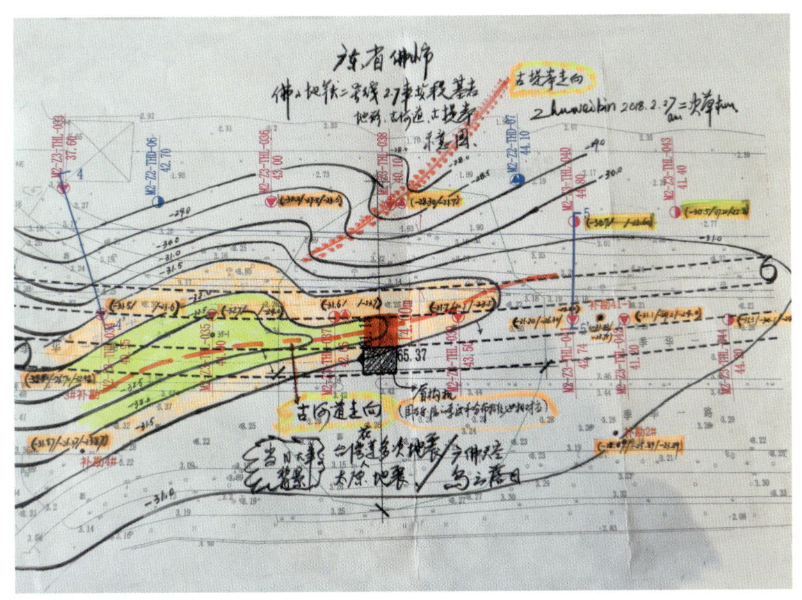

竺维彬实地考察地质后的手绘图

原因找到了，紧接着就是要开展现场清理工作和恢复生产了。

这段时间，被公务缠身的竺维彬，依然利用宝贵的业余时间，或一早一晚或周末休息日，多次往返于广佛之间。

而此时的米晋生，在事件发生后，已经连续三天没有吃饭没有睡觉了。在自己的员工遭遇巨大痛苦的时候，她自己也感同身受，完全忘记了自身的存在，陷入了一种疲累的亢奋中，身体机能已经面临崩溃的极限，却一点也感觉不到饥饿与困倦。

在这三天中，她接受了一波又一波的询问、质疑和调查，回应各种问题，说明细节情况，还要安抚伤者家属，面对还在抢救的下属。

夏永威的腿被压得太久，血液已经不再循环。医生说保不住了，必须要截肢。

现场工作中的夏永威

一个青壮年，这么年轻就要面临截肢的命运，那他以后该怎么生活？！就在大家最终决定以截肢保住生命的时候，夏永威因病情太重，再实施手术也回天乏术。

面对这样的冲击，这位优秀的监理工程师，这位年仅 26 岁的年轻共产党员，只对身边人做了一个交代：让我的弟弟来帮忙处理这件事，不要告诉我的父母和女朋友……

夏永威所不忍心的，是他的父母要承受这份痛苦，是即将一起步入婚姻殿堂的女朋友知道她会失去自己的爱人。

监理公司另外一名工程师程光胜，也被这一次突如其来的恐怖割伤了心灵，长久地陷入了典型的创伤后应激障碍。过去一幕的悲剧，总是会强制跳进他的脑海，久久挥之不去。很长一段时间，程光胜都不能再下基坑，不能再回到他正常的工作和生活之中。

在四面八方的重压下，米晋生几乎感觉不到身体机能的需要，也感觉不到自己的存在。

在很长的一段时间里，她还要持续不断地面对这些外在与心灵的拷问。但是，她还是坚强地挺了过来，因为她要对地铁公司负责，对监理公司负责。

米晋生对广州地铁有着深厚的感情。当年，千难万劫的广州地铁三号线天河客运站—华师站区间，就是由她负责监理的。在这个布满孤石的地界，盾构半年掘进不到 100 环。面对寸步难行的现状，她也从来没有害怕，没有气馁，没有放弃过。

2005 年，原监理公司的负责人提交了辞职报告，这个担子就落在了她的肩上。那一年，40 岁，正值当打之年的她，走马上任，一天副职也没做过，直接担任了监理公司的总经理。

直接就提拔到了正职，这份经历在整个广州地铁，是头一遭，也是唯一一次。

地铁公司对其工作能力和态度的肯定，显而易见。

广州轨道交通建设监理有限公司，是广州地铁精心培育多年的心血，她心里发誓，要把这份使命传承下去，要在全国的地铁建设领域擦亮和守护“广州地铁监理”的品牌。

“每一件事情，不管分内分外，只要是下达给我们监理公司的任务，不管多艰难，一定会出色完成！”

强大的执行力、责任心、使命感，迎来了监理公司的持续辉煌。在米晋生的领导下，监理公司有了一个绰号“米钟王”战队，就是米晋生、钟长平与王晖这些带头人。

这一团队，扎根一线，以问题为导向，以现场为试验平台，边实践、边总结、边创新，攻克了许多难题，取得了很多成就，也得到了很多赞誉。高峰时期，监理公司业务广达25个城市，对全国大多城市地铁建设的地质状况都了如指掌。也就是这个原因，广州轨道交通盾构技术研究所也交给了监理公司。后来的“衡盾泥”“微差挤压爆破”技术等发明，近3年取得3个省部级一等奖，在国有企业中极少见，就是以监理公司为主力。

全国的地铁监理公司有很多，但像广州轨道交通建设监理有限公司这样积极去钻研的，却很少。连不少承建单位，都表达了对监理公司技术沉淀与负责态度的赞许。

中国监理协会到监理公司调研后说，你们公司是唯一让我们眼前一亮的监理公司，看到你们，就看到了监理的未来，真正的监理，就是应该像你们这样的。

执行力非常强的米晋生总经理

这样的监理公司，不会被这一次事故打趴下。不忘过去，吸取教训，才能打拼未来。艰苦奋斗与不屈精神从来不是广州地铁的一句空话。

经受苦难，浴火重生，永立船头，是最好的注释！

地下·地上·地铁

UNDERGROUND
ON THE GROUND
METRO

下篇

苟日新，日日新。创新是社会发展、技术进步的永恒主题。

创新需要正确的理论指导，需要正确的技术路线，更需要长期一线的实践和积累。

创新有风险，创新要有勇气和胆量，创新更要持之以恒的专心和韧劲……

创新赢得尊重，创新赢得品牌，创新赢得市场和效益。

“复合地层盾构施工技术体系”，“微差挤压爆破”技术、“衡盾泥”“双模盾构”“三模盾构”……这些仅是广州地铁创新的一小部分，但就是这些创新的集成，引领着中国盾构行业的发展，使盾构穿江越海、极其复杂地质的地下，通达彼岸，造福人类……

24

带压作业，硬闯孤石阵

一种隐藏在软弱地层中的坚硬岩石，如华南地区常见的花岗岩球状风化体，俗称“孤石”，是盾构施工的天敌。广州地铁三号线天河客运站—华师站区间首闯孤石阵，带压进仓作业工法由此发展，行业标准《盾构法开仓及气压作业技术规范》编制以此为基础……

距今近 2 亿年前，一场持续 6000 多万年的地质运动，在中国及周边地区发生着，地质学称之为“燕山期构造运动”。这一地质年代，与侏罗纪的恐龙时代相对应。尤甚在我国东南部沿海地区上演得轰轰烈烈。强烈的挤压让地面形成一道道山脉，崇山峻岭连绵不绝。

与此同时，随着太平洋扩张与东西两岸活跃的岩浆运动，花岗岩浆在不为人知的上地幔—地壳间悄悄孕育流动、侵入和结晶，成为我国东南部广袤的地底世界中不可分割的一部分。之后，又是千万年的风吹水蚀、土埋沙陷，被自然任意打磨切割的花岗岩，有的成为齑粉，有的则成为土层中孤零零的石头。它们或大或小，时浅时深，虽然被风化成了球形模样，但却格外坚硬，越到岩芯越硬如钢铁，最硬的常超过 150MPa，远非周遭土体可比。

这种花岗岩微风化体强度远远高于周边的强风化、全风化的岩土或软弱土体，被称为**“花岗岩球状风化体”，俗称“孤石”**。

生活在刀耕火种年代的古人，或许就驻扎在自然形成的、人类尚无能力开挖的地下洞穴中（多为灰岩岩溶洞穴，如韶关马坝人遗址），一上一下，隔着土层各自相安无事。直到人们开始渴望并且有能力探索更深的世界，与之正面交锋时，纹丝不动的石头就像油盐不进的门神，在圆润的外表下展露着无形的獠牙。

盾构是欧洲第一次工业革命的产物，其历史有 200 余年，其中的 150 年主要是在软土地层中掘进隧道。盾构撞上这些孤石，常常是进退两难或粉身碎骨。

惹不起，躲得起。即使在施工经验丰富的日德两国，专家们也多以避让的方式解决孤石问题。

天地广博，此路不通，还有旁径。但是在广州，面对遍地的孤石，唯有正面迎战。

2003—2004 年，广州地铁三号线天河客运站—华师站区间（简称“天华区间”）首先碰到了孤石。孤石非常硬，而孤石周边的土大部分是全风化或残积的花岗岩，地层松散，一遇水容易软化崩解。

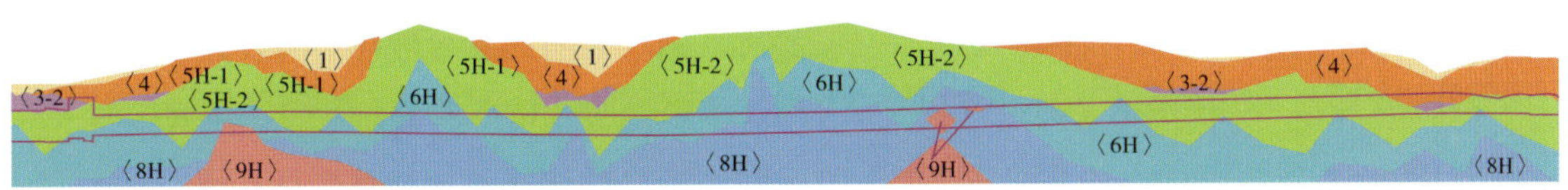

天河客运站—五山站区间地质剖面图

〈1〉人工填土层；〈3-2〉冲洪积中粗砂层；〈4〉冲洪积土层；〈5H-1〉可塑或稍密～中密状残积土层；〈5H-2〉硬塑状花岗岩残积土层；〈6H〉花岗岩全风化带；〈7H〉花岗岩强风化带；〈8H〉花岗岩中风化带；〈9H〉花岗岩微风化带

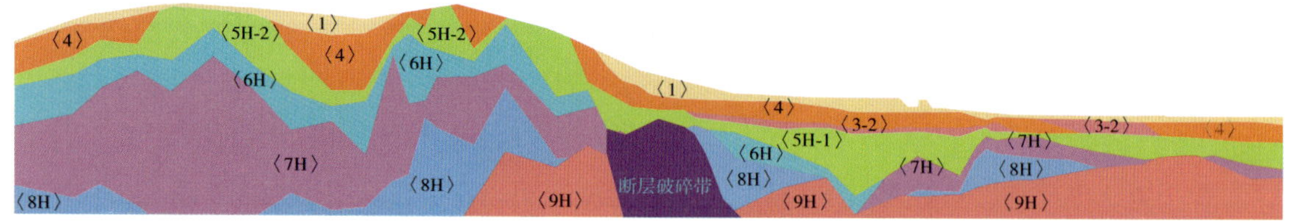

五山站—华师站区间地质剖面图

〈1〉人工填土层；〈3-2〉冲洪积中粗砂层；〈4〉冲洪积土层；〈5H-1〉可塑或稍密～中密状残积土层；〈5H-2〉硬塑状花岗岩残积土层；〈6H〉花岗岩全风化带；〈7H〉花岗岩强风化带；〈8H〉花岗岩中风化带；〈9H〉花岗岩微风化带

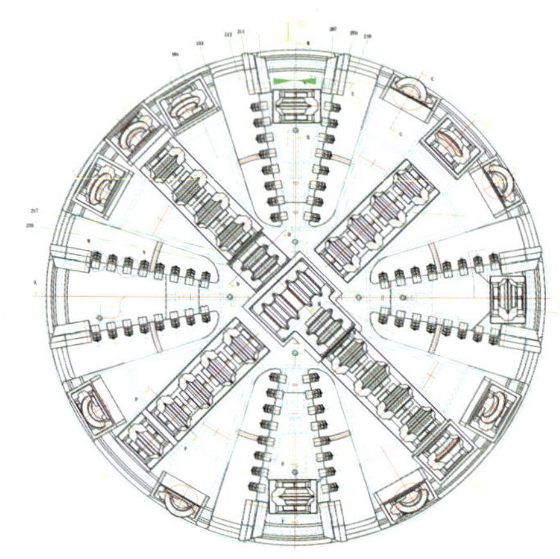

刀盘正面构造图

天华区间盾构刀盘

发育在残积层中的花岗岩球状风化体

在三号线这套地层掘进过程中，盾构刀具多次损坏，掘进极其困难，过一段时间盾构就推不动了，而又过一段时间地面就塌一个坑。

与孤石的较量，是盾构工程中的世界性难题，也是岩土工程领域一场旷日持久的战争。

这句话若说给古力听，相信他会有强烈共鸣。他正是三号线天华区间现场施工负责人，对于孤石问题有最深切的感受。

彼时的古力，有技术，又帅，35 岁了还未婚，本来该叫“钻石王老五”的，却被人称“孤石王老五”，这个名号的由来，正是这个天华区间，来自整整 4 年他与这个区间孤石的较量。不过现在的古力已拥有一位美丽的妻子，两个宝贝女儿。

广州地铁三号线天华区间是地铁盾构施工中最早遇到孤石的区间，施工单位是广州盾建公司，项目负责人正是古力。监理任务则由监理公司中标承担，总监为钟长平，总监代表为米晋生。盾构在下穿过程中遇到孤石，这些中风化或微风化花岗岩的残留体，体积通常不甚大，直径大则 3m、小则 1m，但它们硬度极高，与周遭围岩的强度天差地别，格格不入。

古力谈勇闯天华区间孤石阵

就是这些石头，给盾构掘进带来了大麻烦，把古力和天华区间项目这个平均年龄不到 30 岁的年青团队折腾得够呛。天华项目遇到的问题也让竺维彬担忧不已，时常到现场调研、讨论。

广州地铁三号线天华区间凹凸不平的花岗岩及其刀具轨迹

在盾构初次与孤石相遇时，负责天华项目的团队还认识不到它的威力，以常规方法掘进，然而却遭到一次次的失败。孤石因硬度和强度较高，并孤立地处于软土之中，时而随着盾构刀盘的转动而翻滚，时而随着盾构的前进而后退，导致刀具发生严重的磨损和损坏，致使盾构无法前进。

因此，这群年轻人试用了贝壳刀、羊角刀、楔形刀等不同类型的刀具，以及国外最好的罗宾斯、海瑞克刀具，但在孤石面前，再好的刀具，其结局都是一样。他们也请来国外有类似经验的专家问诊，他们的建议是：调线，也就是避开有孤石的困难地段。

惹不起，躲得起。可是车站线路已定，线路调线已无可能。

或者，采用地面加固，把孤石与软弱的围岩固结。其实，孤石难推的原因就在于，它一时破碎不了，但会滚，是动的。盾构掘进过程中无法将作用力用在石头上面，石头的滚动还可能打坏刀盘和刀具。但是天华区间下穿几所高校，地面建（构）筑物和管线密集，根本不具备将孤石固住的条件。

铁杵尚能磨成针，怎么刀盘磨不动石头？利用刀具本身的破岩能力去切削孤石这个最直接的方法，工程师们当然知道。但是由于刀具在面对孤石时受力不均容易快速磨损和报废，施工方需要经常性地停机换刀，换刀就意味着开仓。此时，广州地铁还没有掌握带压进仓作业的方法，在围岩极其不稳定的地方直接进仓，常常意味着生死相搏。

要进仓，只能地面加固。为了提高换刀速度，项目部尝试在盾构前方预加固几个区域，在这里给盾构换刀。可是地下孤石就像顽皮的孩子，好像知道前面有东西对付它，经常差两三米到达加固区就故意把刀具打坏，让盾构动弹不得，只得再临时加固，这样反复停机占用了大量的时间。其中，左线 119 ～ 140 环孤石地层，30m 的距离加固更换刀具 5 次，历时 7 个月才得以通过。

就这样，三号线这一段，成了所有参建人心中苦不堪言的回忆。常常卡在一块孤石处，注浆加固、换刀、再加固，来回折腾两三个月，是常有的事。创新尝试洞内静态爆破、液压劈裂机，但工效甚微。而对古力的影响和压力，尤为深刻。好在有米晋生这位暖心的大姐，时刻给予他关心、鼓励和支持。有时成功通过一块孤石，米总就陪着这些小伙子们一起开心庆祝，为整个年轻的项目团队加油打气。

能平安地日推一环甚至半环，在当时几乎是天华区间的幸运。效率慢是一方面，仅靠刀具强破孤石，让开仓风险也变高了不少。

2004 年 1 月 11 日，在盾构掘进到 529 环时，突然速度明显变慢，工人们还从出渣口捡到了已经崩断的刀圈、齿刀和边缘刮刀。这一切，意味着与孤石搏斗的刀具已经严重磨损，如果勉强前进，只会伤及刀盘，必须马上开仓检查。

但这时施工队伍遇到了一个大麻烦：在开挖面不稳定的情况下，常压进仓换刀风险很大。

此时，盾构正位于长福路一研究所大楼的下方，传统的地面注浆加固法不允许。于是，技术人员只能从洞内注浆加固，可惜效果不甚理想，根本无法完成换刀作业。

这就是盾构施工时经常遇见的事情，刀具快速磨损，频繁开仓，但是地质和地面环境却不允许这么做。而繁华熙攘的广州，也常常不给施工人员补救的空间。

当时，设计单位已经在琢磨换用矿山法来代替盾构法施工，并开始了拆迁征地的准备工作。这对于古力来说，像是在向孤石投降。他知道，放弃盾构法施工不仅意味着盾构法在天华区间的失败，也意味着盾构法施工在该类地层施工的失败。同时，由于改工法施工，会令整个三号线的工期在已经滞后的情况下，再次大幅度受影响。绝对不能放弃！纵有千难万险也要顶着上！

这种不服输，不仅仅是争一口气。其实，天华区间上覆富水砂层，若用矿山法，风险更大，说要换成矿山法者，也只是无奈情况下的考量而已。

只不过，盾构推得太慢，距离线路开通日期越来越近，大家已经别无选择。

这时，古力说，再给我 3 个月的时间，我再努把力。

为了解决花岗岩残积土进仓作业这个难题，古力组织大家搜集信息，了解到在新加坡、我国香港以及欧洲的部分地铁工程土压盾构施工中应用过压气作业的方法。其操作原理与潜水员在水下带压潜水作业类似，通过往土仓内注入高于正常气压的压缩空气，阻止地下水渗入并维持掌子面的稳定性，主要应用在地层自稳性较差而又必须进行刀具检查、更换的工况。

但是这项作业类似于深海潜水和太空行走，人体需要在高于正常大气压的情况下作业，要有合格的进仓专业人员和具备作业环境安全辨识能力的专家才能够实施。同时，人体在高压环境下作业，出仓前需要通过减压程序，将进入血液中的多余氮气排出，否则容易得“减压病”，而当时国内并无类似的行业标准和规范。

为了尽快掌握这项技术，广州盾建派古力等 4 人专程赴新加坡观摩学习，并计划邀请一家新加坡的专业公司到广州作业，合作条件已基本谈好。但国外专家经过讨论后认为，在地质不均尤其是孤石发育地层带压作业难度很大，最终婉拒了此次合作。古力等人回来后，又邀请了国内具有水下作业经验的广州救捞局人员尝试带压进仓，但由于仓内作业环境狭小艰苦，对盾构换刀工艺不熟悉等原因（单把 17 英寸滚刀重达 163kg），进仓作业试验失败。

工期压力面前，在地铁公司和监理公司的支持下，广州盾建古力的项目团队组建了一支年轻的技术攻关小组，下决心靠自己解决。技术攻关小组通过电子邮件与新加坡的专家交流，了解国外的施工经验及操作参数。当时国内并没有相应的带压作业规范标准，他们就利用在外参观学习时见识到的带压作业工艺，参照新加坡和我国香港地铁执行的压气作业规程，结合国内水下作业常用的饱和潜水规范，自行制订了带压进仓加减压作业操作手册。

经过精心稳妥的准备，2004 年大年初一，天华区间进行了第一次压气作业。这次压气作业是广州地铁首次在复合地层环境下，在土仓中完成的压气换刀操作。为确保安全，古力还邀请了德国专家尤根和马里奥现场指导。尤根和马里奥是海瑞克第一批派往中国的技术专家，在异国他乡遇到懂外语的古力，三人很快成为了好朋友。

作业当天，首先进行进仓人员高压条件下的呼吸系统测试。在古力的带领下，项目部的小伙子们克服心理障碍勇敢地进入人仓接受加压挑战。加压至 1.2bar（1bar 约等于 1 个标准大气压）时，古力因为咽炎呼吸困难被淘汰，1.5bar 时陈宗涛鼻腔出血撤出……最终还是身体素质出色的机修班长朱海兵首先通过测试成功进仓。

中国地铁盾构带压进仓作业第一人朱海兵

进入人仓后另外一个难题就是打开土仓仓门。在孤石发育的地层，气压能否成功置换仓内的水土压力尚不可知，但打开它就有可能是汹涌的泥水，进仓人员将面临巨大的危险，国外也曾经出现过类似开仓事故。这时，有经验的海瑞克专家起了作用。通过仓门平衡阀、中间球阀、自动保压系统安全测试程序后，在马里奥的亲自带领下打开了仓门，并开始刀具的检查和更换。

带压仓内作业人员

“成功了！”古力和所有仓外人员欢呼雀跃，大家喜悦的心情溢于言表。突然，仪表显示仓内压力急剧下降，“不好，漏气了！”仓外的尤根大喊一声。

听到这句话，古力只觉得一股热血冲上脑门。在新加坡的时候国外专家就告诉过他，这种孤石发育的地层很容易漏气。仓内气体一旦泄露，土仓压力急剧降低会造成仓外的泥水突然涌入土仓，严重威胁仓内人员的生命安全，当时广州地铁二号线客村桥下土仓内突然涌泥自己就差点没爬出来。

怎么办？危急时刻只见尤根身手敏捷地打开手动阀门，关闭中间球阀，调低自动保压压力……一连串操作一气呵成，仓内气压稳住了！

有经验就是不一样，事后大家都对尤根和马里奥竖起大拇指，感谢他们这些亲自下隧道进仓示范的国外专家。带压作业的成功，使长期困扰天华项目的进仓作业难题被攻克。

目前，带压作业已成为国内复合地层盾构施工中广泛使用的一项工法，作业中积累的经验参数也被现行带压作业规范所采用。

UDC

P

中华人民共和国行业标准

CJJ

CJJ 217－2014

备案号 J 1837－2014

盾构法开仓及气压作业技术规范

Technical code for operation in excavation chamber of shield tunneling machine at atmospheric or compressed air

2014－06－12 发布　　2014－12－01 实施

中华人民共和国住房和城乡建设部　发布

主要依据本区间气压作业中积累的经验参数编制的我国第一版带压作业规范

带压作业人员是需要经过专业培训才能上岗的，

为了满足频繁的进仓换刀需要，天华区间项目抽调了大约 20 人的管理人员，80 人的劳务作业人员，在身体检查无恙后，借助模拟的压力仓集体训练，培养出了中国第一批盾构土仓内带压作业专业队伍（上海隧道早期是整个隧道内带压作业）。现在国内很多从事带压作业的专业人员就是从广州地铁三号线天华区间锻炼出来的。

可以相对安全地开仓，也就解决了检查和换刀的难题。如此一来，就可以依靠更高频率的检查和换刀来对抗孤石。毕竟，一套完好无损的刀具与已经残缺的刀具，前者能够更好地啃下孤石这块硬骨头。

换刀效率如预想般提高了许多，但换刀加掘进的综合效率还远远不够。因为每次带压换刀，都需要几天甚至几周时间。

静态爆破，尝试过；国外进口的破岩机，也尝试过。只要有希望的办法都在这里被一一实践过。但这一标段施工中这群建设者绞尽脑汁始终没有找到能够打碎孤石的“靶向药”。

最后，顶着开挖面反复失衡的风险，他们还是完成了工程。天华区间隧道从始发时间算起，历时约 30 个月贯通，平均进尺仅 100m/ 月。累计压气作业 236 天，更换刀具 1091 把，带压作业时间占到总施工时间的 30%。换刀成本惊人，几乎是 4 万～ 5 万元一把。可以说，这一段线路，是用时间和金钱堆出来的。

仅就刀具，天华区间项目部就亏损了几千万元，在不断亏损不断心疼的过程中，古力他们也在不断思考，有没有更好的方法对付孤石这个魔鬼？

其实，古力在想办法，以竺维彬为代表的一批专家又何尝不知道这种困境呢？他们也急于想找出一种办法来，让施工单位不至于这么痛苦，让盾构掘进能稍微顺畅些。

这样的煎熬，让竺维彬寝食难安。

UNDERGROUND ON THE GROUND

25

“微差挤压爆破”，一点灵犀通心窍

受肾结石微创治疗的启发，通过广州地铁三号线北延段、深圳地铁五号线的实践，“微差挤压爆破”技术，在面对大自然鬼斧神工的刁难时，应问题而生。用炸药之“泥”，破孤石之硬，成为解决高强度孤石这个世界性难题的优选……

METRO

广州的地下还有无数孤石，它们就躺在未来的地铁线路上。如果都要用三号线尝试过的办法，既耗损建设者的心力，又无端折腾了许多钱。

竺维彬是农民的儿子，因此最知当家不易。

就在这样苦苦冥思中，灵感悄无声息地到来。

有一天晚上，竺维彬的老同事许耀峰肾结石突然发作，需要马上去医院。可巧，他的家里没预备现金，在十几年前，别说什么移动支付，许多医院甚至不支持刷卡付款。于是，危难之际，他想到了竺维彬。

竺维彬接到许耀峰的电话时，已是深夜。他立刻带上3000元钱，赶到了医院急诊室。在医院里，看着痛苦不堪的同事，竺维彬心里也急，跑上跑下，一会儿扶着去厕所，一会儿又扶着去看医生。在这个过程中，竺维彬就和医生交流：“有什么办法能把肾结石处理掉？”

“其中一个方法，是用微创的办法把肾结石打碎。”医生说。

“肾结石……打碎……微创……”，一连串的词输入给竺维彬的时候，竺维彬突然之间仿佛是听到了：“石头……打碎……微创……”。他一激灵：**我们地底下的孤石能不能从地面打一个孔，把炸药放进去，也把孤石炸碎？**

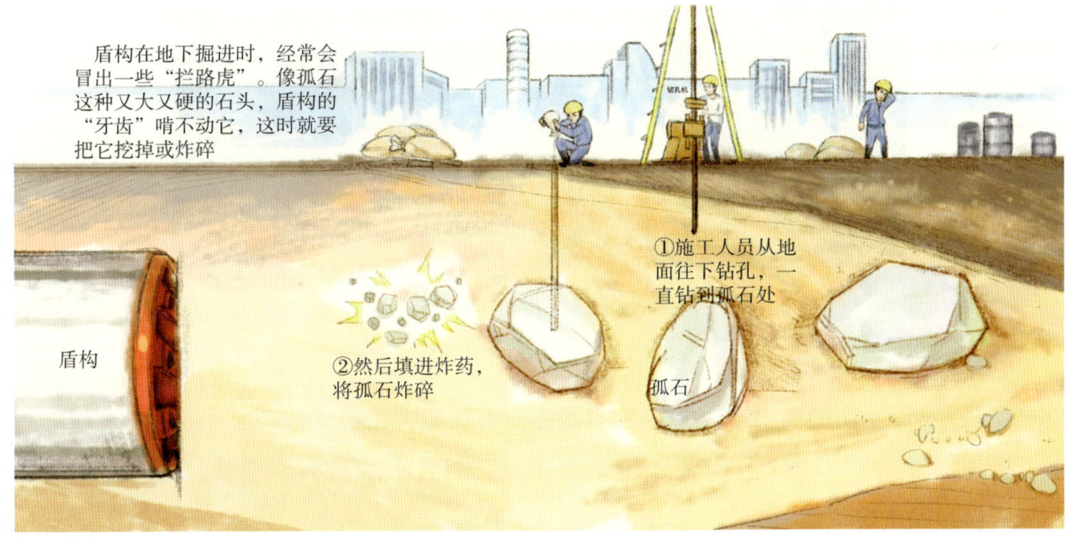

用“微差挤压爆破”技术将地底的孤石炸碎

竺维彬突然觉得找到了开门的钥匙。

对嘛，结石可以被打碎，孤石为什么不能被微创打碎？微创伤不了人的肾脏，只要找对办法也伤不了盾构和掌子面。

也许在许耀峰看来，竺维彬这位同事是不合格的，在他痛得哇哇叫的时候，竺维彬居然想的是怎么处理孤石。但许耀峰也感同身受：是啊，自从三号线天华区间遇到孤石以来，盾构掘进是每天一换刀，昂贵的换刀费用，还有带压作业的巨大风险，竺维彬作为建设事业总部的总经理，心疼工人，心疼工期，心疼刀具，还心疼钱，他哪能不着急呢！

许耀峰当时还不知道，自己这一病，居然成了孤石"靶向药"的灵感来源。自己这一病，"病"出来一个国家发明专利和诸多科技大奖。当然，这是后话了。

灵感很重要，但是怎么实现它，才是关键。有了用"微创"将孤石炸碎想法的竺维彬，想到了一个人，他的研究生同学、爆破专家孟庆彪。这位上基础课时候的同桌同学，1989 年一起分配到广州，他的单位和竺维彬的单位挨在一起，所以这两位同学平日相聚时，经常交流工作中碰到的岩土工程技术难题。

"在没有临空面的情况下，有没有可能打孔放炸药把地底下的孤石炸碎？"竺维彬问。他心想，只要一炸碎孤石，盾构掘进就非常快了，而且不会损坏这么多的刀具。

"可以试一下，但是必须要创新。按照传统爆破的理论，必须要有临空面，在地底下没有临空面你怎么炸？"孟庆彪被竺维彬提出的大胆假设吓了一跳，但细想之下也不是一定不行，缺的，就是临空面。

孟庆彪教授详细解读"微差挤压爆破"技术

确实，矿山法施工时，如果要爆破，必须要有临空面才行。为此，两位老同学咨询了其他知名爆破专家，思路居然出奇一致：**没有临空面怎么能实施爆破呢？**

竺维彬听到这话，还是不死心，没事就和孟庆彪交流："**没有临空面，能不能创造临空面？**孤石旁边的土层不是软的吗？这个土能不能挤压？"

"是啊，这个土是能挤压的，创造临空面来试验一下，看看爆破能不能成功！"孟庆彪也被这位老同学的执着打动，身上也开始燃起了热血。

竺维彬与孟庆彪经过多次会面讨论，提出了三个切中要害的问题。**第一，爆破能否将岩体破碎？第二，爆破技术本身的安全性、环保性要求高，如何控制爆破量，保证不会对盾构机械结构的密封性能和周边环境产生不良影响？第三，岩体破碎到什么程度有利于盾构掘进？**

2004 年，也就是三号线天华区间一环一环死抠中的同一年，关于新爆破方法的科研攻坚开启了。攻关小组首先要克服的，就是地下没有临空面的问题。

当时，两位专家想到了一个概念“**临弱面**”。由于隐蔽岩体与周围软弱介质存在波阻抗差异，它们两者的交界面称为“临弱面”。爆破时，交界面能够反射能量，提高对岩体的破碎作用。在“临弱面”附近的爆破孔起爆后，由于周遭软弱介质多半是土体，具有可压缩的特点，在挤压之中就会形成空腔，这一小部分空间，在后续接连爆破后，就人为创造出了临空面。

也就是说，通过小规模起爆，达到土体压缩腾出了临空面的效果。

“临弱面”“**创造临空面**”，这些徘徊在两人脑海中的关键词，最终目的，就是既让爆炸破碎孤石，又要减少爆破对环境的影响，从而使爆破可以真正地运用到盾构工程中。

纸上得来终觉浅，工程的研究最终都是要到“战场”上去检验的。

2007 年，未来的“**微差挤压爆破**”技术，得到了第一次到现场处理孤石的试验机会。

当时，广州翡翠绿洲地产项目施工正在进行。但在做管桩基础时发现，底下全是大小不一的孤石和孤石群，像串联在一起的糖葫芦。如此一来，难以采用地面人工挖孔桩和冲击桩的方法处理。

竺维彬和孟庆彪一商量，觉得这个地方正是合适的试验场。于是采用地表钻孔的方法，在地下无临空面的情况下，成功爆破孤石。之后管桩施工也顺利地进行了下去，达到了爆破的预期效果。

现场试验

这就意味着，用创造临空面的理论，可以通过地面钻孔的方式将地下的孤石炸碎。首要问题解决了，接下来就需考量第二、第三个问题了，即是否会对盾构造成损坏？孤石破碎到什么程度或标准才有利于盾构掘进？

对于第二个问题，如果在盾构到达前提前预爆即可避免，那在临近盾构时呢？盾构在爆破时易损部件有哪些？盾构的关键部件是靠密封连接的，密封一旦损坏，盾构的轴承密封就会出现漏油的情况。经过查阅资料，再多次讨论，办法又想出来了，紧邻盾构爆破时措施有两条：其一，设计隔震孔；其二，土仓填满浓泥浆或渣土，以降低震动对盾构的影响。

对第三个问题即爆破后的粒径问题，泥水盾构的管道直径有的达 30cm，有的只有 25cm；土压盾构的螺径，地铁盾构最小是 60cm，有的达 90cm，并有带式螺旋和轴式螺旋之分别。

由此，对应不同的盾构选型，管径不同、螺径不同，孤石爆破后的粒径要求也有差异：土压盾构爆破岩块必须炸到 30cm 以下，泥水盾构必须炸到 20cm 以下。

在翡翠绿洲地产项目初次实践后，孟庆彪带领技术人员做了一系列试验，这项名为“微差挤压爆破”的技术，其核心就是在钻孔中填埋多组炸药，设定精密的时间差，先后起爆，有一些先爆的其实是为后面真正碎石的爆破创造出临空面。根据工程实际情况，设计合适的炸药量和爆破孔间距，最终将孤石炸成粒径不足 30cm 的碎块。

从此，作为国内著名爆破专家的孟庆彪，开始熟悉和深入研究盾构技术。他亲自带领队伍，边实践，边监控，边总结提升，最终编制出一套针对性的预爆方案。诸如针对不同岩类，在爆破过程中，应该放多少炸药量？爆破孔与爆破孔间距多少才能把一块完整的孤石炸成 30cm 或者 20cm 以下？

编制方案的关键：不能损坏盾构，炸碎的石块还能排得出来！

2008 年，广州地铁三号线北延段同和站—永泰站区间，由中铁十三局施工，勘探过程中发现孤石后，竺维彬建议小范围尝试刚刚研发出来的“微差挤压爆破”技术。

这是“微差挤压爆破”技术第一次在盾构施工中尝试。微差挤压爆破团队的所有人都慎之又慎，唯恐损坏盾构。孔与孔的间距被控在 60 ～ 100cm 之间，按照之前的试验结果，放上合适的炸药量，砰！起爆！

结果如何？

岩块真的能炸碎到 30cm 以下！不仅如此，经过试验，攻关团队测出爆破速度，计算出可能损坏盾构的炸药量，得出结论：采取措施以后，孤石爆破这种技术不会损坏盾构，把土压盾构前的石块炸到 30cm 以下、泥水盾构前的石块炸到 20cm 以下是能做到的。

历经翡翠绿洲地产项目和广州地铁三号线北延段同和站—永泰站区间的试验以后，大家变得有信心起来：**“微差挤压爆破”技术，能解决高强度孤石这个世界级施工难题！**

孤石，不止在广州有。

2009 年 7 月，深圳地铁五号线 5302 标翻身站—灵芝站区间，由中铁七局承建。不幸的是，施工队伍碰到了孤石，尝试用人工挖孔法和冲桩机把岩石破碎以及试用旋挖机将岩石取出……

毫无意外地，这些传统方法，已让多家施工单位吃尽了苦头。

中铁七局只能请竺维彬等专家前去指导。

盾构通过爆破后的孤石

2009 年 7 月 4 日，几位专家到了翻身站—灵芝站区间项目现场。竺维彬进土仓一看：隧道顶部是残积土，盾构已经顶到了孤石，掘进速度基本为零。

这种情形，竺维彬简直太熟悉了，既然“微差挤压爆破”技术已经在两个项目上试验成功，那能不能在这个项目上正式应用？和孟庆彪一商量，可行。中铁七局项目部的领导与竺维彬有十多年交情，他们非常信任竺维彬，对竺维彬提出的建议也认为非常有道理，何况，不用“微差挤压爆破”技术，别无他法！

但是“微差挤压爆破”技术能不能实施，不是竺维彬一个人说了算。2009 年 8 月 15 日，深圳地铁业主组织召开 5302 标大规模孤石用“微差挤压爆破”技术进行处理的专家评审会。深圳地铁邀请了 5 位专家，其中钟长平任专家组组长，广州地铁建设事业总部的肖瑞传也参与了这次会议。

除钟长平以外，其他 4 人两人反对、两人赞同。

“谁能保证这种地面爆破能达到理想效果？爆破后的岩块盾构能排出吗？对周边环境不会有影响？对盾构不会有损害？”反对者责疑道。

“地下没有临空面，怎样实施爆破？按道理最多炸一个裂纹，还会产生一些灾害，包括地表的沉降。”反对的声音在持续。

钟长平讲述深圳地铁第一次应用“微差挤压爆破”技术的决策过程

同意采用“微差挤压爆破”技术的专家，则以两次成功案例为依据，证明该技术可以解决这些问题，能够充分应用到实际。“既然已经有了详尽成功的案例，说明这个技术方向上是没错的，为什么不试一试呢？”

“而且，一般的处理办法，已经解决不了目前碰到的问题。”赞同声音说。

确实是这样，按照以往的办法，要么就用刀具强刮硬削，成本高昂且进度缓慢；要么采取人工挖孔，待打碎石头后回填，但需要宽裕的地面操作空间，对于身处主干道闹市的深圳地铁五号线来说是做不到的。

意见无法统一，大家把目光投向了组长钟长平。

对钟长平来说，他很早就参与了“微差挤压爆破”技术的研究，对这项技术非常了解。在如何处理孤石的问题上，钟长平认为这项技术值得一试。

“原理上，微差挤压爆破是可行的。”钟长平进行总结陈词，“微差挤压爆破两次成功案例，一次比一次好，特别是广州地铁三号线北延段同和站—永泰站区间，效果非常好。时不我待，工期不等人，这个区间有必要一试。”

钟长平心里还有一句话没有说出来，在他看来，只有多多尝试新办法，才能推动技术的进步，这对于地铁建设、盾构事业只有好处。

为了保险起见，深圳地铁又请来了孟庆彪，做更详细的现场解惑。孟庆彪再次就大家最关心的问题，一一做了阐述与解释：

微差挤压爆破，就是用精准的时间差起爆，为孤石爆破创造临空面。之所以可行，是因为附近土体都是软弱介质，会受到挤压而压缩，这部分腾出的空间，就是爆炸所需要的临空面。

爆破效果如何？搞工程的人最忌讳纸上谈兵，攻关团队早就在翡翠绿洲地产项目和广州地铁三号线北延段工程中做过试验，破碎效果是可以保证的。

至于安全问题，岩石爆破后，碎块只是破碎而不是消失，而且爆破本身会让孤石变得松散，密度虽然变小了，体积却变大了，如此一来，就避免了沉降。而扰动的问题，就要依靠更精确的微差数值设定和其他辅助技术了。

…………

总而言之，攻关团队对这项技术很有信心。

这一番详解，给现场所有人注入了强心剂。

至此，方案正式通过了审查，**这是该技术在盾构隧道孤石、基岩处理上的第一次正式应用**。

根据深圳地铁五号线的具体情况，攻关团队调整好参数，对孔距、孔深、药量、微差时间等都做了周详的部署，经中铁七局项目部现场检查后，爆破开始。

翻身站—灵芝站区间孤石所在地是市区主干道，环境要求很高，攻关团队采取从地面分段钻爆的方法。同时，为了避免超出允许的震动发生，在岩体较薄处孔内连续装药，较厚处则分段装药，并设置了沙包和铁板组合的防护系统，以免孔口沙石飞溅。

深圳地铁五号线翻身站—灵芝站区间位置图

爆破后经抽芯检测，孤石或基岩都被破碎成了单边长度小于30cm的碎块，结果正如预想！

一次成功！在深圳地铁市场，“微差挤压爆破”取得了开门红。中铁七局盾构施工的脚步很快就通过了这一段孤石地层。

尝到甜头的深圳地铁，很快又在另一起遇孤石的难题中用到了“微差挤压爆破”技术：深圳地铁机场线，该项目由中铁三局承建，区间遇到的孤石与深圳地铁五号线的情况略有不同，也更加复杂。

这一次，是盾构掘进到拐弯时（曲线段），一侧下部撞到了岩石上，另一侧和上部都是软土，典型的复合地层。掘进速度奇慢不说，盾构姿态控制不住，再向前就偏离设计轴线了。

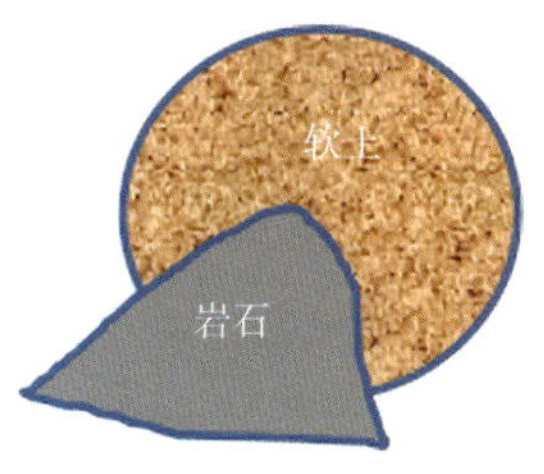

孤石侵入隧道

这可怎么办？眼看就要被孤石抵出隧道，而且由于不断磨损，盾构内部温度烫得惊人，根本就没有人愿意到作业位置。即使拿冰块降温，这些“牺牲品”也会在一瞬间吸尽热量然后化作一滩温水。

就在这么严苛的特殊条件下，建设团队面临的是复合地层和超硬岩的双重挑战。一旦上面超挖，而下面纹丝不动，则可能引起工作面的失衡，以至于塌方。

这种状况越拖越让人害怕。在几次专家会议后，项目组想到了在翻身站—灵芝站区间取得良好效果的“微差挤压爆破”技术。中铁三局请竺维彬当专家组长，经鞠世健、张厚美、陈慧超等专家审查同意采用“微差挤压爆破”技术后，又请孟庆彪主持优化和实践爆破方案。

孟庆彪很快给出了解决的办法：**偏爆**。

在盾构转不过去的地方，一边多炸些，一边少爆些，这样就相当于把盾构要经过的岩层均匀地炸碎。爆破完成，果然如方案一样，盾构行进速度一下子就上来了，动态平衡也能建立，沉降控制良好。

一周之后，机场线顺利拐弯，按设计线路正道继续前进。

口碑口碑，自然是口口相传。在得到使用者的认可后，这个成功的案例很快传遍了饱受孤石之害的各个施工单位。酒香不怕巷子深，后来，“微差挤压爆破”技术又陆续在中隧集团、中铁一局、中铁二局、中铁十一局、中铁十三局、中铁十六局等项目中应用。

在几次可喜的成功背后，“微差挤压爆破”技术发明者们的心情犹如滚滚珠江潮，难以用语言形容。

现在，“微差挤压爆破”技术的发明者们，可以大声而自豪地说：**“我们用智慧，把一项看似不可能的技术研发了出来。现在，这项技术可以自如地运用到盾构工程中，去对抗任何种类、任何强度的孤石”**。

事实证明，面对大自然的刁难，用心专心的人类，是可以战胜困难的！

老子说，不敢为天下先，故能成器长。面对广州地铁最先遇到的这么多极端的工况，如果都要从书上找到案例才能解决，那庞大的地下交通网就不知要等到什么时候才能建成。不忘初心，我们有底气、有勇气做第一个吃螃蟹的人。

26

“微差挤压爆破”，击破云根走地龙

“云根”是石头的雅称，也是盾构的祸根。

广州地铁六号线苏元站—香雪站区间遭遇大规模的孤石群，“微差挤压爆破”技术就是孤石群的“靶向药”——弃之则阻，用之则进……

墙内开花墙外香，生于广州的“微差挤压爆破”技术在其他地方大放异彩，但很快，回馈广州的机会就来了。

在广州的东边，整个地铁六号线二期或瘦狗岭断裂带以北地区，都是孤石比较发育的区域。但要数密集程度，当以原萝岗区域范围内为最。这个范围，就是现在黄浦区开创大道周遭、地铁苏元站—萝岗站—香雪站区段所处地理位置。

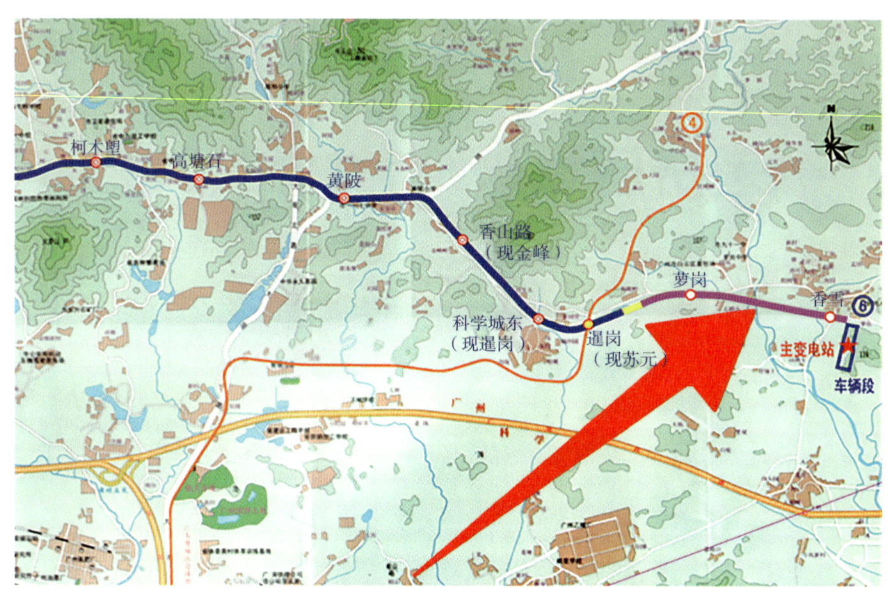

广州地铁六号线苏元站—萝岗站—香雪站线路位置图

此处地质非常典型，既有**上软下硬的复合地层**，在补勘过程中，又发现了数量惊人的**孤石群**。施工单位，正是最早经历广州地铁三号线天华区间孤石地层的广州盾建。

这一段，因孤石太多，原设计方案为高架通过，但最后为满足各方诉求，从城市景观和土地保值增值的角度考虑，改成了地下形式。此时，时任项目经理古力已是广州盾建的领导，对孤石有着“深厚感情”的他，这次把重任交给了公司年轻的项目负责人黄恒儒。

三号线建设被孤石打得“头破血流”的故事，黄恒儒早有耳闻，对孤石这个顽疾自然打起十二分精神。所以，黄恒儒一到项目上，深受竺维彬和顶头上司古力耳濡目染的他，首先就是研究地质情况，“以地质为基础”！他非常清楚，时刻牢记。

黄恒儒的第一站，就是去到附近公园的山上，举目一望，山坡面上山石成群，他心里一咯噔：按照常识，花岗岩球状风化的孤石，大多藏在地层。地上展露的，也不过是这种风化产物的冰山一角。地表的孤石尚且如此之多，在他脚下这片层层叠叠的岩层中，不知道还有多少“惊喜”在等着他们。

山坡上孤石成群

“孤石是盾构工程的天敌”。建设方代表汤文涛、张莉，总监魏康林，项目经理黄恒儒，区间设计总体韦青岑等在项目前期就对孤石地层的施工进行了策划和研究。而真正深入地下开始勘探后，每个人还是会无奈地感叹一句：怎么会有这么多石头！

竺维彬亲临一线研究孤石处理对策

这个区间的孤石多到什么程度？翻看地质剖面孤石的分布图，众人着实吓了一跳，苏元站—萝岗站区间长度972m，萝岗站—香雪站区间长度1822m，在短短3km不到的区间内，居然躲藏着非常多的石头，并且这些孤石不是零星出现，而多是成群结队——**孤石群**。

同期的深圳地铁好几个区间、台山的核电站项目，都陆续遇到孤石。“微差挤压爆破”技术在这些项目上的成功应用，自然引起了项目团队的关注。

苏元站—香雪站区段的孤石分布如此密集，攻关团队最后明确了方向：**一是设计分区段逐级加密的钻探方式，并结合物探尽量探明孤石，并寻找孤石分布规律；二是通过调线规避孤石密集区域；三是对探明的孤石采取“微差挤压爆破”技术进行预处理。**

在这两个区间对存在的孤石尝试预爆技术，隧道对应地面为开创大道，若能临时借地，爆破相对容易实施，但应用“微差挤压爆破”技术仍有许多未知难题，诸如能否借地等需要解决。

在萝岗站—香雪站区间，有三处大规模孤石群。

萝岗站—香雪站区间孤石群

第一处是萝岗站—香雪站区间左线，检察院地层下方的孤石群。30 多米的区间内，参差散落着 40 多块孤石。好在隧道上方地面有场地且检察院给予理解和支持，项目部立刻采纳了“微差挤压爆破”的方法。

“微差挤压爆破”技术，既是苏元站—香雪站区间的第一次应用，也是第一次正式应用于广州地铁。因此不少人的内心还是免不了忐忑与紧张。但无论在哪，只要抓住“微差挤压爆破”施工的关键，就一定能成功！在竺维彬和孟庆彪的指导下，大家解决了几个至关重要的问题：让碎石块小于 30cm、高效地对孤石群进行钻孔、检验爆破效果。

在谨慎使用了“微差挤压爆破”技术后，盾构掘进的效率大大提高。这段总共 30 多米长的孤石区域，在爆破后一周内便顺利通过，中途没有开仓换刀，与三号线天华区间的窘境形成了鲜明对比。

“微差挤压爆破”在六号线萝岗站—香雪站区间左线取得了开门红，所有人都为之振奋。

第二处大规模的孤石群，位于萝岗站—香雪站区间的右线。由于诸多条件限制，区间右线“微差挤压爆破”技术无法正常实施，只能采用常规带压换刀强行通过的方法。这个无奈的决定，让对付孤石的过程磨难重重，与左线使用“微差挤压爆破”技术一对比，差距相当明显。

萝岗站—香雪站区间右线由于掘进面上方有很多大的管线和直径 2m 多的主自来水管，只能进行调线。但即使调线，因为盾构的直径是 6m，也只能爆破一半，盾构要过没有爆破的另一半时，遇到孤石掘进不了，最后只能停下来。

盾构停下后，要开仓换刀必须先要进行地层加固，但花了两个多月进行地层加固后开仓换刀，掘进几天，刀又坏了。又需开仓换刀，又需加固地层……每次开仓都提心吊胆，经过接连三次开仓换刀后，建设团队有了共识：这些孤石如果不进行爆破处理的话，单靠盾构是掘不过去的，特别是对孤石群。

在接下来过大塱村这一段，地上地下施工条件更差，地下是孤石，仅后来盾构停机补勘的孤石，就增加了 21 块，这还不包括许多没有勘查到的孤石和基岩侵入，让人头疼。地上是

大塱村

密集的房屋，且多为砖混结构。为了降低对房屋的影响，线路进行了微调，把这一段的线路移到房屋侧面。

虽然有了“孤石一定要进行预爆处理”的共识，但要想在房屋前方的公共用地上进行爆破，就必须征得村民的理解和同意。因为对工程和地铁的不理解，且施工距离村民住宅只有 10m，村民一听要在其房前钻孔爆破，都断然拒绝。即使项目部多次强调此爆破技术非传统爆破，对环境的影响很小，甚至政府亲自协调，但结果都不尽如人意。

村民不同意，就不能实施爆破。工程不等人，整个大塱村有 60 多环 100 多米长，项目部只有一边采用其他方法试处理，一边和村民保持沟通。

用其他方法处理孤石，与预爆处理一样的前提条件是首先要找到孤石，**勘明孤石的位置、规模、形态、强度、物质及周边介质**，要精确探明孤石的上述特征，也是件难事。即使勘探孔间距密到 2.5m 一孔，沿线梅花状布置 5 排孔，实际掘进过程中还是会碰到未探明的孤石。

在过大塱村开始段 17 环 25.5m 时，由于无法爆破，施工团队采取地面钻孔将孤石打成蜂窝状，孔距 30 ~ 50cm，基本上地面也被打成了蜂窝状，但盾构还是无法掘进。再尝试静态爆破、液压劈裂机，效率始终不高，这些方法对单个孤石尚能处理，面对成群的孤石就毫无办法了，盾构就是过不去！

地面被打成了蜂窝状

雪上加霜的是，在孤石成群的地方，工程地质条件都非常差，开仓作业难度极大。周边虽然是全风化岩或残积土，但实际上这些岩土和砂土差不多。掌子面一暴露，遇到水渗入，很快就崩解脱落成水、沙、泥混合的泥浆，再加上孤石，这种地质条件没有系统的地层加固，即使带压也很难成功。

竺维彬（左一）和王晖（时任监理公司副总经理）进仓调研大塱村段受困盾构

他们试过在同一个地方采用 3 种不同的方式去加固，却由于孤石蠕动后注浆液乱窜，把盾构刀盘和盾体固住了。固住后，竺维彬和王晖在开挖面漏水的情况下，冒着风险，钻进土仓察看掌子面水从何处来，并针对性地提出封水和脱困建议，才算又过一道难关。

危险最大的一次是采用填仓作业辅助开仓，挖仓时掌子面发生大量涌水涌砂。当时，涌水量超过土仓门的一半，土仓门关不上，工人快速撤离，后来只能将人闸门关上。对于这样大量的水土流失，地面坍塌的概率非常高。

2013 年，整整一年的时间，大塱村这 17 环 25.5m 的区段就在反复地层加固、反复开仓、反复提心吊胆中度过，自然谈不上什么进度。

所有人都意识到，这样下去不成！如果不采用“微差挤压爆破”技术对孤石进行预处理，修通这条线路将会付出极其惨痛的代价。

但要想让“微差挤压爆破”进行下去，就必须要取得村民的同意。“智取华山只有一条路”，建设者们动员了一切可以动用的社会关系、政府关系、亲朋关系等，与村民一次又一次地沟通，晓之以理，动之以情。也许是村民也感受到长久的僵持和时不时发生的塌陷并不是更好的选择，最终同意了项目部的爆破方案。

为了不辜负这份迟来的信任，项目部对方案设计进行了全面优化，优化的内容主要是如何进一步控制爆破的振速，如何控制爆孔的渣浆对环境的污染。攻关团队从技术和管理的角度尽最大的努力，将爆破的影响降到最低。

通过“微差挤压爆破”技术对孤石的预爆处理，周边居民甚至没有感觉到爆破，盾构就在一个月内顺利通过大塱村后面的 40 多环约 70m 区间。

一年 17 环，一个月 40 多环。使用“微差挤压爆破”技术处理孤石与传统工法对比之明显，显而易见。

现在每个人都深信不疑，**“微差挤压爆破”就是孤石群的“靶向药”**。

有了“微差挤压爆破”这个对付孤石的“靶向药”，大塱村这个仅仅 100 多米的区间一年多后终于推了过去。

还没来得及庆幸，萝岗站—香雪站区间右线隔陂涌的风险悄然到来。勘探报告显示隔陂涌下隧道断面为砂层，而孤石这个球状风化体一般赋存在全风化花岗岩和残积土层中。在砂层中，应该不会遇到孤石！几乎所有人都这样认为。

所以，对于隔陂涌这一段，项目部并没有进行重点勘探，事先也没有发现存在孤石。在毫无防备的情况下，盾构就撞上了孤石群，这让所有人大吃一惊。

隔陂涌

隔陂涌地段孤石居然裹在第四纪全新世松散砂层中！这种地质异象，必须马上报告给地质专家竺维彬才行。

竺维彬来到现场察看后，结合地质勘查报告，得出结论：这是古河道遇孤石。古河道发育时，冲刷走了孤石周边的全风化花岗岩和残积土，河流带来的沙就沉积在孤石周边。

从化吕田河中的孤石

竺维彬把成因解释清楚了，大家也释疑了。但要在水沙中处理孤石，钻孔异常难！

在水沙中进行爆破钻孔，遇上下成串的孤石易产生偏位、卡钻等问题，钻孔难度大、进度慢。这种难题没有可借鉴的经验，攻关团队摸索着试验和创新，最终用了整整两个月才解决了钻孔难的问题，完成了爆破用钻孔，好在爆破后盾构通过非常顺利，补回一点时间。

过大塱村和隔陂涌都是萝岗站—香雪站区间的故事，工程未完，故事也没完，还有一个区间呢！

萝岗站—苏元站区间，只有短短 972m，是萝岗站—香雪站区间的一半，但建设者们也至少遇到了 3 次孤石，密度极大。其与萝岗站—香雪站不一样的地质条件是：隧道下部有基岩侵入，隧道上方还有许多孤石和孤石群。

萝岗站—苏元站区间线路图

这一段孤石和基岩复合段有100多米长，除岩石构成复杂外，上覆地层中还有富水砂层，不仅造成掘进速度慢，而且还易造成塌陷。怎么办？

面对这样的地质条件，最初的爆破方案是孤石爆破、基岩不爆破。因为基岩体内很难创造临空面，而盾构有开挖基岩的功能。

不久，问题就来了。因为掘进速度太慢，对上面地层的扰动太厉害，洞身外顶部的孤石纷纷掉落，频繁损坏盾构刀具，阻碍盾构向前推进。好在开挖面稳定性尚好，常压开仓能短时稳定。

黄恒儒进入土仓一看，顶部的孤石像恐龙蛋一样，一个个叠在一起，只好停下来，再彻底地爆破，把这些孤石障碍处理掉。

叠在一起的“孤石群”

既要提高掘进速度，又要保证地面安全，只能通过总结本区间开始段的经验教训，补充、完善、优化爆破方案：一是孤石、基岩一起考虑，都需要预爆；二是对爆破后隧道顶松动部分的地层进行压密注浆加固，以提高地层的自稳性和气密性。

按优化方案实施，终于“柳暗花明又一村”，工程全面走向顺利。

回头一看，短短2km多的苏元站—萝岗站—香雪站区间，施工团队一共遇到孤石256块，是全线其他标段孤石总和的3～4倍。

从 2012 年开始掘进，到 2015 年两个区间贯通，地上地下的困难让建设者在日日恐惧中，艰辛地走了 3 年！

这 3 年，竺维彬、朱育宏、米晋生、孟庆彪等去现场的次数不下百次。他们去的目的，不仅是鼓励一线建设者坚定信心，解决本标段的困难，而且还要不断钻研与丰富竺维彬和孟庆彪的心血发明——“微差挤压爆破”技术，让这项技术更多、更好地服务其他新线及其他城市的同类地质条件隧道建设。

之后，“微差挤压爆破”技术很快被推广应用到广州地铁二十一号线，以及厦门、福州、东莞等城市地铁，也被推广应用到受孤石、花岗岩困扰的公路和铁路盾构隧道施工项目中，持续发挥着光与热。

广州地铁二十一号线沿线“孤石群”

竺维彬考察厦门花岗岩采石场

福州地铁过闽江孤石、基岩预爆处理

东莞孤石岩样采集

其中，效果极好的一个案例，当数珠海的马骝洲交通隧道。

27

“微差挤压爆破”，威名渐远

“微差挤压爆破”这项对孤石预处理的颠覆性创新技术，在珠海马骝洲交通隧道超大直径盾构掘进通过海底花岗岩凸起地层时，发挥了重要作用，取得了巨大成功，是盾构工法发展史上的一个里程碑……

2015 年，珠海横琴马骝洲交通隧道开工建设。马骝洲交通隧道，又称横琴第三通道，是继横琴大桥与二桥之后，第三条贯通横琴岛与珠江南湾城区的通道。

这条隧道的修建初衷很简单，就是为了打通一条能全天候通行、不受风雨阻碍的交通要道。珠海地区是面向南海的大门之一，每年都有大量台风来袭，为了确保安全，常常会封闭狂风暴雨中摇摇无助的横琴大桥和二桥。

马骝洲交通隧道工程线路规划图

也因此，这条横琴第三通道的设计之初，珠海方面就选择了隧道的方案。马骝洲交通隧道由上海隧道承建，全长 2834.6m，其中有 1082m 采用盾构法施工。而马骝洲水道宽 520m 左右，也即盾构工程一半是在水道下。

马骝洲交通隧道采用了一台直径 14.93m 的常规刀盘（非常压换刀刀盘）泥水盾构施工，是**我国首条海域超大直径复合地层盾构隧道**，也是华南地区首条超大直径盾构隧道。马骝洲所在位置是西江河道入海地段，海陆交互，受潮汐影响大，水质偏咸，中间还要通航。据业主提交的初勘、详勘报告，初勘时，发现隧道断面底部有少量的孤石。但补勘时发现，孤石的量大大增加并且还有基岩凸入隧道的现象。

试想一下，直径近 15m 的盾构在水底深处，上面是水体，而承载水体的是一种特殊的复合地层，从上到下，有流塑状淤泥、中粗砂、砂质黏性土与花岗岩。这些性质各异的岩土层，在地下似或宽或窄、时薄时厚的彩条飘带，一会儿如波浪起伏，一会儿又被大自然无形的

“手”揉成一团，在不同水平或垂直面互相侵入，犬牙交错。

不仅如此，还有大量孤石静静地躺在河道各处，等着盾构“碰壁”。即使在陆地上，遇到上软下硬的地层，盾构掘进都非常难，何况水下！还有这么多孤石！

这些孤石，如果不加以预爆处理，盾构万一在江底损坏，不能开仓，自然也无法换刀，到时该怎么处理？

上海隧道是我国最早熟悉且掌握盾构技术的施工企业，公司的前辈王振信总工、丁志诚副总工等，也是本行业的导师。上隧非常重视工程的难点和风险的预防，对马骝洲交通隧道项目也是如此。

对于如何处理孤石，上海隧道对“微差挤压爆破”技术在深圳和广州地铁上的成功应用已有耳闻。因此，上海隧道专门到广州，请教竺维彬、鞠世健、孟庆彪等专家，并很快成立了以钱七虎院士为组长，竺维彬、鞠世健等组成的特邀顾问专家组。

对于马骝洲交通隧道的情况，竺维彬是清楚的，自 20 世纪 90 年代考察国际上第一条超大直径盾构隧道（东京湾直径 14.14m 泥水盾构）归来，他一直在跟踪关注国内外超大直径盾构施工遇到的各种难题和进展。马骝洲交通隧道，更是其想了解掌握更多复合地层超大直径盾构施工经验的项目之一。

竺维彬早就分析过，马骝洲交通隧道从地上施工环境、地下地质条件到配置的盾构和施工队伍，都存在很多困难：

第一，是地面的施工环境难。要穿越整整 520m 宽的水道，两边还都有堤岸。

第二，是地下的地质条件非常复杂。上半断面主要是淤泥，有少量砂层，含水量很高；下半断面是花岗岩，强度超过 120MPa。

第三，这条隧道是一个直径接近 15m 的超大直径盾构隧道，非常压换刀刀盘，本身工程复杂，且施工队伍在同类地层中经验欠缺。

上海隧道对这项工程的风险进行了多次研判，如两岸地下有抛石和插塑板，已经提前用全回旋钻机进行了换填清除处理。

对于水下大量的孤石，竺维彬已在几次专家会上建议过，可以运用我国自主研发的预爆破技术进行处理，也就是之前在广州地铁六号线二期工程立下赫赫战功的“微差挤压爆破”技术！

马骝洲交通隧道项目专家组组长钱七虎院士，是国际著名防爆专家，平易近人，虑事非常客观、周到且专业。钱院士认真听取了竺维彬有关拟采用“微差挤压爆破”技术的建议，非常认可，同时也指出了“微差挤压爆破”技术存在的风险。

钱院士对水下爆破的风险是有疑虑的。毕竟，以往成功的爆破案例都是在陆地上实施的，现在要在海里、航道里，怎样在浪潮中保证钻孔的垂直度和成孔率？怎样避免炮孔渗水、炸药失效？如此等等。

这些都不是小问题。如果选用了“微差挤压爆破”技术而没有解决好这些问题，哪怕只是留下了瑕疵，都很有可能引发海底塌陷等事故。

基于工期和经济考量，上海隧道选用的是常规刀盘泥水盾构。这台大直径泥水盾构，由施工过软土地层的旧盾构改造而成，对于复合地层来说，功能参数配置等偏低，若遇到超硬地层，则刀具刀盘损坏的概率较高。

而马骝洲交通隧道断面下部分布有长距离的花岗岩基岩，上部和顶部有高富水的淤泥地层和软土，是典型的复合地层。地表的马骝洲水域，航道繁忙，航道内围堰加固地层难以实施。因此，事先预处理孤石等问题，降低掘进过程中盾构和工程风险的方案才是上策。

兹事体大，不能再拖，于是上海隧道副总工吴惠明组织专家赶到广州，就是否采用“微差挤压爆破”技术预处理，请竺维彬抽空开了一场专家会。这场会议由竺维彬代行钱院士主持。

经反复论证，专家组与上海隧道最终同意采用“微差挤压爆破”技术来处理侵入隧道的基岩与孤石，但必须先在江边做试验，检验破碎效果并要确保爆破后盾构能保压。

在确定采用“微差挤压爆破”技术处理孤石和基岩的方案后，首要任务是勘明孤石的分布及其地层岩土的界面。

上海隧道非常重视这次勘查，并且不惜代价，先后采用了三种方法。**先用物探法圈定孤石发育区和岩土界面；再用钻探法进一步探明孤石的六要素，即位置、规模、形态、强度、物质及周边介质；再配机载超前探测系统。**

马骝洲交通隧道“微差挤压爆破”技术应用

盾构加装超前探测系统

探明孤石、基岩之后，针对性地完善“微差挤压爆破”方案，进入到“微差挤压爆破”预处理实施阶段。

一开始，租用的是较小吨位的船来装载钻机，风平浪静时没有大问题，但一旦遇到风雨天气和潮浪大时，钻机就随船晃动，难以保证钻孔的垂直度。于是就立即换一条更大型的船只，吨位增加了几倍，自然就稳了。保证钻孔的垂直度，这是达到“微差挤压爆破”效果的基础。

水下预爆实况

风雨天气，爆破钻孔的垂直度问题解决了，紧接着又发现存在封孔质量问题。地下工程就是这样，尤其是没有相关施工经验的工程，只有付诸实施时才能发现问题。关键是要深入现场，及时发现、及时想出办法解决问题。

发现封孔质量问题后，孟庆彪等专家立即想到用双层管，并用包装好的封堵泥浆事先塞入孔中，让爆破产生的冲击力撕裂包装，自然形成了更密实的封堵。

…………

针对特定地理、地质环境下的本工程，许多施工细节，建设者们能想到的，都一一做了完善和加强。比如，这台盾构泥水仓底部配置了更高性能的碎石机，就是为了保证出渣顺利，让排渣不拖工程的后腿；为了避免大体积的碎块进入循环管道，损坏管和泵，排泥泵吸口前方也设置了碎石捕捉器。

解决了系列问题后，盾构顺利始发，一路凯歌……

整整 520m 的水道，盾构整个掘进过程没有开过一次仓，也没有受江底孤石群的阻碍。该工程西线与东线分别长约 1082m 和 1081m，各只用了 10 个月和 7 个月就完成掘进，创造了复合地层超大直径盾构掘进的新纪录。2017 年 11 月 13 日，珠海横琴马骝洲交通隧道（横琴第三通道）全线贯通。

“微差挤压爆破”技术在超大直径盾构掘进通过江底花岗岩凸起时发挥了重要作用，取得了巨大成功。

在同类地质条件下，采用直径超过 14m 的盾构，这是施工最顺利的一条隧道；即使放眼世界，马骝洲交通隧道的施工也格外成功，将对以后同类地层的施工有非常重要的借鉴意义：

第一，质量非常好；第二，整个施工过程安全顺利；第三，在这么复杂的地层中，在这么大直径盾构掘进的情况下，工程进度很快，每个月能够达到150m的进度，非常了不起。

经此一役，“微差挤压爆破”技术更广泛地引起了行业专家的瞩目。

孤石与基岩侵入，这两项世界性的盾构施工难题，让无数盾构一瘫多月，让许多线路延迟投运，让巨额费用凭空耗损，让宝贵的时间白白流失。不仅是中国，即使是号称盾构大国的德国与日本也饱受其害，难怪国外专家一遇到孤石问题就“以避代战”。

但在广州，对孤石避无可避，怎么办？

现在，这群钻研多年的中国专家，可以大声地对孤石说“不”！后来，钱院士领衔对“微差挤压爆破”技术成果进行鉴定，结果为**国际领先**，实至名归。

不用进仓，无须数次换刀，只是对传统爆破法的“逆向”创新，在认为不可能的地方完成了一次次安全起爆，解决了行业的世界性难题。

说话容易，内容也简单，但凝聚在其中的，是许多人的心血与青春。

澳门电视台曾专访过竺维彬，马骝洲交通隧道在这种上软下硬复合地层中居然不换刀就完成了使命，为什么会掘进得这么顺利？

竺维彬接受澳门电视台专访

竺维彬说，世上无难事，只要肯登攀。只要有心，创新思路，创新方法，终会取得成功。

这不是大话，这是竺维彬一直以来的信念。这个工程项目，后来获得广东省土木建筑学会科学技术奖励一等奖。得奖是次要的，问题是，这长了中国人搞地下工程的锐气！

竺维彬一直说，地质是基础，但在他看来最要紧的其实还有一句：

“人，是根本。”

人，在客观基础上，全力发挥出主观能动性，创新思维，在不断的实践中升华理论，终能征服自然。广州地铁的建设者们从不会固步于传统理论的知识，这才有了这项孤石预处理的颠覆性创新技术。

对于处理孤石这项专利技术，突破了传统，走在了世界前列。但最开始确实需要胆量，这种爆破会不会损坏盾构？不仅爆破水平要高，而且还要很熟悉盾构，这是一个跨专业的融合创新。这一成功昭示大众：**当下存在的许多疑难杂症可通过跨专业、多学科融合创新来攻克。**

科技无止境。“微差挤压爆破”技术自2012年授权发明专利后，依然在不断实践、逐步完善。其后又多次获奖，包括中国城市轨道交通协会城市轨道交通科技进步奖一等奖、中国岩石力学与工程学会科学技术奖二等奖等。不仅如此，该技术也成为常用或者首选的孤石预处理方案，仅孟庆彪这个爆破团队已经为20多个项目排忧解难。

就在2020年9月25日这天，当笔者正在对“微差挤压爆破”技术处理孤石的案例写上最后几行字时，突然传来消息，住建部科技计划项目“复合地层盾构隧道隐蔽岩体环保爆破新技术的研究和应用”验收会在广东迎宾馆召开，在审阅了一系列材料和案例后，验收组经过审慎考量，展开了热烈的质询和讨论，最后形成如下验收意见：

一、验收资料齐全，内容翔实，符合验收要求。

二、该项目针对施工遇到孤石（群）和基岩侵入复合地层盾构隧道的安全、质量、进度风险，提出了综合勘察技术，自主研发了“微差挤压爆破”技术并创新了爆破后盾构掘进技术，形成了孤石（群）和基岩凸起的勘探、爆破预处理及盾构掘进的集成技术体系，有效解决了孤石（群）和基岩凸起地层中盾构施工难题。

三、本项目获发明专利3项、省级工法2项，出版著作1部，发表论文3篇，培养了5位高级技术人才，技术成果在全国8个城市28个工程上成功应用，已由众多工程应用案例证明了其成熟性，经济社会效益显著，应用前景广阔。

成果鉴定会

验收委员会认为，该项目已完成了住建部科技计划项目申报书中的相关考核指标，研究成果丰硕，同意验收通过。

这份肯定和荣誉，是对这群坚守17年的科研人、工程人的回馈与褒奖。他们，实至名归！

“微差挤压爆破”技术，是盾构工法发展史上的一个里程碑。未来，还将大有可为！

28

“衡盾泥”，不寻常的“泥巴”

盾构施工最大的安全风险之一就是开仓换刀，“滞排”及其开仓安全风险问题已严重阻碍了多个项目、多台盾构前进。

“找到真相、继承传统、融合创新”思路下研制出的“衡盾泥”正是解决问题的良方……

盾构施工最大的安全风险之一就是开仓换刀，确保带压进仓的安全性曾经是世界性工程难题。如何才能找到对症的那一剂良方？**“衡盾泥”泥膜护壁带压进仓技术在地铁建设者的期盼中，登场。**

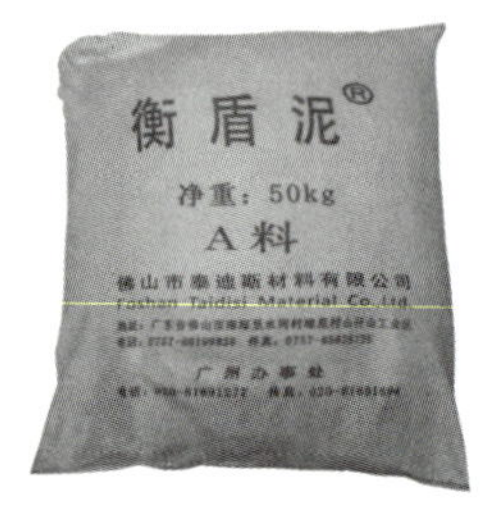

“衡盾泥”

“衡盾泥”的裹挟能力

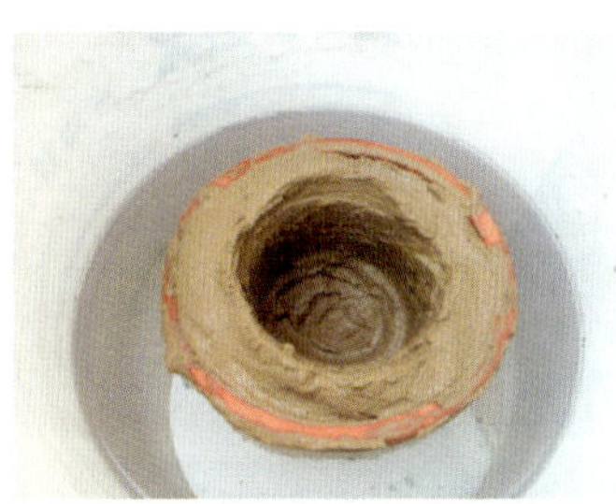
“衡盾泥”隔水性试验（未发生渗水）

“衡盾泥”承重试验

“衡盾泥”，顾名思义，就是一种在盾构土仓内起平衡媒介作用的泥。常人来看，就是一种黏稠状的泥巴，其颜色和形状与稻田的泥差不多。看似极其普通，但要追溯其研究的历史，却长达近 20 年！

自广州地铁一号线（20 世纪 90 年末期）竺维彬等定名“喷涌”一词以来，广州地铁就一直想找到解决“喷涌”等问题的良方。为此，竺维彬专门嘱咐日本留学归来的陈和等人，从材料和工法、工艺两方面，跟踪和分析、引进、消化、吸收国际上先进的东西。

研究的重点，放在新材料研发及施工工艺上。以往，中国生产制造的一大问题就是对材料科学的研究不够深入，重视不够，以致受控于国外，需高价采购。如今，材料科技已成为“中国制造 2025”重要的攻关方向。

为了寻找能有效应对“喷涌”的材料和工艺，技术攻坚团队日复一日、年复一年，足迹踏遍欧、美、日等盾构技术强国，走遍了众多盾构工地，调查了国内外数十种材料，最终选中 4 种材料——焦磷酸二钠（SPD）和环氧类聚合物、裂缝密封胶（WSS）、三醋酸纤维薄膜

（TAC）、克泥效，作为治理“喷涌”或封水的主要基础材料。

几种材料用途各异，WSS 和 TAC 原用于矿山法加固，经广州地铁引进到盾构的临时加固并取得成功；克泥效则是临时堵水。乍一看，这几种材料无一与泥膜有关，但工程师们敏锐地发现了这些材料的优缺点：WSS 和 TAC 可在高压下挤入土体缝隙中堵水，而且两种材料有一定的强度但又不至于太强；克泥效黏稠度高，但又不至于无法流动。能不能研制出一种材料将这几种材料的特性糅合在一起，再在施工工法上有所突破？

确定了这 4 种主要基础材料后，广州地铁技术攻坚团队邀请堵漏专家邱小佩团队参与，借助中科院等的先进设备，联合攻关。在广州举办亚运会前，广州地铁率先全面掌握了治理“喷涌”及其他盾构突渗水的处理方法。

2010 年后，复合地层盾构技术得到迅速推广，盾构的地质适应性大大拓宽。广州、深圳诸多城市的盾构施工均遇到了富水的断裂破碎带，盾构在这上软下硬兼富水破碎带中掘进，不仅存在“喷涌”问题，还存在“滞排”问题（大量岩土堆积在土仓中排出不来）。

类似的问题，广州地铁不仅早已切身经历过，而且在广州这个被称为“地质博物馆”的城市遭遇的案例也最多。义不容辞或“被逼之下”，广州地铁只能勇敢面对挑战。

竺维彬多次强调，工程遇到挑战的正确路线是：找到问题真相，以问题为导向，在继承传统材料和工法的基础上，融合创新材料、工艺和方法。其中，**“找到真相、继承传统、融合创新”**是最主要的工作任务。

在这个路线下，广州地铁不仅最早应用和实践复合地层盾构技术，而且更因为确定的技术路线正确，在盾构隧道工法创新方面，许多新技术诸如“辅助气压掘进”技术、“带压开仓”技术、“微差挤压爆破”技术、“泥饼”和“喷涌”成因及对策等都由这一团队发明或国内最先提出。

“滞排”及其开仓问题已严重阻碍多个项目、多台盾构前进。可以预见，如果不在技术上有针对性地突破，未来很长时间，相关问题还将困扰全国的地铁建设。基于此，竺维彬下定决心，一定要带领团队攻关。于是召集时任监理公司总经理米晋生、副总经理兼总工钟长平、科研主管黄威然和建设事业总部陈和、堵漏专家邱小佩，开了一次攻关动员会。

会上明确，由监理公司牵头、立项筹资，联合建设事业总部、佛山市泰迪斯材料有限公司、中山大学、河海大学、广东水电二局等组成**“产、学、研、用”**一条龙的应急科研攻关团队，本着“天将降大任于斯人”的豪情和魄力，毅然决然地担负起攻克“滞排和安全开仓换刀”这一行业的世界性难题。

这次成立的应急科研攻关团队超越“科研—孵化—样品—应用”常规的科研路线，要求快速出成果，并将成果立即投入到工程中应用。

解决“喷涌”与“滞排—开仓”问题的方法，有相同之处，也有差异。相同之处，在于它们存在共同的致“病”因素——水；不同点在于，解决“喷涌”可以不进仓，选好改良剂材料和工艺即可；解决“滞排”最直接有效的方法就是人进土仓，尤其是当仓内有大石块和掉落的刀具时，而开仓作业是盾构工程最大安全风险之一的工作。

在这之前，广州地铁对于开仓换刀有应对之策，但始终不够完美：用膨润土、WSS、冷冻法等开仓时，要么可靠性低、安全性差，要么预加固时间长，加固占地大、成本高（如冷冻法）；当隧道处于江底或海底时需搭建平台；用填仓法，填充材料为水泥砂浆，有固结刀盘的风险……

据统计，国内开仓换刀事故有10多起，已有20多名技术工人伤亡，不仅造成了人身财产的巨大损失，也产生了不好的社会影响。但对复合地层盾构施工来说，开仓处理“滞排”及其换刀维修等工作，是一个躲不过的命题。确保带压进仓的安全性成为世界性的行业难题。

为此，住建部专门委托竺维彬团队承担这个**“十三五”国家攻关课题，“衡盾泥护壁辅助带压进仓”**，其重要性和急迫性可见一斑。

开仓换刀的危险源在哪里？在于开挖面不够稳固。开挖面不够稳固的原因是什么？在于加固隧道壁材料的强度和黏稠度不够。

在发现问题的症结之后，作为国内地质专家和盾构技术复合型专家的竺维彬再三强调：“一定要研制出一种既能隔水又有延展性，还有一定强度的材料，既要有承载力又具有黏性，能够通过刀盘搅动使其具有裹挟性，将损坏的刀具和石头裹起来再从螺旋输送机带出来。”

竺维彬团队的思路是先研制出一种新材料，再解决如何应用这种新材料辅助带压开仓工艺。这种新材料要起到一箭三雕或一料多用的作用（即治“喷涌”“滞排”和护壁），就必须要有下列特性：

一是具有承载力和裹挟性，即需是一种又稠又黏的流塑～软塑间泥状物质，才能将大石块、刀具带出来；

二是具有较好的致密性，能将掌子面富水裂缝通道、泄露气孔隙封堵住；

三是具有较好的黏附性，能形成致密的泥膜；

四是不会硬化即触变性，即不会裹住盾构；

五是具有环保性即无毒性，最好是无机材料。

这种新材料的性能和要求明确以后，邱小佩团队就立即开始寻找材料和进行配比试验。其间，钟长平也曾邀请“克泥效”的代理商到穗指导。这种进口的“克泥效”解决“喷涌”和封水问题是有效的，但其性能不能满足形成盾构泥膜和解决“滞排”问题的需求。并且，进口材料较贵，国内的承包商一般承受不起。于是，团队决定选用广东产的矿粉原料做试验。

通过邱小佩团队夜以继日上百次的配比试验，重点在材料拌制、分级加压、气浆置换等方面想办法、动脑筋。终于，新材料的配比研制出来了，这种“广东牌”新材料完全能满足上述**治滞排和做泥膜**的要求，竺维彬将这种新材料命名为“衡盾泥（HDN）”，一种黏度高、隔水性好并有触变性的无机环保泥浆材料“衡盾泥”就这样诞生了。

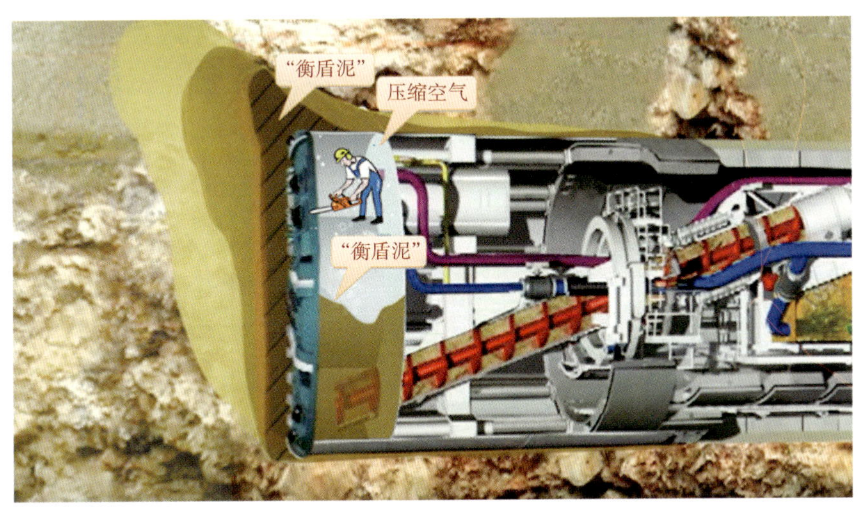

“衡盾泥”应用原理示意图

材料研制成功后，竺维彬、钟长平等委托中山大学开展开仓安全性的数值模拟，请河海大学定量测试“衡盾泥”的性能指标及其稳定性。地铁公司陈和、监理公司李世佳等深入工地，结合工地的现有设备，开启工艺研究。

一进盾构工地，问题即刻暴露。现有的大多数搅拌设备、输泥设备功能太小，不能满足“衡盾泥”搅拌均匀、及时输送的要求，“衡盾泥”在仓内的表现也不太稳定，于是，更换设备，重新再做……如此多个工地反复多次试验，“衡盾泥”的泥膜工艺终于建立，“衡盾泥”在仓内的性能也稳定了。

科研成果出来了，但正式投产不仅存在经济因素，而且还有开仓安全性等更重要的问题。于是竺维彬又一次在休息时召集科研攻关人员，开了一次总结会兼正式应用工作布置会，包括立即申报专利，注册商标。

任务落实到人：“衡盾泥”材料生产由佛山市泰迪斯有限公司承担，质量控制人为邱小佩，材料价格为成本价，是同类产品价格的 1/3 ～ 1/2；陈和、李世佳为现场操作指导；黄威然负责方案审定。若现场有问题，晚上网络会议讨论。

“衡盾泥”这种新材料现场的特征是黏度高，形成的泥膜结构致密，且可适应高渗透地层，优点很多：具有隔水性，在富水地层不易被稀释带走，成膜稳定；具有触变性，长时间固结后通过搅拌又能恢复流动性，满足泵送条件；具有一定的强度，可裹挟带出渣块，防止滞排；对比超浓膨润土浆，渗入深度由 2 ～ 3cm 提升到 16cm；稳定性由过去的最多 3 天延长到最高纪录 38 天；能够在工地现场快速配置，没有异味和毒性，安全环保。

“开挖面沉降失稳，实际上就是打破了平衡。‘衡盾泥’可以辅助保持和建立各方之间的平衡，抓住了问题的核心。”作为“衡盾泥”研发团队主要成员的钟长平如是说。

“衡盾泥”能够给地层带来一定的承载力，在渣土中增加一定的裹挟性，渗入地层，胶结颗粒，增强地层自稳，防止地表沉降。开仓时，由于地下水比较丰富，特别是上软下硬地层，也可以用“果冻”状的泥将所有的缝隙全部封堵，经过压缩空气和浆液的置换，形成一个空腔，在带压的情况下，为作业人员在仓内换刀腾出一定的操作空间。

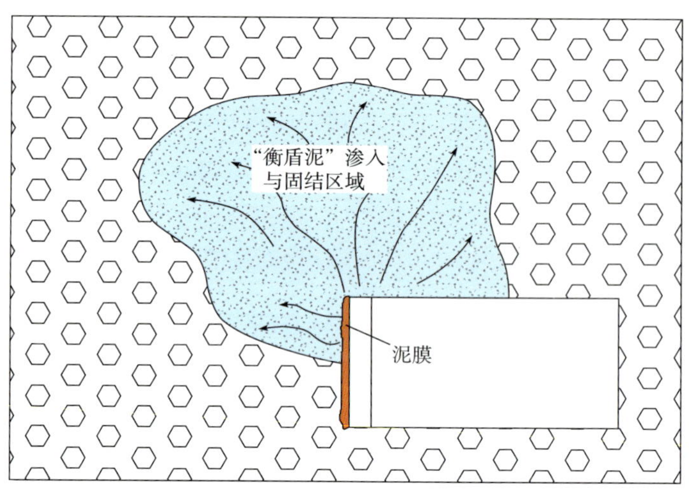

“衡盾泥”泥膜及渗入扩散范围、固结体示意图

防止沉降和做泥膜进行开仓换刀，“衡盾泥”的这两个功能就是这么形成的。

“衡盾泥”曾是广州地铁盾构安全开仓和封水的秘密武器，如今已成为全国盾构开仓换刀的“保险丝”。

在 2015 年 9 月之前，外人没有听过它的“威名”，总以为是日本某进口商品，冠以中国名而已，**其实原材料全部国产，配比自制，商标和专利国有，性能优越，用途更广。**

UNDERGROUND

ON THE GROUND

METRO

29

“衡盾泥”泥膜护壁功劳大

福州地铁一号线盾构下穿闽江工程，首次应用“衡盾泥”泥膜护壁带压进仓技术，“衡盾泥”工法初步成型。

“衡盾泥”这种表面看似平常的泥巴派上了大用场……

2015年9月的一天，时任集团副总经理竺维彬连续接到董事长丁建隆和福州地铁领导的电话，希望他帮忙指导解决福州地铁一号线过闽江时盾构遇到的难题。

听到这里，竺维彬已经明白了。

福州地铁所述的情况，竺维彬较清楚。就在一年前，也恰巧是在9月，2014年9月6日，福州方面特别邀请了3位专家出席在市政府会议室由副市长林瑞良主持的一次非常严肃的研讨会，主题是关于福州地铁过闽江的风险和对策。这3位专家，分别是西南交通大学教授何川、上海申通地铁集团有限公司原总裁朱沪生以及广州地铁竺维彬。

何川与朱沪生从战略的高度一致认为盾构穿越闽江没有问题，对此充满信心。理由是，城市内江河水深有限，水压并不大，建立平衡掘进即可。竺维彬则从战术的层面认为，**这两台土压盾构穿越闽江一定会存在“滞排”和“喷涌”等风险。**

福州地铁一号线自2010年开始建设，工程的一大难点或瓶颈就是如何顺利穿过闽江水道。地铁穿江而过，并不罕见，穿珠江、黄浦江、南京和武汉的长江……类似案例较多。但只要是深入研究过闽江地质的人，就会发现闽江下的地质条件与广州珠江及南京、武汉、上海段的长江相差很远。

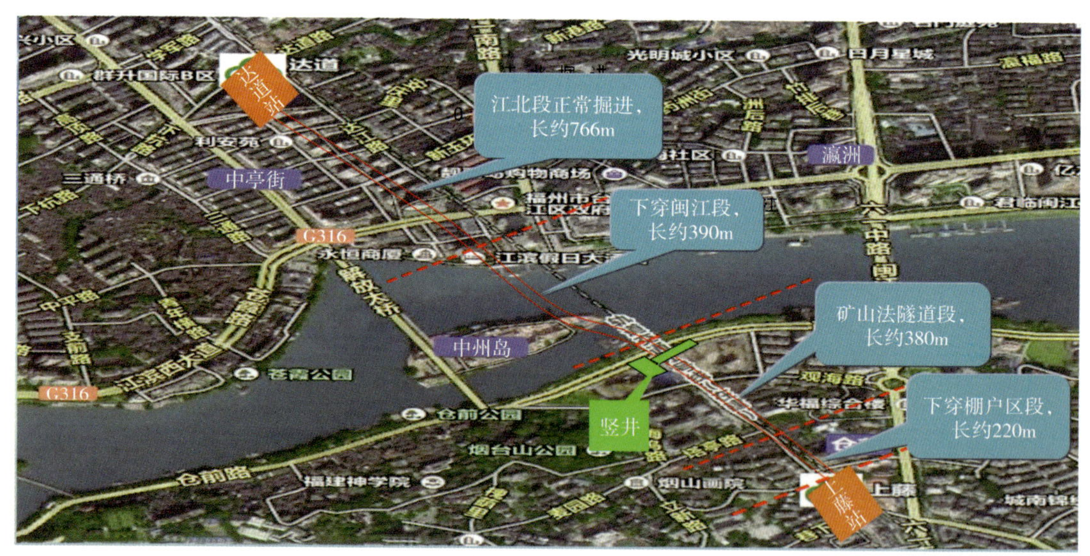

福州地铁一号线区间线路图

上藤站—三叉街区间正是过闽江地段，施工所经工程地质条件恶劣，上部是厚厚的淤泥、富水砂层，下部则是坚硬无比的中、微风化花岗片麻岩，局部又夹杂着强风化的岩层，大多缺失全风化岩和残积黏土层（被古闽江水冲刷掉了），不仅如此，零星孤石也在此间神出鬼没，水流湍急。

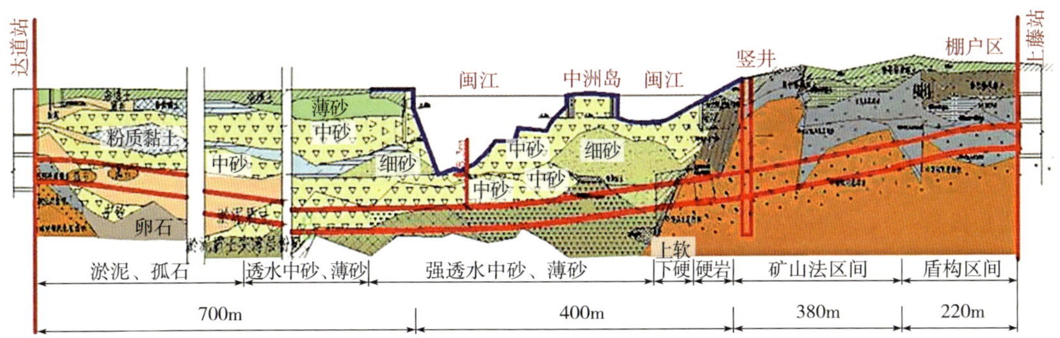

区间地质剖面图

可以说，福州地铁闽江段集齐了土压盾构施工的最难要素：这里不仅是典型的上软下硬复合地层，而且较广州岩土特性差异更加悬殊。

福州地铁闽江段特殊而又熟悉的地质类型、施工环境，对于热衷于工作的竺维彬在接受邀请之前，就早已亲自去调研过好几次。竺维彬的一个爱好就是爬山考察地质，我国花岗岩的主要分布点他大部分都去过，包括远及新疆阿勒泰的神钟山；另一个爱好就是钻研盾构工程，对我国其他城市的地铁建设情况也同样密切关注，甚至国外的盾构工程出了什么问题，也会一探究竟。

现在，福州地铁不仅要**与这种上软下硬的复合地层正面交锋，而且“决战”地点还正在汹涌湍急的闽江底下**。盾构在江底掘进一旦出现问题，施救将会变得极其困难。福州地铁已经预测到了可能的风险，也采取了各种加固上部砂层的办法，以避免失衡坍塌。这确实有一定的效果，但措施是否足够？福州地铁方面并不确定。

竺维彬在 2014 年 9 月的这次会上着重强调，这种传统的注浆加固封不了砂层和岩石界面以及裂隙带内的水，并就该过江区间目前状态下存在的风险和对策谈了 6 点意见：

一是盾构的选型先天不足；

二是地质条件特别复杂；

三是旋喷注浆工法很难保证加固质量；

四是盾构进江段会发生“喷涌”“滞排”、卡刀盘和盾壳的风险；

五是常压换刀风险大，带压换刀是必备的工序；

六是福州地铁应将此列为市级或集团级风险，组建应急管理团队，做好应急演练等。

这 6 条想法，核心是一致的：盾构在过闽江时，如果不采取有效措施，必然会出问题！

竺维彬为何出此预言？因为，这个场景和配置，对于广州地铁来说实在是太熟悉。

广州地铁此时已建成开通了 200 多公里线路，类似地层中土压盾构施工积累的经验和教训已很多。其中的一个宝贵经验是：在上软下硬极其悬殊的复合地层中，选用泥水盾构模式较土压盾构模式更合理，除非对软土进行全面加固、对硬岩采取预爆处理，土压盾构模式才适应。

但这一次，福州地铁选用的是一台复合式土压平衡盾构。这台大家伙在未来的掘进里，很可能陷入卡盾构、喷涌、滞排、塌陷等一系列事故中从而贻误工期。

2015 年 9 月，也就是在这次会议的一年之后，盾构在江底掘进过程中，真的出了问题：刀具掉落、刀盘损坏，被卡困在闽江之下。

要想恢复掘进，就必须更换刀具、修复刀盘，就必须开仓。

然而盾构一旦开仓，顶部以上是富水砂层，盾构上部脆弱的平衡即刻会被打破，这是福州地铁一号线全线的最后一个区间，如果发生江水灌涌，则已经打通的隧道就有全军覆没的危险，客观条件不允许福州地铁冒如此大的风险开仓。

修复很难，但是如果不修复盾构刀盘，这最后的区间就无法打通。无法打通，意味着对岸的主变电缆无法过江，相关车站、区间调试都要无限延后；意味着整条福州地铁一号线工期可能要一直拖下去；意味着地铁方对全市人民的庄重承诺无法兑现……

这是绝对不能承受的结果。该怎么办？在两难之间，盾构在江底一困便是两个月。

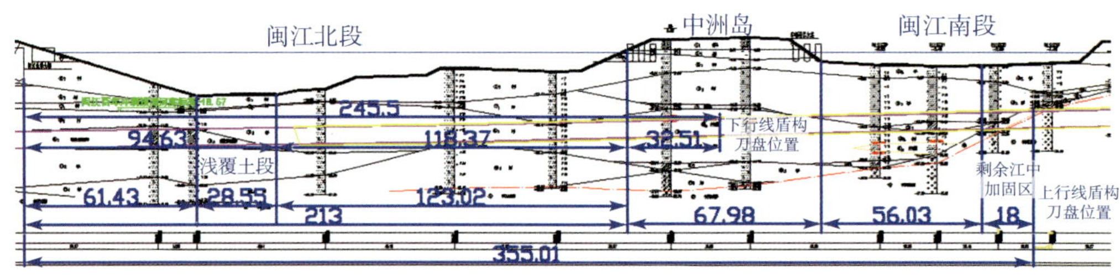

盾构被卡困在闽江底处地质剖面图（尺寸单位：m）

复杂多变的江底，不会给福州地铁无限的考虑时间，必须要尽快解决这个大麻烦！如坐针毡的福州地铁领导，想到了经验丰富的广州地铁，想到了一年前曾对福州地铁盾构过闽江工程精准“把过脉”的地铁盾构专家竺维彬。所以，福州市林瑞良副市长、福州地铁潘红卫董事长给广州地铁的丁建隆董事长和竺维彬副总经理分别打来了求援电话。

兄弟单位有难，自然要出手相助！派谁去解决这个问题呢？丁建隆董事长不假思索便拨通了竺维彬的电话，他对这位副手充满了信心。无论怎样的难题，竺维彬一定能够想尽一切办法解决。

这就出现了本文开始的一幕。

“发挥我们的主观能动性，帮福州地铁把这个问题解决掉。”这个重任，隔着电话，沉沉地落在了竺维彬的肩膀上。

接到这个艰巨任务的竺维彬，并没有手足无措。近 20 年与盾构的亲密接触，竺维彬早就总结出了一套对付“上软下硬”这种复合地质的经验，并且，针对在这种地层中开仓换刀这一世界性难题，竺维彬和同事早就在做着准备，此时手上已经有一件还没有正式亮相的秘密武器。这件秘密武器，可以帮福州地铁试着解决盾构闽江底开仓换刀的难题，当然该新技术也获得了千载难逢的全尺寸试验机会。

这件秘密武器，自然就是广州地铁人苦研20年的心血——“衡盾泥”。只是，现在谁也不敢保证必然成功。

在正式亮相这含辛茹苦孕育的成果前，竺维彬派钟长平一行人再次赶赴福州地铁现场了解最新状况，眼前的现实比预想中的糟糕得多：卡壳两个月的盾构，困在江底动弹不得，此时的土仓已与江水相连。也就是说，江水与隧道，只差土仓窄小的仓门一线。一旦高压之下江水暴涌，破门而入，那时，无人能阻拦这万吨波涛在隧道中肆虐。不仅是江底一线，可能整条地铁线都会遭受灭顶之灾。

达摩克利斯之剑，何时落下，无人可知。

这台盾构的刀盘，被江底的岩石死死卡住了。严重损毁的刀具与刀盘已经丧失了破土前行的能力，要想恢复功能，唯有开仓换刀维修刀盘这一条路可以走。

这就是问题所在。

从岩土裂隙中源源不断渗入的江水，给了盾构难以抵挡的压迫，各种传统的加固方法此时已经变成徒劳的尝试。

其实还有一种办法，但这种办法成本极高、风险亦极大，不仅会花费数百万元经费，让工期大幅度延长，还会因复杂烦琐的工况带来大量难以预估的安全问题。那就是在江中做一个临时的围堰，人为制造出一片无水的“人工岛”。

就算不考虑成本，在流量、流速惊人的闽江做这样的尝试，也实在是有些异想天开。谁也承担不起失败的风险，代价巨大。这些身经百战的广州地铁专家们，此时也不由得感到一阵阵凉意，但竺维彬却是冷静的，“遇事不慌，要有信心”是他处事的信条。

何况，这次广州地铁技术团队带来了刚研制出来的在极端情况下可以开仓换刀的秘密武器——“衡盾泥”。

福州地铁的困境正是“衡盾泥”的用武之地。当竺维彬提出这个建议时，福州地铁非常重视，立刻召开了专家论证会，邱小佩与钟长平等人在会议上详细阐述了“衡盾泥”的技术原理、工艺流程和材料本身。对于各位专家来说，福州地铁过闽江的困境是一个严峻的问题，他们必须严阵以待，所以不断地询问细节，仔细考量利弊。

广州地铁技术团队非常耐心，对专家们的所有疑虑都用事实一一解惑。材料由什么成分组成，工艺怎么做，时间怎么控制……每一步，事无巨细。

在漫长的讨论后，福州地铁决定，启用“衡盾泥”以及相关工艺。这艰难的决定，一是出于对广州地铁的信任，二是除此以外确实没有更好的办法了。

说干就干，时不我待。

2015年9月20日，年逾花甲的邱小佩带领建设事业总部陈和、广州地铁设计院蒋盛钢等一众技术骨干来到了福州，就“衡盾泥”的材料和工艺流程进行现场指导。

现任广州地铁建设管理有限公司副总经理蒋盛钢讲述福州地铁过闽江的艰辛历程

9 月 26 日～ 10 月 7 日，开始进行“衡盾泥”护壁作业。此时，正值中秋节和国庆节双节同庆，“衡盾泥”技术团队牺牲休息时间，冲在施工一线，用这种方式庆祝祖国的生日。对于广州和福建两家地铁公司来说，这个国庆节充满着劳动的荣光。

钟长平知道，无论之前的“微差挤压爆破”技术，还是此时的“衡盾泥”技术，都是大家利用业余时间完成的，并且把细节做到了最好。远在广州忙于公务的竺维彬，利用下班时间密切关注着福州地铁盾构过江的进展。因为工作繁忙，他常常在夜里的 23 点给远在福州的陈和、李世佳打电话。

福州地铁项目“衡盾泥”洞外混合

刚开始实施“衡盾泥”作业时，并不太顺利，因为盾构没有相应的搅拌设备，所以搅拌量达不到要求，最初的泥膜质量并不高。竺维彬就在电话里和陈和他们反复商量，最后换了一个思路，由于“衡盾泥”的黏度很高，具有裹挟作用，可以利用“衡盾泥”把掉下来的滚刀和刮刀先裹挟着排出来。

排出滚刀和刮刀之后，再优化“衡盾泥”的调配比，把质量更好的“衡盾泥”打进土仓和开挖面进行置换。功夫不负有心人，最终成形的泥膜可持续 10 天以上，压力超过 35N。

10 月 8 日，经过了两周小心谨慎的泥膜施工及保压，终于达到了可靠的开仓条件。工人们小心翼翼地打开土仓，想象中江水喷流的场景没有出现。这样的事情当然不会发生，“衡盾泥”早已渗透到开挖面大大小小的缝隙孔间。

他们终于安全地来到了刀盘前，此时，闽江水正悬于众人头上。但“衡盾泥”就像一个鼓开的大气球，把所有人罩在里面。它看上去平平无奇甚至有点脆弱，但就是这薄薄一层成型的泥膜，与仓内气压一起挡住了高压、挡住了江水，撑起了千钧的地层。

刀盘开口位置"衡盾泥"泥墙

就是在这样的情况下，工人们紧锣密鼓地开始了刀盘维修。卡壳的岩石碎块都被一一清理，折损崩裂的刀具也挨个换新。隔着泥膜，咫尺颅顶，是虎视眈眈的无情水土，所有人的心都提到嗓子眼里。

终于，有惊无险的 20 天慢慢过去了，焕然新生的盾构恢复了掘进。盾构得救了，一号线开通的最后瓶颈终于被打破!

最后，福州地铁一号线如期顺利贯通。

2016 年 6 月 10 日，一位神秘的客人到访广州轨道交通盾构技术研究所，他要看看这个传说中的研究所，看看究竟是什么人搞出了神奇的"衡盾泥"材料!

这位客人，就是福州地铁的潘红卫董事长。福州地铁一号线顺利通车，让他长松一口气。悬嗓之心落定，他想要做的，就是对救福州地铁于水火的竺维彬以及他的这个团队表达谢意。

潘红卫董事长到广州轨道交通盾构技术研究所座谈

创新有风险，创新也需要胆量。但同时，创新还会赢得尊重、赢得效益!

30

“衡盾泥”解决世界施工难题

兰州地铁700m长的穿黄隧道，被钱七虎院士评价为“世界级施工难题”，顶着高压与水土的“衡盾泥”泥膜整整坚持了38天，解决了世界上最难攻克的难题……

"衡盾泥"护壁盾构施工在福州地铁初试牛刀，便一鸣惊人：工时短，仅用时1个多月；成本低，花费仅数十万元；更重要的是，保压时间长，可安全开仓。

这次挑战，开启了盾构施工"衡盾泥"辅助带压进仓的先河，打开了"衡盾泥"盾构施工的成功之门。

好事传千里，一点不假。

2016年1月，兰州地铁承建单位中铁十四局向广州地铁求助：穿越黄河的盾构在全断面卵石地层多次卡刀盘，且超挖，刀具崩裂、掉落，被迫停机。

穿越黄河的盾构被迫停机

施工单位采用传统泥浆护壁施工方法虽然也有泥膜成型，但并不能抵抗富水高压的地质环境，掌子面渗水不断。由于担心泥膜被击穿导致黄河地下水淹没隧道，没有人敢贸然开仓。在反反复复的方案论证和修修整整中，70天过去了，依然找不到解决问题的办法。

束手无策的兰州方面听到了福州地铁盾构在江底成功修复的消息，便立刻与广州地铁取得联系。

我国地大物博，各地的地质特点也千差万别。兰州地铁所要穿越的黄河是砂卵石地层，与有"地质博物馆"之称的广州东部孤石地层相似。这种地层极其凶险，其间镶嵌着密密麻麻的卵石，大的如西瓜，小的如拳头，而且强度惊人，几乎都超过了100MPa。

对于盾构来说，如果其他地方的孤石，是饭菜里崩牙的砂石，那兰州的盾构在这个地层中，就好像是在吃石头。因此，这仅仅700m长的穿黄隧道，被钱七虎院士评价为"世界级施工难题"。

事实确实如此。2014年初便开工建设的隧道工程，开凿过程着实艰辛。水压极高的地层，又大又多的不均匀漂卵石，让盾构掘进举步维艰。盾构在这样恶劣的环境中走走停停，根本无法建立动态平衡，以致在2015年底，盾构被崩裂的刀具、卡死的刀盘和不稳定的地层，彻底逼停在古黄河沉积地层之下。

兰州的漂卵石

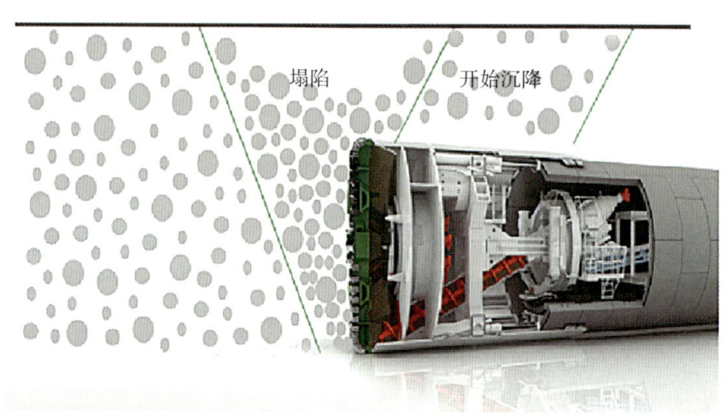

上覆地层受扰动发生坍塌示意图

2月15日，"衡盾泥"技术团队紧急抵达兰州。技术团队根据盾构本身的状况和停机位置的地质地理条件，制定了针对性的施工方案。同福州地铁一样，每一个细节都没有放过，力求"衡盾泥"泥膜一次成型。

但是技术团队很快就发现，因当地的材料不合适，做出来的"衡盾泥"不能用。于是，在春节期间，一批合格的材料从广州紧急运到了2000km外的兰州。但这还不够，有了材料，不代表就能做出高质量的泥膜。

此时，正值冬末春初。远在我国西北内陆的兰州，干寒冷峭，与温暖的南国截然不同。因为"衡盾泥"是要现场加水做的，滴水成冰的温度让在地面上进行的"衡盾泥"搅拌遇到了困难，技术团队多次尝试依然以失败告终。最后，大家聚拢一合计，决定改到隧道内用剪切泵搅拌，并根据情况不断调整参数，这才顺利做出了符合要求的"衡盾泥"。

3 月 1 日，泥膜完成，保压效果符合标准。

3 月 2 日，成功护壁开仓作业，一共保压 38 天，未重新施做泥膜。

在“衡盾泥”的使用中，施工方一直观察留意掌子面的固结效果，一旦出现征兆，就立刻进行填补。就这样，“衡盾泥”在兰州地铁创造了一个惊人的奇迹：顶着高压与水土的泥膜整整坚持了 38 天，坚守到盾构顺利修复重新起航。4 月 10 日，全盘刀具更换及刀盘修复完成，“衡盾泥”护壁稳定，随后盾构恢复掘进。

就这样，“衡盾泥”助力兰州地铁穿越了黄河，顺利攻克了这道行业的世界难题。

兰州地铁“衡盾泥”成功实践，不仅开创了新的搅拌工法，还创造了“衡盾泥”泥膜使用时间最长的纪录，甚至协助开创了刀盘前开挖空间修复刀盘的新方法，进一步检验了“衡盾泥”工法的性能。

江水河道淡水地层中可以用，海底盐水环境中能用吗？厦门地铁海底盾构成功带压开仓换刀，事实证明也能用！

2016 年 9 月，厦门地铁二号线跨海段突遇孤石，泥水盾构猝不及防，11 把刮刀齐齐掉落。失去了“牙齿”的盾构被迫趴下，必须要立刻开仓换刀。但祸不单行，盾构停机位置上方发生了超过 10m 直径的大塌陷，地质环境与开仓条件都变得凶险万分。

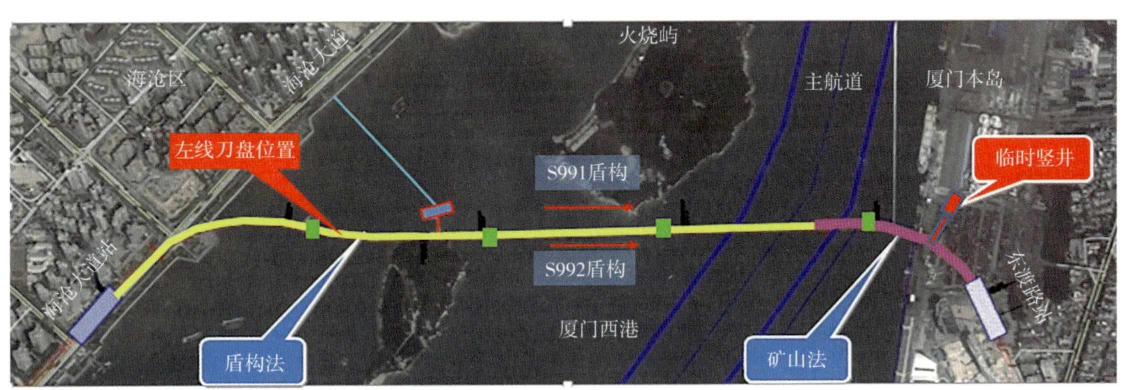

厦门地铁二号线跨海段突遇孤石

海底塌陷

海洋与江河是不一样的，高盐度让许多陆地上淡水中能用的材料到了海里就失去神通。就好像一辆坦克跋山涉水都没有问题，但如果去海里泡泡，不做防腐处理，那等待它的就是机械锈蚀的命运。

现在，“衡盾泥”也一样。不仅是材料本身能不能经得起高盐分海水的考验，海洋朝潮夕汐，压力变化很大，这股甚至可以用来发电的自然力量，比平流奔涌的江水危险得多。

经过专家审核，决定采用“海底加固＋‘衡盾泥’泥膜护壁带压开仓”施工方案。

对塌陷回填加固后，“衡盾泥”的配比也进行了针对性的改良，准备接受挑战，正式登场。“衡盾泥”被不断注入土仓，逐步逐级加压之下，“衡盾泥”泥浆挤压、劈裂至地层孔隙内。随着时间的积累，“衡盾泥”在地层孔隙内膨胀，全面堵塞了渗水、泄气通道，并形成了稳定的泥膜。保压6h，压力稳定、浆液稳定，保压效果终于满足要求，趁此良机，最为关键的10把边缘刀具得以更换，掘进顺利恢复。

至此，“衡盾泥”抗住了闽江水的考验，通过了黄河水的磨砺，也扛过了海洋的刁难！

至此，“衡盾泥”彻底打响了名声。

中央电视台报道了厦门海底塌方被圆满解决的新闻，虽然没有提到“衡盾泥”，但是业内人士都知道正是“衡盾泥”这位“幕后英雄”以及孕育它的广州地铁技术团队，才短时间内、低成本、安全地在凶险危急的海底顺利完成换刀，促使盾构重生。

就像福州地铁曾经设想过最坏的结果一样，厦门地铁也做了海上围堰的方案，但海上围堰的难度与河流相比有质的区别。仅是成本，就可能在千万元级别，更不必说施工周期与可能遇到的难题。但是，用“衡盾泥”总共只花了不到30万元。

竺维彬心疼国家和人民的钱，能够又好又省地进行地铁建设，就一定不能浪费。这是“微差挤压爆破”技术发明的初心，也是“衡盾泥”技术发明的初心。

20世纪的中国，隧道机械化掘进技术孱弱，在强国名企面前，没有讨价还价的资格。一定要研究出自己的东西，要做得比他们都好，这个在艰难困苦中诞生的中国“泥巴”，既便宜又好用。而那个贵得超乎想象的日本产品，已不能相提并论。

但竺维彬的目的，从来不是为了和外国企业赌气，也不是为了赚钱。他想要的，是让这些经过改良、发明的新技术去造福国内外的所有工程。广州地铁这个技术攻坚团队，搞科研常常是自掏腰包，投入大量个人工作之余的时间，没向国家申请过一分钱的经费补助。

这个技术团队，付出了无数的时间成本和财、物成本，无人知晓。

现在，“衡盾泥”的故事远远没有结束，它仍然活跃在广州地铁在建的各条线路上，活跃在有复合地层盾构施工的其他十几个城市。只要需要它的保护，它就可以去到祖国的任何地方。

广州地铁八号线北延段石井站—亭岗站区间，由于溶洞发育强烈，盾构需穿越富水砂层、上软下硬地层及全断面岩层（岩石强度最高达106MPa）。在盾构进入周边房屋密集且地下管线众多的上软下硬地层前，必须更换全新且合适的刀具。盾构停机在全断面富水砂层中准备开仓换刀，隧道埋深 8m。

2016 年 6 月 23 日，因隧道埋深浅，仓内渣土基本处于满仓状态，又因未充分考虑到砂土在长时间停机及外部压力作用下易发生失水固结，导致形成“铁板砂”，卡住了刀盘。新工况、新问题必须要有针对性的新方法，才能安全开仓。该团队与项目部负责人戚仁勇等经反复讨论，达成共识，先处理“铁板砂”再用“衡盾泥”护壁开仓。于是，决策制定采用仓内高压旋喷冲洗“铁板砂”的方案，仅用 6 天时间即成功使刀盘转动。紧接着就是制作“衡盾泥”泥膜，经过两周的摸索和反复尝试，于 8 月 3 日成功制作出“衡盾泥”泥膜，辅助盾构带压开仓，顺利进仓换刀。

2016 年 8 月 8 日 20：45，石井站—亭岗站区间左线盾构最后一把滚刀成功更换，标志着“衡盾泥”带压开仓换刀在全断面富水砂层浅埋盾构施工中成功应用。

正如新的疫苗和药物的诞生，必须要经过大批次的临床试验才能证实其效果一样，“衡盾泥”技术的成熟也不是一蹴而就的，尽管其跨越了常规的新产品、新工艺研发路线，但它也必须经过各种地质、各种工况的实践，不断总结，逐步完善至臻。

“衡盾泥”在福州地铁一号线盾构下穿闽江工程的应用，使衡盾泥泥膜护壁工法初步成型；“衡盾泥”在广州地铁二十一号线红层复合地层盾构工程中的应用，使衡盾泥泥膜护壁工法完善了“分级加压”工序；“衡盾泥”在兰州地铁一号线高水压大粒径漂卵石地层盾构工程中的应用，检验了“衡盾泥”在高渗透性砂卵石地层的渗透性和固结效果；“衡盾泥”在广州地铁八号线北延段全断面富水砂层盾构工程的应用，形成了衡盾泥泥膜护壁工法的完整流程。

…………

随后，广州地铁十四号支线、十三号线等，也全面采用“衡盾泥”技术，并根据不同的地质特点，逐步形成日趋成熟的施工工法。

2019 年，“衡盾泥”及其工法荣获广东省科技进步奖一等奖，在 30 余个一等奖的项目中，这是唯一一个属于地铁行业的奖项。用最便宜的材料，克服了最大的风险，这个一等奖，实至名归。

“衡盾泥”及其工法荣获广东省科技进步奖一等奖

现在，“衡盾泥”已经帮助100台以上的盾构脱困，让工人们在安全可靠的“衡盾泥”的庇佑下，不再如临深渊般地进行维修工作，终能很快让盾构重焕新生。在实践中找到问题、在实验中改善问题，可持续发展的“衡盾泥”正在继续精进。

是金子，就会发光。尽管“衡盾泥”是泥，但它依然散发出了金子般耀眼的光芒。以钱七虎院士、陈勇院士、国际隧协主席严金秀为首的7名专家对该项目成果进行了鉴定，其结论为：攻克了上软下硬、全断面富水砂层、卵石层、断层破碎带、孤石地层中盾构施工的“世界性难题”，该成果经济效益显著、社会效益巨大，应用前景广阔。该技术为国内外首创，达到国际领先水平。

成果鉴定会

学以求知，勤以积德。千古大儒王阳明早年有“格竹致知”，就是探究事物原理从而获得真知。在如何成功找到破解盾构开仓换刀这个世界性难题上，广州地铁人亦是“格泥致知”！

31

零间距双顶管，把不可能变成可能

白云机场正线隧道“无奈”地选择“零间距双顶管法＋大跨度冷冻暗挖法”施工，这是对机场影响最小的方案，也是将“死结”创新解开的方案。

在地铁修建史上尚属首例……

20多年前，广州地铁大胆引进世界上最先进的盾构工法，如今，盾构掘进已成为地铁建设的主流工法。但当客观条件出现变化，盾构掘进不再是最优解的时候，广州地铁的建设者们没有停止探索的步伐，也不会拒绝新的工法。

广州地铁三号线北延段新机场段的建设，就是在常规盾构施工有困难时的一次创新尝试。这次，建设者使用的是双洞类矩形顶管法施工，也是国内首次在区间正线隧道中使用该法施工。

这个区间作为三号线北延段的遗留工程，是跟随白云机场第二航站楼而启动的。因为这条线只剩下一个站点，线路也很短，一开始的招标设计决定采用明挖法施工。但正式动工前夕，却出了问题。

地铁公司与省机场集团及中南空管局协调土建施工用地时，对方提出，明挖法存在很大的安全隐患，对现有交通和机场运行存在重大威胁。

因为，地铁建设的拟开挖地段内有航管楼塔台的光缆总井，一旦出了问题，整个塔台、航管楼甚至广州通信枢纽至中南六省各大机场都会面临断联的后果，对于航空业这是致命绝杀。

机场外，受施工影响的机场大道是白云机场往南的主动脉，是空港快线大巴和出租车进出的唯一通道，本来就有高峰堵塞的问题，一旦明挖法打围，将会进一步削弱通行运输能力，给白云机场交通运行造成很大负担。

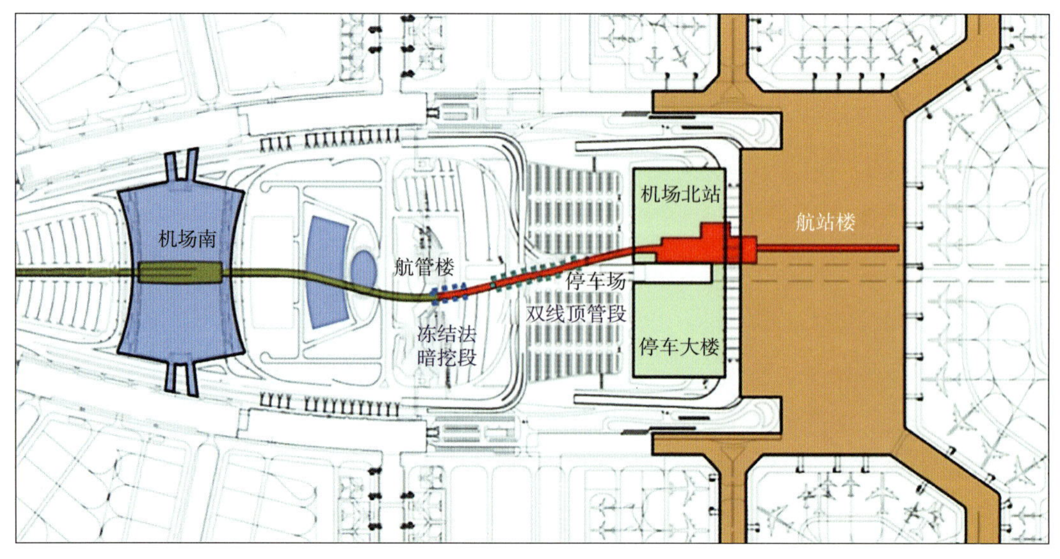

极小间距顶管线路示意图

还有许多小问题，不一而足，如停车场进出设备与标志系统的大改，噪声污染与机场内绿化破坏等。总之，省机场集团不同意明挖法施工，要求地铁公司从技术层面出发选择更为科学的施工方法。

建设事业总部设计了很多替代方案，做了各个方案的详细论证。一般来说，明挖不行，就改暗挖，但机场段不一般。自 2015 年 5 月，时任建设事业总部副总经理黄辉、土建二中心工程一部副经理肖瑞传、一级项目经理温晓虎等组成的项目团队开始着手研究方案，方案比选持续近 1 年的时间。

刚开始，提出采用大顶管方案。由于该方案存在长距离、大断面、小半径曲线、全断面砂层、新旧隧道对接五大难点，且这些难点均属于世界性难题，目前暂无工程实例可参照，技术风险和施工难度大，市科技委审查时予以否决。

整个白云机场地段属灰岩地区，灰岩上面又有砂层。如果选择浅埋暗挖，在富水松散砂层中暗挖隧道存在巨大的风险，或将付出极高的代价，才能完成后者方案，即事先必须对这套巨厚的富水砂层进行系统的注浆加固。而要系统地注浆加固，则必须占用地面的路面场地，这是机场方不可接受的方案。

暗挖不可行。

那么，常规的盾构施工呢？它早已在广州地铁担当重任。可惜，盾构施工，也不适合机场段的收尾。

因为此时的机场，现有的施工空间已经没有足够的线间距了（仅 10cm，不满足规范要求）。

左右线间距不够，怎么办？其实还有一种办法——采用大盾构，也就是单洞双线隧道，一个盾构打两条线。

这种单洞双线倒是可以满足线间距要求，但大盾构断面比正常断面大太多了，而隧道覆土只有 6m，受到埋深限制。不仅如此，因为受已建成隧道和微风化地层影响，线路没有办法往深处放，因此，大盾构方案也行不通。

之前提出的工法、成熟的方案被一一否决！但项目参与各方并没有气馁，经过一系列论证，广州地铁根据六号线东湖站出入口和广佛线祖庙站与物业连接通道采用四孔紧邻顶管的工程经验，最终提出采用双孔双线顶管法 + 明挖法 + 暗挖法的设计方案：在机场停车场范围内设置施工竖井，用于顶管机吊出和暗挖隧道施工，其中暗挖段位于航管中心范围内。该方案可解决曲线段施工、新旧接口对接等难题，同时也能够最大限度地降低施工对现有机场秩序的影响。

富水砂层大跨度冷冻工程

这是根据机场具体环境所特别设计的方案，把“死结”创新解开的方案，有许多独到的优点。

顶管法与盾构法有类似之处，都是采用机器设备打头削土，后方有传送器将渣土送出，许多平衡与掘进概念也是相同的。但顶管法一般不需要逐块拼装衬砌管片，而是在尾部接连预制的管节，从井口将其推入已挖成的隧道。

冻结法分步分块开挖大跨度隧道施工

现场顶管

具体来说，第一段，是T2航站楼内的180多米明挖结构，这也是顶管的始发井；第二段，是穿过箱渠和机场大道位置的101m，采用了两个矩形顶管施工；第三段，剩下60多米作为曲线段，采用大断面的垂直冷冻法开挖。

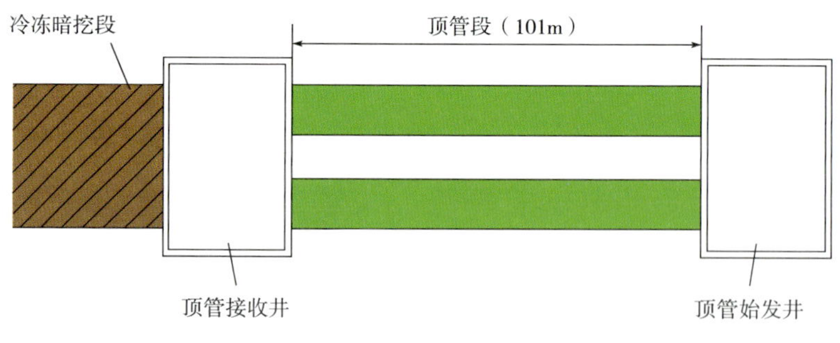

工法平面图

其中，冷冻法段的冻结方式有两种选择，即地面垂直冷冻或地下水平冻结，两种冻结方式均有优缺点，后者的缺点主要是工期较长。

结合现有条件，最终还是决定采用垂直冷冻法施工这60多米长的曲线段，尽管施工方此前习惯于水平冻结法，对垂直冻结大断面暗挖隧道施工没有经验，但该方案可以平行作业，这会节约不少时间。

有了一套理论可行的计划，还远远不够，重要的是它能不能够落实？能不能够解决问题？

为此，这个方案被多方不止一次地打量和审查。

能够预想到的难题很多：如何给开挖面保温？如果冷冻管被破坏如何继续冷冻？如何在11.4m的断面保证暗挖的安全？动水冻结壁交圈如何形成？冻胀如何控制？矩形顶管缺乏稳定性，如何保证不倾覆移位？两条太过接近的顶管如何不互相影响？如何在无法加固、摩擦力很大的情况下避免对先施工管道的挤压？

要解决这些难题，只能依靠创新！

施工单位先对冻结器保温区域进行双套管填充保温材料保温处理。为了验证保温材料的保温性能，还专门在上海轨道交通17.7标项目上进行了三号线北延段冻结管保温模型试验，试验数据显示：保温效果较好，达到了工程的施工要求，可以采用该种保温方式。

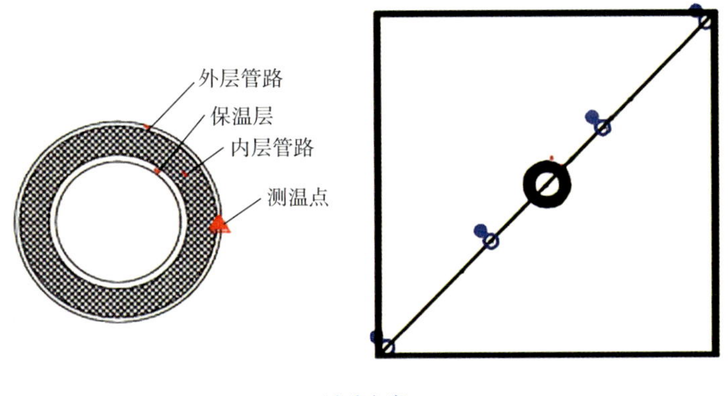

试验方案

暗挖段设计为单洞双线隧道，隧道开挖断面宽12.53m、高8.750m。暗挖断面面积大，采用传统交叉中隔墙（CRD）法存在极大的风险。项目创新地采用了冻结管+临时支架+永久支架的支撑体系，采用6导洞，预留核心土，随挖随支随喷的施工工艺，顺利完成土方开挖，并完成初期支撑体系，在拆除临时支架时，根据隧道收敛变形监测数据分析，隧道仍维持在稳定状态。

在地铁公司完成内部自审后，这些创新方案又送到市科技委，一遍又一遍地推敲、补充和优化，最后才得以落地。

2017年2月15日，埋深10m、截面尺寸7.02m×6.45m、顶推力为4500t的矩形顶管机从左线始发。这也是当时广州地铁顶管施工中断面最大的一个工程，这种工法一般用在联络通道和车站出入口通道建设上。

施工单位借鉴了桥梁建筑方面的做法，对每个管节预留了锚索孔，利用预应力锚索，将顶管管片整体连接，降低二次顶进对已完成隧道的影响，同时保证运营期间隧道的整体性。顶管顶进完毕后即进行预应力筋穿束工作，预应力筋穿束是受通信管线穿缆的启示，先用锥形工具管进行锚索孔道的清理，然后利用卷扬机进行整体穿束。

顶管隧道

推进过程中，在不增加中继井的前提下，如何保证一次性顶进 101m，尤其对于长距离顶管，减阻措施的采用是确保顺利顶进的关键。一般的顶管施工是不会做渣土改良的，但是机场段在顶管机上加了一些盾构用的泡沫管，改良了渣土。同时，为了进一步减少土体与管道间摩阻力，还在管道外壁压注触变泥浆系统进行加强。

改良后的土体

这些创新与变动是有意义的。利用土砂泵进行机头纠偏、增加侧壁铲齿、刀盘辐条改造等措施来实现顶管机纠偏控制，改造顶管机使之能在极小间距下顺利顶进。最后监测的结果显示，这 101m 最大偏移量只有 5mm，而当时的控制目标是 30mm，偏移量大大减少。根据广州市生产力促进中心科技查新的结果，这种超近距离的顶管施工在国际地铁修建史上尚属首例。

但机场段可不止这一个首创。为了节约时间、保证施工质量和安全，采用垂直冷冻技术，用 333 根冷冻管，将 –24℃的氯化钙盐水灌入地下，成功形成有效冻结壁，确保施工安全。这一施工方法有效节省了工期，在广州地铁建设史上也属首例。

土砂泵进行机头纠偏

增加侧壁铲齿

现在，机场段开通已经几年，效果良好，为下一步地铁建设采用顶管法施工提供了无限展望。

在同类项目中（即既有线路延长线），可在地面条件允许的情况下，曲线段采用垂直冻结，通过保温技术对非冻结区域进行保温，以降低冻结产生的冻胀融沉负面影响；采用零间距双顶管，结合洞桩工法，在矩形顶管内施工围护结构桩，再开挖底部基坑的方式，开挖地下车站或地下空间。

三号线北延机场段的开通，离不开顶管工法的创新，而创新的头脑风暴，只是广州地铁的日常风景之一。

32

持以初心，报以匠心

上天容易入地难，地下无常，难题层出不穷，但只要勤于思考，办法总比困难多。土压、泥水、“双模盾构”“三模盾构”……创新永无止境。

这些创新的集成，引领着中国盾构行业的发展，使穿江越海、极其复杂地质的地下，也能通达彼岸或建成隧道，造福人类……

创新是一个民族进步的灵魂，是一个国家兴旺发达的不竭源泉，也是中华民族最深沉的民族禀赋。

创新需要正确的理论指导，需要正确的技术路线，更需要长期一线的实践和积累。广州地铁几十年来走过的路，可以说是一部勠力创新的奋斗史。

这里有许多全国甚至世界的第一次，这里有各种各样无畏的尝试。但，从来没有为了创新而创新，奇思妙想的起点永远都是为了解决问题。

无论是“喷涌”“泥饼”等概念的提出，还是“衡盾泥”“微差挤压爆破”等技术的发明，都是为了战胜广州复杂的地质条件，而盾构设备的创新，也不例外。

中国的隧道建设，从最开始的钻爆挖掘，到20世纪90年代现代化机械引进、消化、吸收到国产化盾构；从忍痛高价购入昂贵的外国设备和引入施工队伍，到现在占据了盾构世界市场的大头。其中滋味、心酸与自豪，广州地铁作为引领者最有体会。

现在，全国5000余台盾构，其中2/3是复合地层盾构，盾构行业总体发展的路走得很顺利，但依然时不时会遇到新的问题。

在这样的大背景下，进一步战胜广州复杂的地质条件，就成了创新的迫切动力。对于地铁的盾构工法来说，最要紧的技术突破，自然是盾构设备本身的创新。

其中，从单模盾构到双模盾构跨越式发展的成果，彰显了作为业主的广州地铁和作为承包商的华隧建设联合创新的重要性，可作为行业创新的典范。

2000年，在广州地铁二号线首期段建设过程中，将一号线用过的住友泥水盾构改造成“复合型”土压盾构第一次穿越珠江，但因为“喷涌”严重，第一台盾构穿越珠江180m耗时6个月，并曾引发江底沉陷。

困局之下，时任现场总监的竺维彬提出四大建议：

一、今后跨珠江线路原则上放在中风化地层中；

二、盾壳设置径向孔，既可用于应急注浆封水，又可探查洞身所在的地质情况；

三、复合地层滚刀与刮刀高差应大于2.5cm；

四、螺旋输送机开口接泥水管，尝试用泥水模式来平衡。

前三项在随后的线路和盾构设计中均已落实；第四项虽然不是很成功，但已形成“双模盾构”的概念雏形，明确了今后努力的方向。

2002年，根据广州地铁二号线海珠广场站—江南西站区间土压盾构穿越珠江的经验和教训，鞠世健和竺维彬在给原广东省基础公司（现华隧建设）的员工上盾构入门教育的培训课时，建议选用泥水模式的盾构。

三菱重工泥水盾构

于是广东省基础公司的领导方启超、赵晖、易觉等经过认真的讨论和比较之后，决策并经广州地铁审批，在三号线沥滘站—大石站区间引进两台三菱重工泥水盾构施工，就此开始了国内首先在复合地层中使用泥水盾构施工的历史。

但在实际施工中，无论是泥水盾构还是土压盾构，都各有其擅长与不擅长应对的地层条件。广州地铁三号线地上处在珠江入海口的水系地带，地下又是上断面近一万年来沉积的淤泥、砂土地层与下断面为红层岩层构成的复合地层。单一的土压盾构或者泥水盾构，都没有办法从容应对一条线路甚至一个区间的建设。

同一个区间，可能存在两类相差甚远的工况，一类适合土压盾构，另一类适合泥水盾构。但更多时候，在当时，他们必须在两难之中做出一个抉择，而无论选择哪一种，都意味着接下来的工作必然会经受极大的考验。

这是对当时工业装备技术水平下盾构设备极大的挑战，也是对设计和施工团队的考验。

2005 年，沥滘站—大石站区间泥水盾构穿越 500m 宽的珠江时，因“滞排”掘进困难、江底塌方、刀盘损坏，引发广州地铁与广东省基础公司的思考：能不能将两种盾构的功能合二为一？能不能做一些局部的创新技改，就可能轻松完成两种模式的转换？

时任建设事业总部总经理竺维彬等与勇于创新的广东省基础公司赵晖、易觉、凌波等商定，要彻底解决“喷涌 + 滞排”双险问题，必须研制出“双模盾构”！

“双模盾构”设计制造方案审定讨论会（从左至右：赵晖、竺维彬、凌波、易觉）

试想一下，在单一黏性土层或自稳性好的硬岩中，土压盾构模式非常适应，但是来到上砂下岩、上软下硬的复合地层，尤其是岩溶区的复合地层，它又可立刻摇身变为泥水模式。不同的模式，都是为了实现一个目的：保持盾构在动态平衡下掘进，只有这样，整个区间方可安全、高效地掘进。

这个设想，看似简单，但实际很难。

因为土压盾构和泥水盾构的结构是迥然不同的，要怎么去“合二为一”，还要保持各自优势，保证稳定安全，这些具体目标的实现，远比灵感的到来要难。

但事在人为，人定胜天。随着理论知识与实践经验的积累，竺维彬首先于2000年提出了“双模盾构”的概念，原三号线项目部和监理部的主要领导易觉、赖伟文、凌波，总监代表黄威然等，与三菱重工的三浦正召、大林等就具体的工艺设计与结构设计，反复推演打磨间，让“双模盾构”的概念从理想逐渐走向现实、从稚嫩变得成熟。

“双模盾构”设计思路讨论会（左起：黄威然、日语翻译、易觉、竺维彬、三浦正召、大林等）

模式切换工艺绝不宜复杂。如果切换过程或条件过于复杂，那么双模的实用性就会大打折扣。而这种被成功研发的“双模盾构”，可根据施工时地质状况的变化，在不进行对任何钢结构部件或构造物改造的情况下，一键换装如“川剧变脸”，快速切换成泥水模式或土压模式。盾构操作手要做的，仅仅是切换“操作模式”及熟练掌握相关要领。

如土压模式切换成泥水模式：先停止盾构掘进，让刀盘和螺旋输送机低速转动，边控制排土闸门的开口度，边将渣土排出机外。与此同时，开始慢慢输送泥浆，通过平衡送泥浆量和排渣量来调整掌子面压力。在螺旋输送机内的渣土几乎排空的状态下，通过泥水管道输送系统实施机内的迂回运转。此外，为了确认排泥浆口是否有堵塞，实施逆循环运转。当确认泥浆循环正常时，再开始进行泥水模式的掘进。

泥水模式也可一“键”切换到土压模式：首先，低速旋转刀盘，关闭排浆阀，在不排浆的状况下继续挖掘；在送泥浆阀打开的状态下停止输送新鲜泥浆。通过CV1阀的打开度调整自动保持掌子面压力。如果土仓内的压力上升，则送泥浆管系统上的安全阀将自动进行卸压。在土仓内的渣土填充到半仓时，关闭送泥浆阀，让螺旋输送机低速旋转，并开始排土。

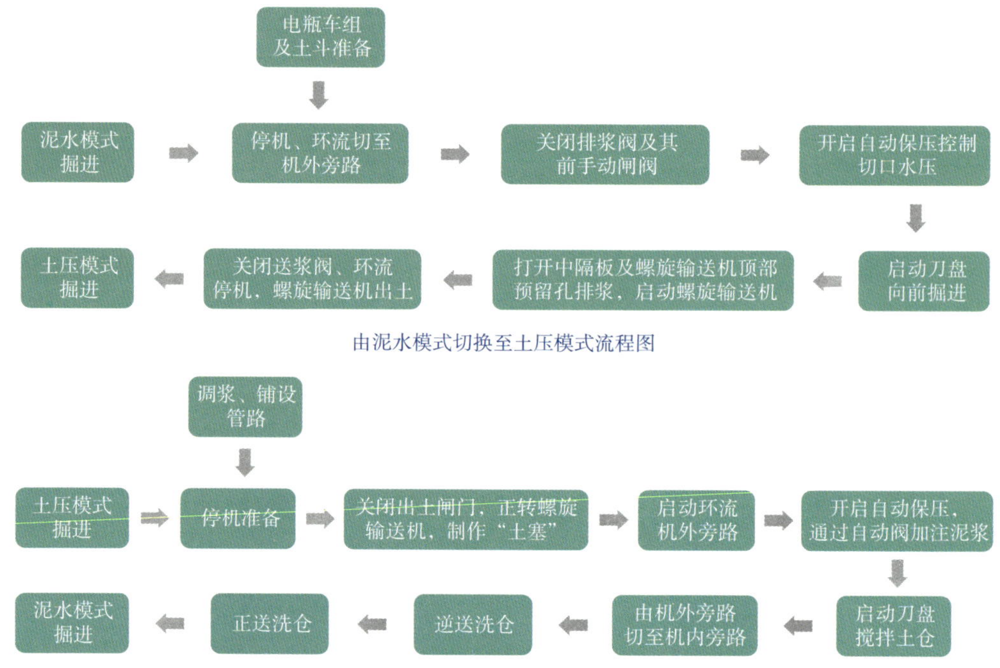

由泥水模式切换至土压模式流程图

由土压模式切换至泥水模式流程图

在复合地层中施工的一大特点，是需要经常性地根据地层的变换来转换盾构模式。

当处于土压模式时，可以从刀盘前面注入泡沫、膨润土、水等添加剂，让挖掘下来的渣土呈塑性流动化，以达到与掌子面水土压力平衡。进入土仓内的渣土，经过搅拌棒进行有效的搅拌，流动性会得到增加。以塑性流动化的渣土为媒介，通过安装在仓壁上的土压计来监测掌子面压力，根据监测到的土压力变化，来调整螺旋输送机的出渣量，从而调节土仓内的压力，以控制地表沉降。

当处于泥水模式时，挖掘下来的渣土和泥水会在土仓内搅拌，随后混合物从送泥浆管送出，通过砂浆泵排出机外。泥水仓压力变化监测与土压模式相同，但压力调节、掌子面压力的稳定则是通过管道排、送泥浆量来进行，后续台车上还设有泥水输送阀组装置。在开始施工时，为稳定泥水系统的流量，首先实施经过泥水输送阀组内的迂回运转。然后，按顺序打开阀组和盾构内的送排浆阀，开始泥水模式的挖掘。如出现砾石、岩块堵塞排浆口的状况，则可通过使用阀组反转送排浆的流动方向，来冲洗和疏通排浆口的堵塞。

泥水模式施工，因为管道直径限制，对“滞排”的卵石、岩块或硬泥团是“很头疼”的。当这种情况出现时，可以开动土压模式的螺旋输送机从而排出卵石等。排出卵石后，可通过PO循环系统让螺旋输送机内的泥水顺利进行循环。

当然，“土压＋泥水”并不是“双模盾构”的唯一形态，它还可以表现为“土压＋TBM”与“泥水＋TBM”两种模式，来应付全断面、长距离硬岩时的工况。

“双模盾构”及其切换技术并不是华隧建设近年来令行业点赞的唯一创新技术，除此之外，还有冷冻刀盘技术、钢套筒平衡始发／到达施工技术、微扰动多向地层加固技术、MJS（即全方位高压喷射注浆加固技术）等。

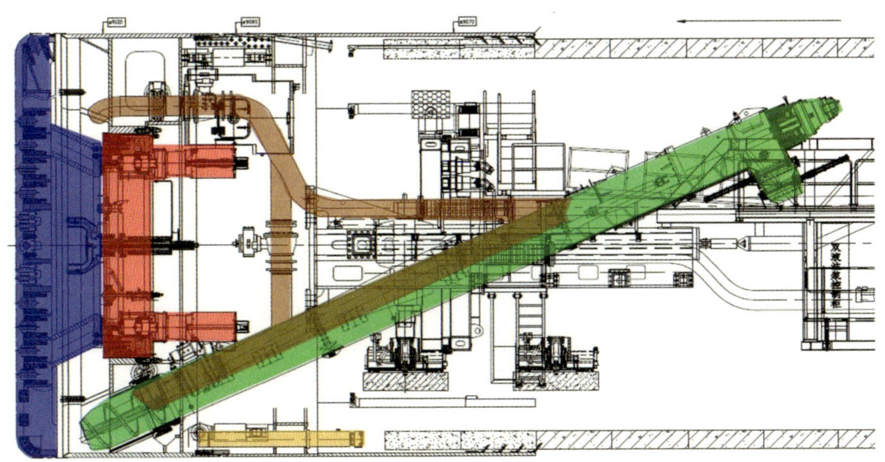

“双模盾构”结构示意图

当这些技术结合应用在各自需要的场景时，比如与“双模盾构”高度契合的冷冻刀盘，往往能达到 1+1 大于 2 的效果，盾构装备的高性能提高了掘进速度，扩大了适应范围。对广州地铁乃至中国地铁建设中遇到的一系列问题的解决，如“喷涌”“滞排”等，无加固条件的开仓风险等，都有重大的意义。

历时 8 年辛劳，广州地铁与华隧建设终于在 **2012 年研制出全球第一台“泥水和土压并联式”盾构，并成功应用于九号线。**

全球第一台“土压和泥水并联式”盾构

“双模盾构”，并不是华隧建设创新的终点，也不是广州地铁创新的终点，地铁人还在不断探索。

一晃又是 8 年过去。

2020 年 8 月 27 日，对于国产盾构行业是一个重要的日子。**在这一天，国内首台泥水、土压与 TBM 三位一体的“三模盾构”——中铁 820 号，正式完成组装。**

国内首台泥水、土压与 TBM 三位一体的“三模盾构”——中铁 820 号下线现场

这台意义非凡的盾构，正是广州地铁、中铁装备与华隧建设共同研发的成果。

就像“双模盾构”那样，“三模盾构”概念的创新性提出，也是为了更好地解决复合地层带来的施工难问题。

2016 年，准备开工建设的广州地铁七号线北延段，有一段长距离过硬岩的山体，而两端又是易发生“喷涌”和“滞排”的复合地层，怎么办？此时，又逢国内川藏铁路即将建设，类似地质很多，困难很大。

于是，分管建设的广州地铁集团有限公司常务副总经理兼广州轨道交通盾构技术研究所首席专家的竺维彬组织历经 20 多年潜心钻研的广州地铁相关专家，提出了“三模盾构”的概念和研制“三模盾构”的技术路线，借助 2018 年在广州举办的“第四届中国盾构工程技术学术研讨会暨复合地层盾构施工技术国际论坛”，在国际上**第一次正式公布“三模盾构”或“多模盾构”的概念**。

这个概念得到当时中铁装备卓普周总经理、王杜娟总工和中隧集团洪开荣总工等的积极响应。卓普周曾是中铁一局城轨公司的负责人，一毕业就投身到广州地铁一号线的建设，非常清楚广州的地质情况。可以说，“三模盾构”正是有目的地去适应多重复合地层难题而生的，设计出一台高适应性的盾构设备，是所有盾构工法从业者的梦想。

2020 年 8 月 27 日，这台承载着无限期望的设备，在中铁华隧联合重型装备有限公司完成了组装。

如同“双模盾构”一样，“三模盾构”无需进行任何零部件的装拆，就可以实现泥水、土压与 TBM 三种模式的一键切换，技术人员要做的，在主控室内就能完成。广州地铁已经不知多少次遇到渣土在土仓内滞留过久而引发的地下风险事故，这样的模式切换速度，或将避免一系列的安全风险和工期风险。

泥水模式让它能适应富水砂层，能适应上软下硬的复合地层，又能应对孤石丛生的区间；土压模式让它能够从容应对存在大碎块渣土的破碎岩层和黏土层；而 TBM 硬岩掘进模式则可使它在全断面硬岩中有更好的表现。

除了一键切换的优势，出渣顺畅和泥浆管道出渣也是“三模盾构”的优势，不仅可以实现岩渣无级连续排出和工作区域无粉尘，还能在一定程度上减轻刀盘刀具的磨损，有效避免隧道施工过程中敞开式掘进遇到突涌水无法封闭土仓而带来的地表沉陷风险。

组装完成后，这台“三模盾构”的第一次实战，就在广州地铁七号线二期萝岗至水西区间。该区间长 1086m，埋深 19 ～ 73m。凶险的复合地层集合了全断面硬岩地层、富水砂土层、上软下硬地层等多种情况，是该条线路隧道施工中所遇难题之最。不仅要穿越 800m 的硬岩，还有大量如群星分散的高强度孤石等着它：区间内孤石探明率高达 66.7%，岩石强度平均超 90MPa，最高达 120MPa。

结合独创的“微差挤压爆破”技术，“多模盾构”正一往无前，向终点前进。

每一位广州地铁历史的见证者、亲历者与后来者都将不会忘记，广州地铁曾经是以何等高昂的价格购买进口盾构，曾经是如何在外国工程师面前插不进嘴、说不上话，不被重视；也永远不会忘记，为了打破“矮人一等”的局面，获得与世界并肩的机会，前行者与追继者们，是如何夜以继日、废寝忘食，想一切所想，尽一切所能，师夷长技，殚精竭虑。

每个人都知道，循规蹈矩，追随别人的背影，永远实现不了超越，一定要另辟蹊径，一定要打破前人未解之困局。

广州地铁以实际行动，落实了豪言壮志。

创造与成就的光辉是耀眼的，但同时，也决不能忽视期间的失败、挫折与压力。新生事物的诞生，是有风险的，是会失败的，是需要胆量的。但唯有如此，才能赢得尊重，创新才能创造效益。

扎根广州地铁近 30 年的竺维彬说：“我们现在讲创新，有的人感觉就是做了一个梦，第二天就创新了。”而现实生活中没有这样一蹴而就的“白日梦”。

要怎么创新？

第一，要积累，这是厚积薄发的过程。广州地铁的建设者们通过长期系统的理论学习，扎实的一线实践，才能拥有世界眼光、国际视野，夯实发现创造的基础。因而，广州地铁的建设者们才敢于且能够去发现和定义现象，敢于且能够去创造不可能的技术，敢于且能够去改良与传统不一样的工法。

第二，要以问题为导向，不仅要解决眼前问题，还要持续地总结，持续地反思，才能完成突破。未来，还有许多问题会遇到，还会碰到许多难点，因为中国地大物博，尤其是地质类型繁多且复杂，这既是现实的困难又是创新的机遇，也为地铁隧道盾构施工的建设者们研究推动盾构技术的发展奠定了基础。其中的核心，依然是以问题为导向。

第三，必须要有创新的思路，包括方法、工艺、技术等全方位的创新。广州地铁人发明了“微差挤压爆破”技术，解决了孤石这个世界性难题；广州地铁人发明了“衡盾泥”，让这坨神奇的泥巴护住了盾构开仓的安稳；他们还创立了“辅助气压”掘进技术，让盾构不再频繁“损齿”换刀，加快进度，节省费用。

据不完全统计，到2019年底，我国盾构隧道累计使用盾构超过了5000台次，对比当初广州地铁一号线建设时全国只有10余台盾构的数字，真是翻天覆地的变化。

而这还远不是终点，盾构追寻的是动态的平衡。而技术的巅峰，也从来不是静止的。追梦的人们，一直在追赶、攀登并守护自己动态的巅峰。要达成这个目标，未来还有很多工作要做：要深入一线，不断加强对地质的认知；要融合创新，不断优化盾构设备及其功能；要结合“物联网”技术，不断提升精细化施工和监管的能力与水平。

33

创新之花节节高，星星之火已燎原

这是中国盾构跨越式发展的起点，这是复合地层盾构发展的原点。

从盾构队伍的迅速壮大，到盾构生产实现国产化，盾构工法大力推广的背后，是科技的不断创新，是民族的自强自立，其星星之火，已燎原大地……

历史和现实告诉我们，落后就要挨打，落后就要被卡，落后就要被剥削！关键核心技术是要不来、买不来、讨不来的；在关键领域、“卡脖子”的地方下大工夫，集合精锐力量，作出战略性安排，尽早取得突破。令中国地铁界和隧道建设界十分欣慰的是，第一个在复合地层中应用盾构的广州地铁正是按这条路线走的。

广州地铁的建设者们怀着“先天下之忧而忧”的爱国情怀，一直秉承工程技术开放的态度和策略，以及盾构新技术方面的无私奉献，授业解惑，开放性地促进中国盾构施工队伍的迅速成长和壮大；广州地铁大规模的工程实践，工匠精神支撑下的著书立说，又促使中国的盾构技术专家和精英，似雨后春笋般人才辈出；再实践、再挑战、再创新，新观点、新工艺、新技术不断“破土”，直哺一线。这背后，是一群先行者，似“种子”在地下默默地孕育，又似地上的“星星之火”艰辛地传播……通过几十年从业者的共同努力，盾构工法已成为隧道建设的主导工法，盾构产业也随之走向世界，走进工法的发明地——欧洲。

当然，中国盾构业如中国中铁一样，能走到世界先进行列，与广州地铁的无私奉献、艰辛的努力及其卓越贡献是分不开的。

不忘过去，才能继往开来。盾构的发展也是如此，只有了解过去，掌握现在，才能正确决策和创造未来！

广州地铁采用盾构法施工的过去和现在是什么样呢？一言以蔽之：星星之火，终成燎原之势。

不忘初心、砥砺前行，高瞻远瞩、孕育“火种”

20世纪90年代初，广州地铁一号线开建，土建方面最难抉择的是黄沙站—烈士陵园站6个区间采用什么工法？众所周知，广州是“**地质博物馆**”，而这一地段，隧道上部以富水砂层和淤泥层为主，下部以泥岩、砂岩为主，典型的上软下硬地层，即复合地层。采用明挖法，要巨量拆迁；采用矿山法，安全风险和地层加固代价巨大；采用盾构法，当时，中国既没有在复合地层中的盾构施工经验，也没有国产化的盾构设备，更没有复合地层盾构施工技术理论，国内没有一家单位有在类同地层盾构施工的业绩。怎么办？

以国际视野权衡利弊，广州市政府果断决策，广泛集资，投入巨资引进国际先进的盾构和承包商进行施工，委托法国索菲图公司进行咨询监理。这一决策对于当今生产总值达2.5万亿元的广州来说是“小儿科”，但对当时只能满足“吃饭”的广州财政来说，无疑是“海量”的魄力，这只有改革开放的前沿广州能做到，或者说只有高瞻远瞩的以黎子流为市长的领导班子能做到。要知道，当时相同面积的矿山法隧道，建设成本为2万元/m，是盾构隧道造价的

1/4，广州地铁不仅要面对上级的责询，还要面对顶级矿山法专家的质疑，中国这么多人需就业，矿山法造价这么低，为什么要选盾构工法？

广州地铁不心疼钱？只因富水复合地层搞矿山法或明挖法要付出更大代价，且工期不可控。

广州地铁当然心疼钱！因建设资金紧张，时任总经理曾到香港集资，历尽千辛万苦，为什么？！为了满足顺利建设的需要！

可见，广州站得高、看得远，**心中始终装着共产党人的初心——造福百姓的地铁早日开通！**

盾构工程招标以后，国内外的同行都在高度关注，类似复合地层地质条件下，即使中标的日本施工方也是第一次尝试，能否顺利施工？业主方没有一人从事过盾构工程，怎么管理？

面对挑战，广州地铁勇于担当。当时分管广州地铁建设的副总经理兼总监王文斌的思路十分清晰：我们除了继续聘请国内著名专家施仲衡院士、王振信总工、张弥教授、王策民教授等担任顾问外，还必须自己培养出掌握盾构技术的国内第一批人才，**人才是第一资源！**于是在已有从事工程建设的工程处外，成立了以美国访学归来的鞠世健为处长的广州地铁盾构处，并且像国际招标一样，对外招聘到10多位有志青年加入这个团队。目前尚在岗的竺维彬、许少辉、钟长平、袁敏正等，已退离的张宗贵、田强、谢保峰、罗伟雄、梁全生等，专业构成基本合理，有合同管理、土建工程、机电工程及英、日、法文翻译。组建盾构处不久，1995年即派这些专业人员前往法国实习3个月和日本调研。

他们时刻牢记领导的重托，一定要把世界上最先进的盾构技术学回来，同时也十分珍惜来之不易的平台和机会，在法国3个月全身心投入到一线，白天在工地，晚上进行总结、分析和记录，即使圣诞节放假期间，依然在巴黎、里尔地铁线路上逐个考察车站的结构和建筑设计。1996年一回国，便一头扎进盾构现场，继续全天候、全过程跟踪和参与日方公司的精细化方案设计与施工，以及依据Fedik（菲迪克）条款向法国咨询公司咨询监理事项，边工作、边学习，边消化、边吸收掌握关键技术、合同管理等。当然，地下工程本身有风险，何况破天荒地在广州最繁忙的中山路—华贵路—长寿路地下施工，其间，日本施工方也遇到了两次大的塌陷，以及进出洞始发/到达、联络通道施工险情。历经艰辛，终于实现了在复合地层中尝试应用盾构工法修建完成8km多隧道，用事实证明了盾构工法可以适应广州极其复杂的复合地层，并且优于传统工法，**从此拉开了我国复合地层盾构法施工隧道的序幕**。

通过理论学习和近3年广州地铁一号线现场深度融合、摸爬滚打的艰苦实践，盾构处的同志们已基本掌握了外方盾构施工技术、熟练掌握盾构工程风险控制技术和管理办法，以竺维彬为代表的广州地铁盾构处的10多位同志便是**“星星之火、燎原大地”**的**“种子”！**

广州地铁最早的盾构监理团队

开放策略、开门办学、竭力培养国内盾构施工技术，培育“星星之火”

1997 年，广州地铁一号线盾构隧道建成后，外方撤走。1998 年二号线开建，广州地铁立足自力更生！虽然当时国内依然没有类似盾构业绩的施工单位和盾构厂家，但正如二号线建设初期时任广州市地下铁道总公司总经理卢光霖所说，广州地铁有底气、有勇气放开盾构国内市场，因为我们有“**种子**”，有积累、有经验、有技术、有管理，没有施工队伍，我们可以自己组建、自己培养！于是竺维彬牵头，一行盾构技术人员担负起培训盾构施工技术的重任，全方位开启自主培育“星星之火”模式！

- 借调地铁工程技术人员，组建广东第一家盾构专业队伍——广州盾建

广州地铁派 4 位技术骨干张良辉、黄景鹏、张宗贵、钟长平到广州盾建，参加盾构施工方案的制定和工程管理，指导培训一线操作人员。该公司为广州地铁二号线、三号线、五号线等线路的顺利开通作出了重要贡献，至今仍是广州市属唯一的盾构专业队伍，一直在广州地铁的地下打拼。当初的现场值班工程师古力已升为总经理，当初的副总经理区希后来调到省企，继续从事盾构专业相关工作。与广州盾建同时期成立的，另一专业队伍是北京城建盾构团队，这个团队是在施仲衡院士的提议下成立的，他们最先派出 5 位青年等到广州地铁一线学习，成长之后订购的第一台德国海瑞克盾构，2000 年投入到北京地铁五号线雍和宫站盾构井始发，代表着北京地铁真正应用盾构技术的起步，虽然北京地区地质条件相对均一，非复合地层，但已形成南北盾构施工队伍的“雏形”。

- 发挥“火种”作用，开放市场，着手办学、培养人才、培训施工队伍、培育盾构制造业，点燃国内盾构参建方走向全国乃至国际的“星星之火”

世上无难事，只要肯登攀！“办法总比困难多！”面对二号线建设的困境，广州地铁着眼

现实和大局，大胆决策：放开市场，利用好盾构处的人才，作为“种子”，奋发图强，积极培养国内承包商。通过公开招标，广州盾建、中铁隧道局、上海隧道成为复合地层盾构工程的先行承包商；盾构处派出所有人员驻地指导并参与其中，在一号线建设经验、挫折的基础上总结、提升、创新发展。

技术上，首先面临的是盾构选型的关键问题。二号线 3 个标段应用了 6 台土压盾构，其中 2 台是经三菱重工与上海隧道联合改造一号线泥水盾构形成的土压盾构，4 台是海瑞克的新机。根据盾构处提供的经验，德国海瑞克盾构较一号线日本盾构在防结“泥饼”和掘进功能方面有了很大改进。

另外，二号线盾构工程最难的是穿越珠江。一方面，由于当时国内还没有江河下盾构穿越红层的先例；另一方面，日本设计改造的盾构没有在防“泥饼”“喷涌”问题上采取措施。第一台盾构穿越 180m 宽珠江历时 6 个月，“泥饼”“喷涌”频发，并发生江底塌陷。

为了使国内承包商及时掌握复合地层的盾构技术，也为了扭转海珠广场站—江南西站区间的施工困局，2000 年，竺维彬主持开启了**建设方培训盾构施工承包商的先河**，通过理论培训和工地实践相结合的办法，直接、快速培育施工队伍。

随着盾构工法在广州极其复杂地质条件下的成功尝试，擅长于传统工法施工隧道的中国铁建和中国中铁系统各工程局均想捷足先登，最先掌握这项技术，从而在地铁市场中占有优势。怎么办？他们首先想到广州地铁，想请广州地铁进行盾构技术启蒙培训。当然，广州地铁也有同志对竺维彬等举办这些培训有质疑，因为广州地铁通过大量投入掌握的技术，轻而易举地给这些施工单位培训，不是给广东、广州的队伍增加市场竞争对象吗？好在卢光霖总经理在这点上非常开放和大度，他大力支持监理公司集中办学。于是在时任监理公司总经理胡抗利的领导下，竺维彬亲自编制培训大纲、组织培训师资、安排培训计划，并为大家讲授第一堂课，随后，鞠世健讲盾构选型，钟长平讲盾构工程管理等系列讲座，如涓涓细流润物无声。

北京城建、中铁二局、中铁十六局、中铁十一局等是最早在 21 世纪初接受集中培训的工程局，之后，中铁一局、中铁十四局、中铁十三局、广东省基础公司、广东水电二局、广东省源天工程有限公司等也在二期 2005 年前接受了较系统的复合地层盾构培训。通过培训，他们基本掌握了盾构技术，具备了盾构工程管理能力，并通过不断实践、不断积累，成长为国内较强的盾构施工队伍。第一批学员也普遍成为国内著名的盾构专家，如恽军、华东、闻和咏、安栋、朱向明、张峰、余乐（北京城建），张成、徐加兵（中铁十一局），洪开荣（中隧集团），林世友、林辉（广东水电二局），方启超、赵晖、易觉、赖伟文（华隧建设），黄昌富、赵国旭、吴煊鹏（中铁十六局），王春河、郭信君、郭海（中铁十四局），卓普周、王江卡（中铁一局），付小勇（中铁二局），吴忠善（中交二航局）……这些从广州地铁建设中成长起来的盾构施工人才遍布祖国各地，为我国复合地层和超大直径盾构的发展奠定了坚实的人才基础，而广州轨道交通盾构技术研究所的 200 多位专家也大部分是从广州地铁出来的。

我国最早的复合地层盾构技术培训

我国最早的复合地层盾构技术培训教材

- 应邀讲授专业课，授人以渔

竺维彬在施工单位讲课

竺维彬进仓指导施工

在抓好自身建设的同时，竺维彬等人受南京地铁、深圳地铁等城市轨道交通业主的邀请，讲授盾构技术和风险控制，为广州地铁新世纪初大规模应用盾构工法，也为全国推广该工法作出开创性的贡献。

随着广州地铁一号线尝试应用盾构技术并成功建成开通，深圳地铁一号线也准备开建，但业主和总体单位（原铁三院，现中国铁路设计集团有限公司）懂盾构专业者无几，怎么办？经深圳地铁专家顾问王振兴和王文斌推荐，广州地铁盾构团队为其编制盾构管理的样本任务书及业主的招标文件。鞠世健、竺维彬、钟长平等历时 3 个月编制了适合中国国情和深圳地铁的招标文件，之后，又为南京地铁等国内多个城市编写技术任务书。这些招标文件的主要内容沿用至今。在编制盾构管理文件的同时，他们又给多个省、市的地铁业主进行盾构工程管理和风险控制培训。近 20 多年，这类培训仅竺维彬个人参加就多达几十次。

随着盾构技术的广泛应用，各高校也开设了这门专业课，尽管学校的老师在相关专业方面有深入研究，但一线接触得非常有限。竺维彬还受邀担任多个学校的兼职教授，开展学术讲座，为学生们讲课。

竺维彬与贵州地铁交流

竺维彬与清华大学交流

所做的一切均凝聚着广州地铁盾构先行者的心血、付出、社会责任的担当与大爱。

● 方案评审、现场解惑、指点迷津

毋庸置疑，盾构工法已进入跨越式发展阶段，尤其是超大直径盾构，近几年来的发展更加迅猛。尽管我们都在积极培养人才，但人才成长有个过程。因此，面对大规模、疾风暴雨式的盾构应用，初始方案的针对性不强，现场工程风险难发现、难控制现象总量在大大增加。按照专业的事由专业的人来干的原则，广州地铁成立了“方案评审专家组”，常设在监理公司，不仅受广州地铁业主的委托，所有进入广州地铁建设的盾构都要经过评审，而且受东莞、厦门、福州等城市的委托，对进入当地地铁工程的盾构也要进行评估。

据粗略估计，经广州地铁方案评审专家团队评审的盾构超过 1000 台次，其中广州地铁就超过 800 台次。把好选型关、把好设计制造关、把好调试和始发关是盾构工程顺利进行的关键。如广州地铁四号线南延段，是广州地铁第一次应用大盾构工程，直径 11m 多。盾构来源于已解体到零部件的 2 台早期应用于狮子洋隧道的盾构，经整合改造而成一台新盾构，类似直径的改造世界上未有所闻，新造一台时间不允许，并且造价约 1.8 亿元，怎么办？广州地铁的专家团队经过两次严谨、细致的评审，提出许多合理化建议，第三次才顺利通过，并且竺维彬、黄威然还亲临现场进行设计沟通、进厂监造，为这台盾构顺利完成四号线南延段施工奠定了基础，且改造费不到 0.8 亿元，节省了 1 亿元。

又如深圳春风路超大直径盾构工程的周边环境监测方案，设计方案扩大到 200m，报价高达 2 亿元，竺维彬等专家认为完全没有必要，否决了此方案。类似的事件还有广州地铁四号线南延段地下桥式结构改盾构工法方案，经过竺维彬、张志良、米晋生等到现场调查和认真研究，节省概算 20 多亿元（由 112 亿降至 89 亿）。近年超大直径盾构在建和策划的很多，竺维彬等人仅 2020—2021 年应邀参加南京、武汉、深圳、广州、珠海、汕头、杭州、佛山等城市主要方案论证和盾构选型配置会 20 多次。

广州地铁都从未放弃对技术的探寻，无论是对广州千差万别地质条件的深入研究，还是对“复合地层”“喷涌”“泥饼”等概念的定义，抑或是“衡盾泥”“微差挤压爆破”“岩溶地层施工”等技术的创新发明……在数十年的盾构施工中，以竺维彬为首的一批技术专家，攻克了一个又一个难题，完成了许多理论与实践的创新，沉淀下越发厚重的理论财富。

竺维彬详细解读超大直径盾构施工技术

竺维彬在富水岩溶发育复合地层盾构施工关键技术培训会上发言

这，正是开门办学可持续的底气和基石。

2007 年，广州轨道交通盾构技术研究所成立；2014 年，复合地层盾构工程技术研究中心成立；2018 年，获广东省科技厅批准，“广东省复合地层盾构工程技术研究中心”成立。所有的努力与付出，都是为了打造盾构技术研究、人才培养、科技研发平台，为广州地铁、为行业发展、为国家建设添砖加瓦。

广东省复合地层盾构工程技术研究中心揭牌仪式（从左至右：张志良、钱七虎、竺维彬、米晋生）

● 著书立说，广播盾构技术

广州地铁虽然不是中国盾构施工的滥觞之地，却可以称之为盾构施工跨越式发展的起点，复合地层盾构发展的原点——不仅在工程实践，在理论体系方面也是如此。

20 世纪 90 年代末，工程师们惊讶地发现，书店里找不到一本有关复合地层盾构施工的参考书。而在如此复杂的施工环境下，他们实在太需要盾构技术的相关指导。

2002 年，广州地铁三号线、四号线开建，投入 25 台盾构。为了让中标单位尽快掌握盾构工程技术和管理知识，除了继续开设培训班外，时任建设事业总部总经理竺维彬首先想到的是要建立**“复合地层盾构施工技术体系”，填补国际空白**。只有系统的理论指导，才能更广泛地、更有效地推进工程和推广工法。

于是他在全身心投入建设管理的同时，还利用周六、周日、工作日每天晚上进行系统总结和反思，**每晚写作到凌晨 1 点，无一天遗漏**工程日记，**无一缺失记录**广州地铁建设发生的重大事件，求得事件真相，记录和编著了上百万字的工程原始资料，形成著作 10 余部，论文百余篇。其中 2006 年出版的**《复合地层中的盾构施工技术》**和 **2015 年出版的《广州地铁土建工程工法应用与创新》**两部著作，为广州地铁亚运会前建成 200km 和 2020 年前建成 500km 线路，发挥了应有的指导作用，也为全国其他城市在复合地层中开展盾构工程建设提供了示范和借鉴。

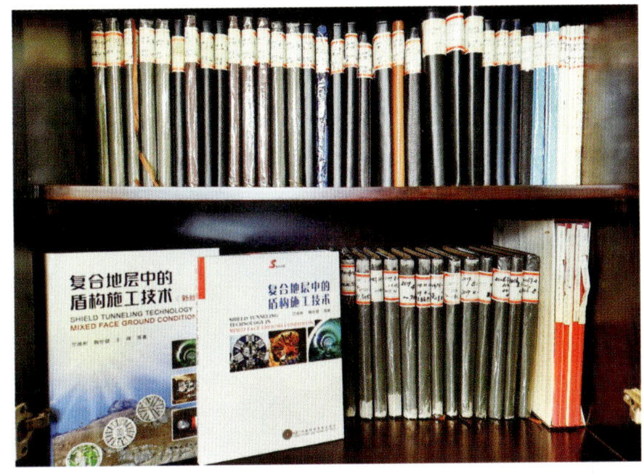

竺维彬 25 年来的部分笔记

《复合地层中的盾构施工技术》提出和定义了一系列复合地层盾构施工技术的新概念、新观点、新方法，如“泥饼”“喷涌”“滞排”“有效推力”等；创立了复合地层盾构施工技术理论体系：地质是基础、盾构是关键、人（管理）是根本。

这些成果，极大地丰富了盾构施工技术库，大大拓宽了盾构工法在多种地质条件下的应用，为盾构工法推广奠定了坚实的基础。其后，**《盾构施工监理指南》《广州地铁三号线盾构隧道工程施工技术研究》《地铁盾构施工风险源及典型事故的研究》**等一系列盾构施工指导丛书出版。

伴随着广州地铁的不断创新，相关盾构关键技术成果毫无保留地成书发布，奉献行业、奉献社会。针对盾构施工中孤石、开仓换刀和过岩溶区这三个世界性难题，又编辑出版了**《复合地层盾构隧道隐蔽岩体环保爆破新技术》《衡盾泥辅助盾构施工技术》《岩溶区地铁土建工程风险防控技术》**这三本书，分别提出了解决方案，指明了方向……

这些专著，成为可以实际指导施工的盾构培训教材，让盾构技术的发展更有质量。

2015 年，距离广州地铁最初应用盾构施工已近 20 年，这些使盾构施工在中国得以跨越式发展的中流砥柱，他们的年龄在增长，而他们的盾构施工经验也越发丰富，形成的盾构理论体系也越发成熟。

其间，广州地铁经历了举办亚运会前后的两轮大规模建设，目前已完成 500 多公里盾构隧道，累计实施的盾构达 800 台次。巨大成就的背后，是建设者们经历的无数困惑和挑战。时不我待，竺维彬深感责任重大，希望能快些、再快些地把这些经验形成文字，留给后来的建设者，让以后在复合地层中施工的工程师少走弯路，《复合地层中的盾构施工技术》新版提上日程。

2020 年 10 月，历时 5 年之久，**《复合地层中的盾构施工技术》（新版）**最终出版。新版在 2006 年旧版的基础上增加了许多新内容，包括技术理论提升，施工设备、材料、工艺流程的创新，超大直径盾构的思考与挑战，“双模盾构”“多模盾构”的提出和实践等，所选取的案例也更广、更具代表性，以期为川藏铁路、城市地铁、公路、水利等国家重大工程的建设，为中国乃至世界地下工程盾构的施工起到有价值的指导和借鉴作用。

编辑出版的部分专业丛书

《复合地层中的盾构施工技术》（新版）

这是自 2006 年后的又一次系统性、阶段性回顾。

而这也远远不是终点。

大力扶持，走盾构国产化道路

广州地铁的贡献，不仅仅在于对人才和施工单位的培训，还有对盾构产业的整体推动。

对于这项先进的技术来说，设备是关键，盾构是关键。

广州地铁一号线确实培养、锻炼了许多骨干。但当工程结束，直到 2005 年，全国同类盾构也只有 10 余台，而且还主要依赖于进口日系和德系机，相关领域的制造业还处在初始状态。

必须要掌握这个关键点，早日实现盾构国产化。德国海瑞克凭着国际行业领先地位捷足先登，在广州投资，分别独资、合资创办了两家工厂，年产盾构能力达到50台。

这两家工厂在广州的投产，不仅能基本满足当期国内城市地铁隧道建设的需要，更有意义的是，它为中铁装备、铁建重工等国家骨干企业尽早解剖、消化、吸收、赶超世界水平，提供了借鉴和竞争的平台。

广州引进盾构产业——德国海瑞克（左二为竺维彬先生，左三为海瑞克先生）

之后，中国制造厂家如雨后春笋般掘起。在现有盾构制造生产厂家三菱重工、小松、川崎、住友、海瑞克、威尔特、罗法特、罗宾斯、中铁装备、铁建重工、中交天和、中船、沈重、华隧建设等14家中，中国制造厂家占了相当大的比重，年生产能力超过500台。全国盾构数量也由2000年的10余台，增长到如今的5000余台。

这些盾构种类全面，既有常规土压盾构、泥水盾构，也有双螺旋、土压—泥水“双模盾构”甚至“三模盾构”，造价在5000万元到3亿元不等。如果没有盾构国产化的钻研、突破，那么这庞大的盾构市场将会全部为外国企业所把持，我国将会付出多么惨痛的代价，可想而知！

现在，盾构已经实现80%以上的国产化。当初，广州地铁一号线的价格是每延米8万元，如今地铁同类直径隧道的工程造价，已经降至一号线的一半，节省了巨额的投资，而且还保障了工程安全，保持了环境友好。

在盾构事业发展的新时代，中国逐步成为应用和制造盾构的大国。直接参与盾构工程建设的人员近10万人，盾构施工企业百余家，应用盾构的工程涉及地铁、公路、高铁、市政、水利等各大领域，并逐步向大埋深、大直径、长距离等更复杂的超级工程发展。

这些令人振奋的成果证明，我国盾构事业相关完整产业链已经形成。

但成就不能替代施工实际的艰难。即使是盾构事业快速发展的今天，困难和挑战还时时挡于人前。这也再次证明一个问题，技术的探索永无止境。

在广州地铁开展培训工作、为盾构国产化做出不懈努力的同时，另一项重要的工作也一刻没有松懈，即对盾构施工实践中遇到的经验、教训进行理论上的系统总结、提升，内容涉及盾构施工的每一方面。

问题导向，创新驱动，勇攀行业高峰

回顾复合地层盾构的发展之路，主要经历了三个阶段：**诞生期**（1993—1997年），以定义“复合地层”，提出“泥饼”“喷涌”“滞排”“有效推力”“渣样地质反馈分析法”等新概念、新观点、新方法为标志，为促进盾构工法应用奠定了技术理论基础；**发展期**（1997—2006年），以创立“复合地层盾构施工技术体系”为标志，为盾构工法推广奠定了坚实的基础；**推广—创新应用—再创新期**（2006年至今）。广州地铁从未停下前进的脚步，持之以恒，攻坚克难。

通过广州地铁300多公里的盾构实践，红层等软岩复合地层的技术障碍可以说已全部扫清。但亚运会后，岩溶复合地层和花岗岩孤石、上软下硬复合地层盾构掘进及其开仓检查、更换损坏刀具等的安全性，还时而困扰广州地铁及其他类同地质城市的建设。其中某城市，仅2015—2018年上半年，主要是花岗岩复合地层，发生地面塌陷事故就高达640次，并大多由盾构施工引发。这三大难题也是当时盾构行业的世界性难题。

想到业界系列事故中30多名一线员工的伤亡和损失，竺维彬再次发愿：一定在退休前的十年，攻克这些难题！如何在十年内攻克？谈何容易！

从小喜爱哲学，对工作善于运用哲学思维的竺维彬想：只有突破传统理论和科研路线（即立项—建模—鉴定—孵化—试用—投产等周期长的方式），方能实现这一目标。于是，他反复思索想出一条具有“四性”（即**问题性、原创性、实践性、可靠性**）的“应急用科研”新思路：**以问题为导向，以大规模全尺寸、多个现场工地作为试验平台，组织最有实力的相关单位，多专业同步创新和快速融合攻关**，一定会将复杂问题简单化，缩短科创周期，提高成果应用的效果。最近十年，他带领的团队，接连攻克世界性难题的事实证明：这一“新型科创道路”，对于实践性很强的地下工程来说是可靠的！

为攻克广州地铁六号线过珠江上土下岩复合地层的难题，提出决策创新应用国内首台双螺旋土压盾构；为攻克在复合地层中安全开仓检查、维护盾构的难题，发明了“衡盾泥”带压进仓工法；为攻克华南沿海普遍存在的花岗岩及其孤石复合地层问题，发明了“复合地层盾构隧道隐蔽岩体爆破方法”；为攻克广州地铁九号线灰岩复合地层“滞排”问题，创新提出及成功研制应用国际首台土压+泥水“双模盾构”等；之后，以工程现场碰到的问题为导向，融合创新，又研制出国际首台“三模盾构”，走到了行业的前沿。

通过“种子”团队数十年的艰苦实践、创新技术、培训队伍、推广工法，中国中铁、中国铁建最早的一批盾构施工企业在广州接受培训和实践，并走向全国，助力我国成为**世界第一盾构大国**，相信未来也一定会成为世界第一盾构强国！

目前，盾构工法已由先进工法成为主导工法，促进城市轨道、公路等领域建设，创新硕果累累。

历时 25 年，竺维彬率领团队全程亲历和主持广州地铁 800 多台次盾构工程的实施；历时 25 年，这个团队紧密跟进或监理咨询服务全国地铁 2000 多台次盾构的实践，积极推动大直径盾构的应用并为 40 多台次超大直径盾构提供技术支持。

2018 年，广州地铁科研团队的“复合地层盾构施工隐蔽岩体环保爆破新技术的研究和应用”荣获广东省土木建筑学会科学技术奖励一等奖；2019 年，“盾构施工‘衡盾泥’辅助带压进仓关键技术研究”荣获广东省科技进步奖一等奖；2019 年，“地铁盾构隧道孤石爆破及其掘进综合技术”荣获中国城市轨道交通协会城市轨道交通科技进步奖一等奖；2020 年，“富水岩溶发育条件下复合地层地铁盾构工程成套关键技术研究与应用”荣获广东省科技进步奖一等奖……

“富水岩溶发育条件下复合地层地铁盾构工程成套关键技术研究与应用”荣获广东省科技进步奖一等奖

在过去的 25 年里，广州地铁开放盾构工程市场、培训盾构施工队伍、培育盾构制造业，主持科研创新，在复合地层盾构发展的原点位置，促成了中国盾构产业的跨越式发展。

地铁科研项目荣获广东省科技进步奖一等奖（从左至右：罗淑仪、钟长平、竺维彬、米晋生、黄威然）

而创造这一切发展、飞跃历史的，是每一位广州地铁人，从基层到决策层，他们都是人民群众的一分子。

人民是历史的创造者，是真正的英雄。

当每一位参与者回首广州地铁的事业与成就时，可以说，每一条线、每一个区间、每一米隧道甚至每一块管片，都凝聚着千百人的劳苦与心血。

无数建设者在一线，为广州地铁建成500余公里线路付出了青春和汗水，他们还在不断付出。建设者的创新来自开挖面，他们在造福于地上百姓时，把文章写在了大地下！

2019年广州轨道交通盾构技术研究所专家库成立大会照片

不忘过去，才能继往开来，开辟新路。

伴随着羊城地层深处531km长、日均1000多万客流轨道上列车风驰电掣的声声长啸，广州地铁在向世界展示她的卓越风姿！

伴随着城市现代化进程发展的声声脚步，广州地铁建设的蓝图没有止于现状，而将很快建成粤港澳大湾区线网。广州地铁的创新与发展之路，将作为中国地铁一片鲜明的剪影，将在持续的厚积薄发中，勠力前进！

《地下·地上·地铁》

（简称3D）

跋

遁入乾坤　无中生有

匠心独具　复合盾构

古河孤石　风险诱缘

（古河道、岩溶、孤石）

双模多模　抑滞防喷

（泥水+土压+TBM）（泥饼、滞排、喷涌）

“保头护尾”“三态平衡”

（机头、铰接、盾尾）（气、液、固三态~

（忠诚、树人、育业）人生观、价值观、世界观）

一往无前　方得始终

（盾构精神）（始发、到达、贯通）

竺维彬 2021.9.7

天道酬勤　业惠众生

丹佛砂子 2021.9.7